# 中国人力资本与城镇化
# 耦合关系研究

## Research on the Coupling Relationship between Human Capital and Urbanization in China

侯晓娜 著

中国财经出版传媒集团

经济科学出版社
Economic Science Press

**图书在版编目（CIP）数据**

中国人力资本与城镇化耦合关系研究/侯晓娜著．—北京：
经济科学出版社，2019.11

ISBN 978 - 7 - 5218 - 1066 - 0

Ⅰ.①中…　Ⅱ.①侯…　Ⅲ.①人力资本 - 研究 - 中国
②城市化 - 研究 - 中国　Ⅳ.①F249.21②F299.21

中国版本图书馆 CIP 数据核字（2019）第 243321 号

责任编辑：陈赫男
责任校对：刘　昕
责任印制：李　鹏

**中国人力资本与城镇化耦合关系研究**

侯晓娜　著

经济科学出版社出版、发行　新华书店经销
社址：北京市海淀区阜成路甲 28 号　邮编：100142
总编部电话：010 - 88191217　发行部电话：010 - 88191522
网址：www.esp.com.cn
电子邮件：esp@esp.com.cn
天猫网店：经济科学出版社旗舰店
网址：http://jjkxcbs.tmall.com
北京季蜂印刷有限公司印装
710×1000　16 开　15.5 印张　200000 字
2019 年 11 月第 1 版　2019 年 11 月第 1 次印刷
ISBN 978 - 7 - 5218 - 1066 - 0　定价：60.00 元
（图书出现印装问题，本社负责调换。电话：010 - 88191510）
（版权所有　侵权必究　打击盗版　举报热线：010 - 88191661
QQ：2242791300　营销中心电话：010 - 88191537
电子邮箱：dbts@esp.com.cn）

# 前言

　　中国的城镇化进程不断推进，城镇化率进一步提高，一直受到人们的广泛关注。随着中国经济进入新常态，城镇化已经被公认为中国经济增长的新动力。在促进城镇化高质量发展的因素中，人力资本起到了重要的作用。无论在教育方面提升国民教育水平和科学文化素质，或者在企业培训方面提升劳动者技术能力使生产得到进一步解放，还是在卫生保健方面提高劳动者的身体素养、增加预期寿命、提升产能、补给人口红利的不足，人力资本的提升都会使城镇化进程中对各层次劳动者的需求以及产业结构升级与转换对各类人才的需求得到满足。高质量的城镇化对人力资本提升有同样的促进作用，城市良好的基础设施为劳动者学习、工作、培训节约了大量的时间成本和物质成本，为劳动者在人力资本投资和积累方面提供了方便和可能；良好的社会资本为劳动者提供了就业和学习的机会，促使成员们互相帮助，促进城市认同感和归属感的形成；城市中便利的学习网络、众多的文化活动场所以及积极的生活理念对人力资本的提升同样起到积极的促进作用。人力资本与城镇化互相促进、互为影响，两者是否协调发展对于城镇化的质量乃至中国的经济增长都十分重要，因此本书主要探讨中国人力资本与城镇化的耦合关系，并对中国31个省份的人力资本与城镇化进行了实证分析，得出相关的结论和政策建议。本书的研究对于中国城镇化的进程及人力资本的可持续发展有着重要的现实意义，对于中国经济发展以及社会的和谐进步有着鲜明的时代意义。

本书在经济增长理论及人力资本理论框架的基础上，对人力资本与城镇化的耦合关系进行了分析，提出了人力资本与城镇化两系统互为影响与发展的作用机理。选取了衡量人力资本的教育、培训、卫生、科研以及迁移五个指标，同时选取了衡量城镇化的城镇化率、人均国内生产总值（GDP）以及城镇养老保险参保率三个指标。通过熵值法确定指标的权重，运用灰色关联等方法构建模型对中国人力资本与城镇化的耦合关系及中国地区人力资本与城镇化耦合关系进行了实证分析，测算出中国人力资本与城镇化2000~2017年的整体耦合度值以及中国31个省份人力资本与城镇化耦合协调度值，并归纳得出四种发展类型，最后得出结论并提出政策建议。

全书一共分为7章，以下是本书的研究层次：

第1章是绪论，主要内容为选题的背景和研究意义，同时对国内外的研究现状进行了梳理，并做出了简要述评，本章还介绍了研究方法和基本思路，同时对本书的创新和不足做出了归纳。

第2章是对本书的相关概念及基本理论进行归纳和总结，重点梳理了人力资本、人力资本存量、人力资本投资、城镇化以及耦合关系的概念。归纳了本书的理论基础，包括人力资本理论、内生经济增长理论、新经济增长理论和劳动力流动理论。这些概念和理论为人力资本与城镇化之间的作用机理、构建两者的指标体系以及两者耦合关系测算的实证分析提供了理论框架。

第3章是对我国人力资本与城镇化的基本状况进行了分析。人力资本包括教育、科研、卫生三方面的基本情况。城镇化包括城镇化的发展阶段、发展特点及发展水平三个方面。本章大部分分析基于国家统计局的相关数据，借助分析工具对人力资本和城镇化的基本情况进行归纳整理。

第4章是对人力资本与城镇化耦合关系的理论框架和作用机制进行了分析。首先，对人力资本与城镇化耦合关系的理论框架进行梳理，习近平总书记以人为核心的新型城镇化思想是两者关系的理论框架。其次，分析人力资本对城镇化的影响机制，包括人力资本促进经济增长及产业结构升级带动城镇化发展，高等教育人力资本投资以及人口迁移促进城镇化发展4个方面。最后，分析城镇化对人力资本的影响机制，包括城市的社会分工、社会资本、生活理念以及良好的基础设施建设对人力资本投资与积累的影响。通过分析人力资本与城镇化耦合关系的作用机理，为后面章节的实证分析提供了思路。

第5章是对人力资本与城镇化指标体系的构建，通过选取的指标体系对人力资本与城镇化基本情况进行了测算和分析。首先，构建人力资本的指标体系包括教育、培训、卫生、科研、迁移五个方面，并通过指标体系测算出我国2000~2017年人力资本存量的情况。其次，构建城镇化的指标体系，包括衡量人口城镇化的城镇化率、衡量经济城镇化的人均GDP以及衡量社会城镇化的城镇养老保险参保率，通过城镇化的指标体系分析得出我国2000~2017年城镇化的总体情况。

第6章是对我国人力资本与城镇化耦合关系的实证分析以及对我国地区人力资本与城镇化耦合关系的实证分析，得出我国人力资本与城镇化的整体耦合度值，以及我国31个省份人力资本与城镇化耦合发展类型，并对测算结果进行了详细分析。

第7章是我国人力资本与城镇化耦合关系的研究结论，以及在总结全书的基础上，提出促进人力资本提升、城镇化高质量发展以及两者协调发展的对策建议。

# 目录
**Contents**

# 第 1 章

# 绪　　论

## 1.1　选题背景和研究意义

### 1.1.1　选题背景

改革开放以来，中国的城镇化进程不断推进，城镇化率进一步提高，2018 年末常住人口城镇化率为 59.59%，比 2017 年的 58.52% 提高了 1.07 个百分点，比 2010 年的 49.95% 提高了 9.64 个百分点。2018 年户籍人口城镇化率为 43.37%，比 2017 年的 44.39% 提高了 1.02 个百分点。常住人口城镇化率和户籍人口城镇化率提高幅度虽然都不足 1.1 个百分点，但仍保持着较快的增长幅度，城镇化进程继续保持旺盛势头。① 按目前的增长速度，估计到 2020 年我国的城镇化率将超过 60%，户籍城镇化率将达到 45% 左右，在户籍人口城镇化与常住人口城镇化

---

① 《2018 年国民经济和社会发展统计公报》。

差距方面，预计缩小 2 个百分点左右。① 城镇化的过程是农村人口向城市迁移的过程，历史资料显示城镇化的过程是一个国家走向现代化的重要标志，是世界各国和地区经济社会发展的必然趋势和必由之路。而我国城镇化发展不平衡，质量相对不高，尤其以农民工为主体的城镇化出现候鸟迁徙的模式，很多务工人员进城后如同无根的浮萍，未能扎下根基。因此中国的城镇化需要一个稳健的过程，而不是用土地的城镇化代替人的城镇化，更不能让城镇化演化为政府主导的"造城运动"。在城镇化过程中，人力资本投资可以提高人们的教育水平、科学文化素质及技术水平，能够提高人们的认识能力和劳动效率，提升解决问题的能力以及降低劳动者的求职成本，使其在城市安稳生活。人力资本的教育投资，可以提高城镇化过程中劳动者的知识水平，对劳动力的转移和劳动力供需有促进作用，从而推动城镇化的发展；企业的培训投资使企业的人才素质不断提升，劳动者工作效率不断提高，生产得到进一步的解放；卫生保健投资能够提高劳动者的身体素养，修补劳动者的身体机能，提高劳动者的工作效率，提升产能，促进劳动力在非农产业就业等途径促进城镇化的发展；人力资本的科研投资可以促使科学技术水平提升，产业结构升级，劳动者素质提高，从而能够应对产业结构升级中高科技劳动人才的缺乏，满足城镇化对各级科技人才的需求。在迁移投资过程中，进城务工人员在城市就业，增加了收入的同时开阔了视野、解放了思想，学习到了先进的技术和经验，为持续的城镇化提供了物质基础和精神基础。因此，人力资本投资不仅可以提高劳动力的直接生产能力，促进劳动者收入增长、实现人的全面发展，更为经济的持续发展和推进城镇化建设提供了坚实的人文基础和良好的外部环境。同时，城镇化的高质量发展对人力资本同样有促进作用。无论从城市的专业化分工、完善的基础设施建设、良好的社会资本以及积极的生活理念，对于

---

① 《国家新型城镇化规划（2014～2020 年)》。

人力资本的提升都有正向的促进作用，因此城镇化的高质量发展同样不能忽视，它与人力资本的提升是相互作用、相辅相成的关系。本书正是基于这样的背景，对于人力资本与城镇化两者的耦合关系进行了研究，同时提出促进人力资本提升、城镇化高质量发展以及两者协调发展的对策建议，对于我国经济发展、社会和谐都有重要的意义。

## 1.1.2 研究意义

中国的城镇化率从 1978 年的 17.92% 上升至 2000 年的 36.22%，再到 2018 年年底的 59.59%，城镇化率接近 60%，即将成为中国城镇化推进过程中的一个标志性数字。在未来的 20 年，中国城镇化将继续推进，不仅从速度上，更会在质量上持续优化。改革开放以来的 40 多年，中国经济得到了巨大的发展，城镇化取得了较大的成就。然而，在取得成就的同时，中国的城镇化也出现了许多问题：有的城镇规模结构不尽合理，对外辐射能力较弱；有的市民化程度低，外来居民享受的市民待遇较少；有的城镇为了城镇化而城镇化，盲目外扩；有的地区出现提早城镇化、逆城镇化现象；还有的城镇和乡村差距不断加大，农民失地问题严重，农民工在城镇生活质量不高，生活没有安全感，等等。因此，在研究中国城镇化进程时，对单一的人口城镇化指标进行研究是不全面的，也不能够体现城镇化的整体情况。城镇化需要高质量，最核心问题就是要提高城镇人口的整体生活质量，而不仅仅是数量的增长，更强调质量的提升，要实现真正的"人"的城镇化。在这一过程中，政府除了在设计制度方案时注重城镇化质量，同时更应关注人力资本在城镇化进程中的关键作用。习近平总书记提出了以人为核心的新型城镇化思想，即以新发展理念为先导，以共享理念为引领，以人的城镇化为核心，促进中国特色新型城镇化持续健康发展。习近平总书记提出城镇化不仅仅是物的城镇化，更重要的是人的城镇化。城镇的发展终究要依靠人、为了人，以人为核心才是城市建设与发展的本质。因此强调城镇化进程的高质量发展必须与人力资本联系起来，研究人力资本与城镇化发展是否协调，才能做出正确的评价，这正是本书研究的重要意义。

对于任何发展中的经济体来说，经济增长过程均伴随着城镇化率的提高。研究发现，1978～2012 年，中国城镇化率与人均 GDP 对数的相关系数高达 0.99，尤其最近十几年，城镇地区逐渐成为新增经济活动的主要承载空间。[①] 对于常住人口的统计，城镇常住人口中，有 2 亿多人口是不在城镇中长期居住的流动人口，因此中国的城镇化率的统计无论在数量水平上还是质量水平上都与发达国家存在很大差距，学界关于这一问题还在持续探讨。很多学者研究指出，中国的城镇化率与经济增长是高度相关的，随着中国经济进入新常态，城镇化是否存在巨大的空间，城镇化能否成为中国经济新的动力增长点，加快城镇化能否使经济增长进一步提高，这些问题都是非常值得研究的问题。在中国目前的经济发展水平背景下，用城镇化质量的提升去驱动经济增长，研究人力资本这一核心力量具有重要的现实意义。在社会人口老龄化趋势下，人口红利会逐渐减少，关注城镇化进程中的人力资本，提高人力资本存量，从而使我国从人口大国逐步向人力资本大国转变，由劳动力优势向人力资源优势转变，人力资本将成为经济增长的主要驱动力之一。物质资本表现出边际收益递减的规律，与物质资本不同，人力资本具有一定的外部效应，可以比物质资本投资获得更多的回报。在城镇化进程中，人力资本投资与存量已成为决定城镇化质量和水平的重要因素之一，两者是否协调发展至关重要。本书力图通过建立人力资本与城镇化的指标体系，通过模型测量人力资本与城镇化发展的耦合协调系数，以此考察人力资本与城镇化的发展关系是否协调，具有很大的理论价值。目前城镇化进程中的质量、水平、模式这些问题引起学术界的广泛关注，而专门

---

① 郑鑫. 城镇化对中国经济增长的贡献及其实现途径 [J]. 中国农村经济，2014 (6): 4-15.

针对人力资本与城镇化两者发展关系的研究比较少见，因而本书的研究为如何提升城镇化进程中的人力资本水平，提升中国城镇化发展质量，以及为中国经济持续发展的潜在动力找出新的路径，具有重大的现实意义。

## 1.2 国内外研究现状及述评

### 1.2.1 国内研究现状

#### 1.2.1.1 关于城镇化的研究

第一，关于城镇化发展水平和动力的研究。熊湘辉、徐璋勇（2018）对中国新型城镇化动力和水平进行了研究，认为我国城镇化取得了较大的进展，但各地区城镇化出现了较大的差异，城镇化发展动力成为地区差异的主要原因。[①] 蓝庆新、刘昭洁、彭一然（2017）对新型城镇化的质量评价体系做了系统的研究，认为我国城镇化发展质量不均衡，对城镇化发展提出了具体分类，即"高—高""低—高""低—低"和"高—低"四种类型，并提出了相关的对策建议。[②] 戚伟、刘盛和、金浩然（2017）对中国城镇化率的核算进行了研究，认为在城镇化发展过程中，户籍城镇化率对于城镇化的统计具有重大的意义，研究发现沿海地区的城镇化水平较高，中部

---

① 熊湘辉，徐璋勇．中国新型城镇化水平及动力因素测度研究数量经济技术 [J]．经济研究，2018（2）：44 - 62．

② 蓝庆新，刘昭洁，彭一然．中国新型城镇化质量评价指标体系构建及评价方法——基于 2003～2014 年 31 个省市的空间差异研究 [J]．南方经济，2017（1）：111 - 126．

及西部城市城镇化水平较低，并提出了针对不同地区差异的城镇化发展水平的对策建议。① 朱宇（2012）对 2011 年末中国大陆 51.27% 的城镇化率数据进行了分析，认为我国城镇化率的统计口径基本上符合国际通行的城市乡村划分标准和原则，并且认为尽管城镇化进程中出现了某些问题和相关因素，我国拥有半数以上人口生活或聚居城镇这一事实是符合国际公认的。因此对于我国城镇化的发展要有一个客观、公正的态度，这对研究我国城镇化的持续发展有良好的作用。②

第二，关于城镇化与经济增长方面的研究。谭凤连、彭宇文（2018）对城镇化、经济增长、农民收入进行了研究，通过构建模型等研究方法，对经济增长、城镇化及农民收入三者之间的关系进行了测算，结果表明三者存在较为稳定的均衡关系，而且任意两者之间的组合对第三者都存在显著的影响，并测算出了具体的影响系数。③ 杨浩昌（2016）基于 2001～2012 年中国省级面板数据，分析了人口城镇化与土地城镇化对中国经济增长的影响效应，研究了两项指标对经济增长的不同区域差距，并进一步分析具体原因。结果显示：在既定的消费、投资、出口以及人力资本水平下，人口城镇化与土地城镇化对经济增长均有促进作用，并且有明显的区域差异；人口城镇化对经济的促进作用大于土地城镇化，并且有区域差异，主要体现在中部地区的城镇化对经济的促进作用最大，西部地区次之，东部地区最小；城镇化对经济的增长效应呈"S"形曲线。④ 郭峰（2013）则认为，城镇化的推进不能盲目地进行，否则会出现很多问题。在中国目前的经济状态下，刺激总需

① 戚伟，刘盛和，金浩然. 中国户籍人口城镇化率的核算方法与分布格局 [J]. 地理研究，2017（4）：616 - 632.

② 朱宇. 51.27% 的城镇化率是否高估了中国城镇化水平：国际背景下的思考 [J]. 人口研究，2012（3）：31 - 36.

③ 谭凤连，彭宇文. 城镇化、经济增长、农民收入相关性分析 [J]. 湖南农业大学学报（社会科学版），2018（10）：94 - 100.

④ 杨浩昌. 中国城镇化对经济增长的影响及其区域差异——基于省级面板数据的分析 [J]. 城市问题，2016（1）：58 - 63.

求在短暂时间是有积极意义的，但城镇化的推进要渐进，城镇化对经济的增长作用要依赖于中国经济的进一步改革，从而促进了劳动力的投入和生产效率的提高。因而郭峰认为城镇化是经济增长的结果，而不是经济增长的原因。[①] 马晓河（2011）则认为，城镇化是带动经济增长的原因，由于城镇化的带动，基础设施建设和消费市场持续扩大，而且城镇化的发展使劳动者素质提高、技术进步、思维创新，从而带动产业结构的持续升级，城镇化的发展可以带动中国经济进入一个崭新的时代。[②]

第三，关于城镇化模式方面的研究。夏柱智、贺雪峰（2017）认为农民半耕半农的生产模式成了具有中国特色的渐进式城镇化模式，农民作为一个具有主观能动性的主体，采取半耕半农的生产模式，对于中国城乡二元结构中普遍的生计模式，对于中国城镇化的发展起到了积极的作用。[③] 沈翠珍、赵立华、杜为公（2015）认为在城镇化发展的道路上要克服"迁移式"城镇化的缺陷，要更新思路、转变思维，以发展的理念走中国特色的城镇化道路。而城镇化的核心是市民化，以"人"为中心的全面城镇化。在城镇化道路进程中，要重视人的地位，以人为中心确定战略思想，并且要因地制宜走适合中国的路。因此，实施就地城镇化要根据各区域城镇化发展的特点和地理环境、资源禀赋、文化特色进行小城镇建设。[④] 李强、陈宇琳、刘精明（2012）对城镇化的发展模式进行了分析，认为应从城镇化的动力机制和发展空间进行考量，认为中国城镇化的突出特征是政府主导、大范围规划、整体推动、土地归

---

① 郭峰. 城镇化是经济增长的结果而非原因 [N]. 第一财经日报，2013 年 2 月 4 日第 A06 版.

② 马晓河. 城镇化是我国经济增长的新动力 [N]. 人民日报，2011 年 12 月 7 日第 007 版.

③ 夏柱智，贺雪峰. 半工半耕与中国渐进城镇化模式 [J]. 中国社会科学，2017（12）：117－137.

④ 沈翠珍，赵立华，杜为公. 新型城镇化的战略取向与就地城镇化模式研究 [J]. 武汉理工大学学报（社会科学版），2015（11）：1094－1099.

国家或集体所有、空间上有明显的跳跃性、民间社会尚不具备自发推进城镇化的条件等。[1] 黄向梅、何署子（2011）对城镇化的模型进行了研究，发现城镇化进程中，有政府主导型的城镇化模式和市场主导型的城镇化模式。同时得出两种模式在适用经济条件、产权和收益分配、城镇化与产业化关系以及上下信息不对称问题的解决等方面的异同，进而提出实现政府职能转变、促进市场化以及法制化建设，是转型时期完善我国城镇化模式的方向。[2]

第四，关于市民化的研究。付志虎（2019）发现城乡二元户籍制度制约了市民化的发展，户籍城镇化率比人口城镇化率低十几个百分点的具体因素来自制度性因素，相关制度的缺失使得农业转移人口在市民化的进程中对是否成为市民做出了理性的分析和有限及被动的选择。[3] 罗竖元（2017）认为在城镇化发展进程中，人的市民化更为重要，但不同的农业转移人口应根据不同的群体特征进行不同的选择，关键在于引导农业转移人口实现适合自己的市民化选择。[4] 吴文恒、李同昇等（2015）认为人口市民化伴随城镇化，有特定的阶段性和时代烙印。农业转移人口在城市能否真正成为市民，并且在城市就业、社保、教育、医疗等方面享受与城市居民同样的权利，是值得思考的问题，也是城镇化应着力解决的问题。从这些方面审视中华人民共和国成立以来所经历的改革开放前严格限制、改革开放以来指标控制、2000 年以来政策引导以及 2010 年以来政府主导推动的渐进式市民化历程。研究表明，城镇化需要构建城市—乡村统一体系，建立有效的城乡推拉

---

① 李强，陈宇琳，刘精明. 中国城镇化"推进模式"研究 [J]. 中国社会科学，2012（7）：82 - 100.

② 黄向梅，何署子. 转型时期我国农村城镇化模式研究 [J]. 调研世界，2011（8）：40 - 44.

③ 付志虎. 城乡二元户籍制度惯性与农民市民化行为选择 [J]. 农村经济，2019（1）：97 - 103.

④ 罗竖元. 农民工市民化意愿的模式选择：基于返乡创业的分析视角 [J]. 南京农业大学学报（社会科学版）2017（3）：70 - 81.

机制，发挥城市环境的同化作用，循序渐进促进人口市民化。① 陈云
松、张翼（2015）对城镇化中农业户籍流动人口进行了分析，发现城
镇化效应会带给农业户籍流动人口的社会融合，这种社会融合有几方
面的进步作用。两位学者基于中国社会调查（CSS2011）和相关城市
统计资料对人口城镇化过程中流动人口的收入、社会保险、身份认
同、文化娱乐及心理融入等方面进行了分析。人口城镇化率的上升在
收入方面对于进城农业户籍人口没有太大影响，但社会保险、身份认
同、文化娱乐以及心理融入等方面的城市融入感显著低于城市人口。
他们依然感受到来自诸多方面的城市不平等感，这种老二元结构向新
二元结构的转换有可能阻碍城镇化进程中的社会融合，研究这一阻碍
因素对当前城镇化质量的提升，特别是农业转移人口市民化有重要的
理论和实证意义。② 王晓丽（2013）认为城镇化不是一个简单的人口集
聚过程，现行的城镇化率仅反映了人口产业结构及空间分布状况，不能
真实地反映人口城镇化水平。衡量城镇化的内容很多，其中最重要的就
是城镇化的核心问题——"人"的问题，说到底是市民化问题，因此，
提高城镇化质量的关键在于重视市民化的推进。③ 王晓丽认为，城镇化
发展的核心是市民化，而市民化是真正体现于人的发展，同时享受城市
的基本公共设施、适应城市发展理念、分享城市发展成果、积极参与城
市生活等方面，体现出城镇化的质量。高中建（2015）通过农民工收
入消费与市民化的问题分析，把新生代农民工的收入与消费和市民化结
合起来，探究农民工的真正问题，寻求解决农民工问题的真正原因，得
出农民工市民化是实现同工同酬的根本措施。同时，农民工市民化能改
善收入状况，释放消费潜力，因此需强化政策措施建构，加快农民工市

① 吴文恒，李同昇，朱虹颖，孙锦锦. 中国渐进式人口市民化的政策实践与启示 [J].
人口研究，2015（5）：61 - 73.

② 陈云松，张翼. 城镇化的不平等效应与社会融合 [J]. 中国社会科学，2015（6）：
78 - 95.

③ 王晓丽. 从市民化角度修正中国城镇化水平 [J]. 中国人口科学，2013（5）：87 - 95.

民化步伐。[①] 陈海霞（2013）从市民化待遇的视角研究了市民化问题，认为由于历史、体制等各种因素的影响，农民工在工资待遇、劳动环境、公共服务和社会保障等方面存在严重的市民待遇缺失。从推进户籍制度改革、转变政府管理职能、填补法律法规空白以及提高农民工素质等方面进行分析，提出保障农民工市民待遇是推进农民工市民化的关键，也是推进城镇化和中国经济可持续发展的突破口。[②] 魏后凯、苏红键（2013）对农业转移人口的市民化进行了研究，在明确界定农业转移人口市民化的内涵与标准的基础上，科学评估了农业转移人口市民化的状况和进程，提出符合当前国情的市民化的路径。研究结果表明，目前中国农业人口转移处于快速稳定增长阶段，从他们享受的公共基础服务、参政议政、就业收入、精神娱乐等各方面进行了综合考量，考虑到中国农业转移人口规模大、市民化程度低、面临的障碍多，文章建议市民化进程走新型、特色、分层次、多途径的道路。[③] 蔡昉（2011）研究了农民工市民化与新消费者成长的关系，认为农业转移人口并没有完全享受城市的基本权益，并且城市的农业转移人口尚未形成较大的消费群体，因此阻碍了经济发展方向。因此有必要在促进农民工工资上涨的同时，寻求如何通过制度建设实现农民工市民化，进而挖掘他们的消费能力。张斐（2011），在已有研究的基础上，对市民化水平进行系统分析，并建立了指标体系，其中包括二级指标8个、三级指标9个，并对每个指标赋予相同的权重，计算出新生代农民工市民化水平，测算出我国新生代农民工所处的市民化阶段，从而分析出影响农民工市民化水平

① 高中建. 市民化：解决农民工收入、消费问题的路径选择［J］. 青年学报，2015（1）：57-62.
② 陈海霞. 基于市民待遇视角下的农民工市民化研究——结合山西省农民工现状之分析［J］. 北京航空航天大学学报（社会科学版），2013（9）：11-13.
③ 魏后凯，苏红键. 中国农业转移人口市民化进程研究［J］. 中国人口科学，2013（5）：21-30.

的因素，并提出了对策建议。①

### 1.2.1.2　关于人力资本的研究

第一，关于人力资本投资的研究。杨真、张东辉、张倩（2019）
对农村基础设施建设与农户人力资本的关系进行了研究，研究发现农村
的基础设施对农户的人力资本有提升的作用，并且认为农村的基础设施
建设越好，农村青少年的学习态度越端正，并且更有利于农村青少年学
习成绩的提高。因此他们提出加强农村基础设施建设有利于农村的人力
资本投资与积累，对于推动教育公平有很大的现实意义。② 陈曦、边恕
等（2018）认为人力资本投资是经济增长的驱动力，完善的城乡社会
保障对于人力资本投资有重要的作用。研究发现，人力资本投资是经济
增长的基础和驱动因素，并且社会保障差距对于人力资本投资有抑制作
用，城乡社会保障协调发展可以促进父代补偿子代的人力资本投资，进
而促进子代人力资本水平的提升，对于经济增长以及促进人口数量红利
向人口质量红利转变有重要的意义。③ 王海弟、黄亮、李宏毅（2017）
通过建立数理模型对人力资本投资与经济增长之间的作用机制进行了分
析，尤其分析了健康人力资本投资与教育人力资本投资对一国产出的短
期影响。几位学者采用全球的数据以及东亚的数据研究发现，公共卫生
支出占 GDP 比重、公共教育支出占 GDP 比重对人均 GDP 都有显著影
响，而生师比对人均 GDP 有负向影响，得出的结论是国家健康人力资
本投资对国民产出有显著影响。④ 封永刚、邓宗兵（2015）通过对中国

---

① 张斐. 新生代农民工市民化现状及影响因素分析 [J]. 人口研究, 2011 (11): 100 – 109.

② 杨真, 张东辉, 张倩. 交通基础设施对农户人力资本投资的影响——基于准自然实验
的因果推断分析 [J]. 人口与经济, 2019 (6).

③ 陈曦, 边恕等. 城乡社会保障差距、人力资本投资与经济增长 [J]. 人口与经济,
2018 (4): 77 – 85.

④ 王海弟, 黄亮, 李宏毅. 健康投资能影响跨国人均产出差距吗? ——来自跨国面板数
据的经验研究 [J]. 经济研究, 2016 (8): 129 – 143.

12 年数据进行分析，采用计量数理模型和 Bootstrap、Malmquist 指数方法对中国 31 个省份的人力资本投资效率进行了测算，在此基础上运用空间自相关分析方法，使用空间收敛性测算方法对投资效率的收敛性及其影响因素进行了实证分析，同时对人力资本投资效率的空间关联性进行验证，研究发现，中国的人力资本投资效率有这样一个趋势，即呈现先大幅上升之后又小幅下降的变化特点，分析出人力资本投资效率提高主要源于科技创新。两位学者还指出，中国人力资本投资效率的绝对 β 收敛和条件 β 收敛特征显著，区域间人力资本投资效率的正向空间溢出效应增强，极化效应逐渐减弱。文章指出，在影响人力资本投资效率收敛性的因素中，经济发展水平、城镇化水平、医疗水平及产业结构为重要的几个因素。① 陈维涛、王永进、毛劲松（2014）结合中国劳动力市场分割的制度背景，对人力资本投资及出口技术复杂度的关系进行了分析，从理论上论证了出口技术复杂度会显著影响人力资本的投资，主要表现在出口复杂度会提高劳动者技能的溢价水平，同时有助于城乡的融合发展，从而对人力资本投资有较好的促进作用。结论表明，出口技术的复杂度不仅有利于城市人力资本投资的增加，还有利于中国农村劳动者人力资本投资的增加，同时，更加有利于劳动者人力资本投资未来预期报酬的提高，促进劳动者子女教育投入和长期人力资本投资的增加。在出口技术复杂度提升的情况下，对于子女的教育理念，高科技人才要比一般劳动者更重视对自己及子女的教育和人力资本投资。② 范慧、费利群（2012）使用 1997~2010 年 29 个省级单位数据，为全国、东部、中部、西部地区分别建立面板数据模型，选择人力资本投资的投入和产出指标作为模型的代理变量，对人力资本投资和我国劳动报酬比例的关

---

① 封永刚，邓宗兵. 中国人力资本投资效率的收敛性及影响因素研究 [J]. 人口与经济，2015（3）：77-88.

② 陈维涛，王永进，毛劲松. 出口技术复杂度、劳动力市场分割与中国的人力资本投资 [J]. 管理世界，2014（2）：6-20.

系进行分析。对于全国省份的数据进行分析，无论用投入指标还是产出指标作为代理变量，得出的结论都是人力资本投资对劳动报酬比例均为正向影响关系。以我国东部、中部和西部地区为分析单元，人力资本投资对劳动报酬比例影响存在显著差异。在东部，以投入指标为代理变量，人力资本投资对劳动报酬比例影响的正向作用明显；在西部，以产出指标为代理变量，人力资本产出对劳动报酬比例影响的正向作用明显；在中部，以人力资本量的投入指标和产出指标为代理变量，人力资本投资对劳动报酬比例的影响都不显著。因此，为提高劳动报酬比例，政府应采取针对性的政策：提高劳动报酬比例、启动劳动报酬比例增加机制、完善人力资本投资机制、提高人力资本投资效益。[①]

　　第二，关于人力资本存量的研究。闫淑敏、段兴民（2001）在早期学者研究的基础上，对中国西部人力资本存量进行了测算，遵循的原则主要为全面性、数据的可获性及可操作性，选取了能够考量人力资本存量的指标，包括教育、健康、科研等方面，同时对中部、东部人力资本存量的情况做了对比，并提出了相关的对策建议。[②] 焦斌龙、焦志明（2010）对中国 1978～2007 年人力资本存量进行了估算，介绍了人力资本存量估算的方法，即永续盘存法。焦斌龙把人力资本存量分为教育、卫生、科研、培训、迁移五个方面，对选取指标、确定价格指数、计算折旧等方面进行了考量，得出了人力资本存量的计算方法，并对得出的人力资本存量数量进行了分析，为以后学者对人力资本存量的计算提供了较好的借鉴。[③] 许岩、曾国平、曹跃群（2018）根据成本支出法把人力资本存量分为教育人力资本、健康人力资本和总量人力资本，并对中

　　① 范慧，费利群. 人力资本投资对中国劳动报酬比例的影响分析 [J]. 中国人口·资源与环境，2012（9）：121－128.

　　② 闫淑敏，段兴民. 中国西部人力资本存量的比较分析 [J]. 中国软科学，2001（6）：100－103.

　　③ 焦斌龙，焦志明. 中国人力资本存量估算：1978—2007 [J]. 经济学家，2010（9）：27－33.

国 1995~2014 年各省份的人力资本存量总量进行了估算，构建了相关的数理模型，分析了教育人力资本、健康人力资本对经济增长的作用机制。① 赵斌（2019）对中国 1995~2016 年、1998~2015 年两个时间段的数据进行了数量分析，通过数理模型和 GMM（gaussian mixture mode）统计分析发现，中国人力资本积累中的投资流量效应与人口老龄化的存量效应对经济增长都存在促进作用，提出了人口中的老年人人均预期寿命增加会促进经济的增长，社会中私人部门的人力资本投资对经济增长有促进作用等，并提出了相关的对策建议。②

### 1.2.1.3　关于农民工的相关研究

第一，关于农民工问题的研究。1984 年，张雨林教授首次提出了"农民工"的概念。从那时起，"农民工"的概念逐渐在学术界得到广泛应用。③ 目前，我国学术界对农民工问题的研究较多，研究范围也较广。王丽丽、杨晓凤、梁丹妮（2016）探究了老一代农民工与新生代农民工在市民化意愿影响因素上的差异，在调查问卷基础上，运用数量统计及二元逻辑（logistic）模型回归分析方法，对两代农民工的市民化意愿进行计量分析。研究发现：两代农民工市民化意愿均较高，且新生代农民工市民化意愿强于老一代农民工；无论从自身角度、就业收入、社会融入以及精神融入等方面都会不同程度地影响两代农民工市民化的选择路径；对老一代农民工的分析中，发现就业的经济因素对他们的影响最大；对新生代农民工的分析中，发现社会融入是新生代中最为重视的问题。④ 王春超、叶琴（2014）利用 2000~2009 年的个人调研数据，

---

① 许岩，曾国平，曹跃群. 教育人力资本、健康人力资本、总量人力资本对经济增长机制的实证检验 [J]. 统计与决策，2018（7）：109-113.
② 赵斌. 人力资本积累与经济增长——基于投资流量效应与老龄化存量效应视角 [J]. 广东财经大学学报，2019（1）：14-23.
③ 张雨林. 村舍的转型与现代化. 社会学通讯 [J]. 党政干部学刊，1984（3）：21-25.
④ 王丽丽，杨晓凤，梁丹妮. 代际差异下农民工市民化意愿的影响因素研究 [J]. 调研世界，2016（12）：45-49.

从收入、健康、教育、医疗保险四个维度对中国 9 个省份的劳动者多维贫困进行了估算。同时对城市外来人口和城市居民的贫困问题进行了深入的分析，把市场作为重要的原因，并以市场为指标作为变量，对城市外来人口和城市居民的贫困问题进行了解释。得出结论：市场化可以改善城市外来人口的贫困问题。[①] 石智雷、薛文玲（2015）认为从 20 世纪 90 年代中期以来，农民工回流一直是学术界关注的问题，也是影响着城镇化和农村经济可持续发展的一个重要因素。农民工能够在城市安稳地生活并真正融入城市是焦点问题，而农民工的回流使问题更加复杂化。以往研究主要探讨人力资本、社会资本和环境等因素对农民工回流情况的解释，忽视了农民工城乡长期保障的影响效应。研究认为，在当前，长期保障才是农民工回流农村问题的关键。分析结果显示，城市长期保障的缺失是导致农民工回流的重要因素，且对农民工的远期回流意愿影响更显著，同时城市完善的社会保障制度对农民工的回流意愿具有显著的负向影响，农民工与用工单位签订劳动合同、收入稳定地就业、自购住房或者缴纳城镇社会保险的农民工更倾向于留在城市。农村长期保障对农民工的回流意愿有明显的正向影响；在农村老家有耕地、参加新型农村合作医疗以及前一年有较大收入的农民工更倾向于回流。因此，健全劳动合同关系和城镇居民医保体系，解决农民工在城市的住房问题，有利于减弱农民工的回流意愿。[②] 陈琦、徐舒（2014）从动态同化（assimilation）的研究角度，分析了农业转移人口与城市劳动者的收入差距。文章针对该问题特有的数据结构，构建了一种新的非线性工具变量回归方法，对模型内生性问题进行了纠正。实证结果显示，农民工在城镇每多待一年，其相对工资将增加 1.4%。这表明不同初始工资的

---

① 王春超，叶琴. 中国农民工多维贫困的演进——基于收入与教育维度的考察［J］. 经济研究，2014（12）：159 – 174.

② 石智雷，薛文玲. 中国农民工的长期保障与回流决策［J］. 中国人口·资源与环境，2015（3）：143 – 152.

农民工需要经过 10～58 年后才能达到与城镇职工同等的工资水平。高学历不会显著增加农民工的工资同化速度，只是增加了其初始工资水平，培训和社会关系对农民工的工资同化速度有显著影响。结论是农民工的初始工资相对较低，工资同化速度较慢，因此在城市的劳动力市场上地位相对较低。这一问题迫切地反映出农民工务工环境、务工歧视现象需要改善，同时就业指导、社会技能培训对于农民工市民化有较大的正向作用。[①] 秦立建、王震（2014）基于国家卫生和计划生育委员会 2013 年农民工城市融合状况专项调查数据，使用工具变量法的广义回归（IVProbit）模型分析农民工城镇户籍转换意愿的影响因素。结果发现：人力资本存量、工资收入、打工地养老保险显著提高了农民工的城镇户籍转换意愿；签订工作合同、家乡医疗保险降低了农民工的城镇户籍转换意愿；城市规模对于农民工城市户籍有显著影响，城市越大，农民工的城镇户籍转换意愿越强。基于以上发现，文章建议加强农民工的职业培训、提高农民工的收入水平、增强劳动合同的公平性、完善农民工在打工城市的社会保障待遇、提高中小城市的吸引力，以推动农民工市民化和提高城镇化的质量。[②] 陈文超、陈雯、江立华（2014）通过对 2949 名农民工的调查数据分析发现：（1）在返乡创业的影响因素中，年龄和教育程度并不是农民工创业的关键因素；在对农民工返乡创业的调查中发现，中年农民工以及受过中等教育的农民工返乡创业的比例更大。（2）在政策导向、利益驱使、身份地位等因素中，家庭因素的影响对农民工返乡创业的影响更为明显。（3）社会扶助需要达到一定程度时才有可能刺激农民工进行返乡创业；若社会扶助力度较小，政策导向、利益驱使都不能成为促使农民工返乡创业的有效因素。因此文章认

---

① 陈珣，徐舒. 农民工与城镇职工的工资差距及动态同化［J］. 经济研究，2014（10）：74－88.

② 秦立建，王震. 农民工城镇户籍转换意愿的影响因素分析［J］. 中国人口科学，2014（10）：103－112.

为，从政策制定的角度出发，应该制定以中年和中等受教育水平的农民工为对象，以家庭发展和稳定为核心的政策，并不断深化政策的实施力度，而非简单完善政策内容。[①] 崔烨、靳小怡（2015）研究指出，在大规模乡城人口流动背景下，代际关系对农民工家庭成员的生活福利具有重要影响。文章指出类型学方法是描述复杂多样家庭关系的有用工具，但目前鲜有对中国农民工家庭代际关系多样性的类型学研究。文章利用 2013 年 12 月中国深圳市的农民工调查数据，使用潜在类别分析的方法，发现了农民工家庭中存在紧密型、远但亲近型、近但有间型与疏离型四种关系类型，紧密型关系是农民工家庭中最常见的类型，这种类型的关系是以传统的大家庭以及较强的家庭核心凝聚力为特征的，并且城镇化的烙印更加明显。四种类型反映了传统农村家庭代际关系的传承与变迁特征。远但亲近型关系是城镇化进程中子女远距离对父母承担的赡养责任和所做出的努力，子女与父母间的深厚情感是维系家庭代际关系新的重要纽带和桥梁。[②]

第二，关于农民工人力资本投资的研究。黄增健（2019）利用中国流动人口数据，研究流动人口的健康投资与收入之间的关系，并运用了单独考察和联合考察两种方法。研究发现无论单独考察还是联合考察，流动人口健康投资的收入效应及其收入对健康投资的反馈效应具有稳健性。结论表明，提高流动人口在健康方面的投资，对于他们的收入增长有重要的作用，政府需要在城乡医疗保健制度、实现城乡医疗均等化以及适当的健康宣传等方面做出积极的努力。[③] 杜香、杨克诚（2018）在经济新常态的背景下，对农民工人力资本的提升做了系统的

① 陈文超，陈雯，江立华. 农民工返乡创业的影响因素分析［J］. 中国人口科学，2014（2）：96 - 105.

② 崔烨，靳小怡. 亲近还是疏离？乡城人口流动背景下农民工家庭的代际关系类型分析——来自深圳调查的发现［J］. 经济研究，2015（5）：48 - 59.

③ 黄增健. 流动人口健康投资及其收入互动关系的联合考察［J］. 兰州财经大学学报，2019（4）：63 - 72.

研究，认为随着中国经济发展进入新常态，农民工在城市发展过程中，人力资本的情况对于农民工城市融入起到了重要的作用。人力资本匮乏会阻碍农民工的城市融入，因此对于提升农民工人力资本、增加他们的职业技能以提升他们在城市的生活就业能力，为城市的建设、城镇化的进程以及中国经济发展提供了强有力的支撑。[①] 陈国生、倪长雨、张亨溢（2015）基于湖南省 1985～2012 年的时间序列数据，通过建立向量误差修正（VECM）模型、协整检验等模型分析农村非农就业与人力资本投资之间的关系。结论显示，人力资本教育投资、健康投资、迁移投资与非农就业有着稳定的相关关系。短期中，健康投资和教育投资对非农就业影响比较大，并且是非农就业的格兰杰因素，迁移投资则不能成为非农就业的格兰杰因素，其中健康投资对非农就业的影响最大，人力资本教育投资次之，人力资本迁移投资最小。[②] 何亦名（2014）基于人力资本投入与产出效用理论，构建了新生代农民工人力资本投资的理论与实证模型，并利用调查数据实证检验了人力资本成长的相关假设。研究发现，收入的提高将促进高成长型新农民工的人力资本投资，而对低成长型农民工的人力资本投资作用不显著。何亦名还对社会资本对人力资本投资的影响进行了研究，发现来自乡亲为主导的社会资本会阻滞农民工参加职业技能培训和继续教育的概率；来自城市亲属为主导的社会资本会促进农民工参加职业技能培训和继续教育的概率。[③] 刘唐宇（2014）对农民的生存能力和生产能力的影响因素进行了系统的研究，研究发现农村人力资本投资对于农民提高两种能力起着至关重要的作用，从而间接促进农民增收，调整和优化农业产业结构，提升农民就业创业能力，

① 杜香，杨克诚. 经济新常态下农民工人力资本的提升 [J]. 现代交际，2018（22）：124-126.

② 陈国生，倪长雨，张亨溢. 人力资本投资与农村非农就业关系的实证研究——以湖南省为例 [J]. 经济地理，2015（5）：156-159.

③ 何亦名，成长效用视角下新生代农民工的人力资本投资行为研究经济地理 [J]. 中国人口科学，2014（4）：58-69.

促进农业政策和农村制度的良性变迁，培育新型职业农民。文章指出，目前我国农村人力资本存量不高，性别、城乡和区域差距较大，与农业现代化发展的需要还存在一定距离。由此提出我国农村人力资本投资的路径选择：充分认识农村人力资本投资的重要性；大力发展农村各类教育；切实加强农村劳动力的技能培训；进一步完善农村社会保障体系；着力构建城乡统一的劳动力市场；合理引导农村智力回流；积极培育当地支柱产业和特色产业；稳步提高农民的组织化程度；努力创建学习型农村。① 潘文庆、吴梦迪（2014）通过理论分析并运用协整方法进行实证研究，对广东省地区的农民人力资本投资与收入增长的关系做了系统的分析。研究发现，农民的教育投资、健康投资、迁移投资和农民收入之间存在长期均衡的协整关系。从长期来看，三种农民人力资本投资都对农民的收入增长存在显著的正向影响；从短期来看，农民的教育投资和健康投资能增加农民的收入，而迁移投资则负向影响着农民的收入。② 王李（2014）认为人力资本投资对于一个国家劳动力整体素质的提高具有重要意义与作用，而人力资本投资的种类、结构、方向以及投资不足都会对人力资本积累产生消极的影响。文章总结了我国新生代农民工的群体特征，从基础教育、医疗保健、职业技能培训及心理健康等方面分析新生代农民工人力资本投资的不足，应加大新生代农民工后续教育资本积累、心理资本的积累，并加强新生代农民工健康、医疗资本等方面的投入力度。③ 杨晓军（2013）运用1993~2010年省级面板数据考察农户人力资本投资对城乡收入差距的影响。研究结果表明，农户人力资本投资与城乡收入差距存在长期均衡关系。从全国层面来看，提

① 刘唐宇. 我国农村人力资本投资的效应、现状及路径选择 [J]. 农业现代化研究，2014（1）：70–74.

② 潘文庆，吴梦迪. 基于人力资本投资视角的广东农民增收实证研究 [J]. 南方经济，2014（8）：124–128.

③ 王李. 我国新生代农民工人力资本投资问题研究 [J]. 中国劳动关系学院学报，2014（4）：64–67.

高农户人力资本投资会增加城乡收入差距；从时间角度分析，随着时间推移，提高农户人力资本投资尤其是教育投资有助于缩小城乡收入差距；从区域层面来看，东部地区农户人力资本投资有利于缩小城乡收入差距，西部地区农户人力资本投资不利于缩小城乡收入差距，中部地区的教育投资和迁移投资有利于缩小城乡收入差距。结论表明，经济发展水平越高的地区，其人力资本投资越高，对于缩小城乡收入差距越有好处。① 叶静怡、周晔馨（2010）对北京市农业转移人口进行了调研，采用2007年的数据对农业转移人口收入与人力资本高低之间的关系进行了研究，发现农业转移人口收入受人力资本影响比较显著，但受原始资本的影响不显著，新型社会资本对农业转移人口收入的影响比较大。农业转移人口在城市获得的社会资本不仅影响就业和收入，而且是影响市民化进程的较大因素。②

## 1.2.2  国外研究现状

### 1.2.2.1  关于城镇化的研究

urbanization 这个英文单词最早出现在《城镇化的基本理论》这一书中，目前已经被国内外理论界广泛接受。urbanization 在国内的最初译法是"城镇化"和"城市化"两种，原因在于国内学者对 urbanization 的含义认识不太一致。很多学者从狭义的角度理解，认为 urbanization 表示农村人口转移到城市，因此被译为"城市化"。多数学者认为 urbanization 有更广义的含义，既包含"城市"又包含"镇"，因此被译为

---

① 杨晓军. 中国农户人力资本投资与城乡收入差距：基于省级面板数据的经验分析 [J]. 农业技术经济, 2013 (4)：13-25.

② 叶静怡, 周晔馨. 社会资本转换与农民工收入——来自北京农民工调查的证据 [J]. 管理世界, 2010 (10)：34-46.

"城镇化"。从某种角度上，城镇化和城市化的含义是趋同的。立足于我国的实际情况，正式的官方文件中，统一使用的是"城镇化"这一概念，城镇化为大中小城市、城镇以及农村共同发展的城镇化。国外对urbanization 有很多相关的研究。《苏联百科全书》收录了 urbanization 的定义，认为 urbanization 是人类历史发展的重要事件，是经济社会发展的重要过程，影响着人们生活和生产的方方面面。日本百科全书也有对urbanization 的定义的记录，将 urbanization 定义为城市人口快速增长并伴随着经济、生活等一系列方式的改变。人口学的学者把 urbanization定义为"城市和乡村的人口发生的一种变化，这种变化的特点是乡村人口向城市集中，城市人口规模不断变大的过程"①。还有学者从城市经济学的角度对 urbanization 进行了定义，即"产生于城市和乡村之间经济要素发生的变化，这种变化是人口、活动乃至个人生活方式为特征的农村经济向城市经济的转变"②。从社会学的角度，学者们对 urbaniza-tion 进行阐释，认为 urbanization 是农村生活方式向城市生活方式的转变，并且更强调人的城市融入，是一种社会融入。③ 日本学者森川洋（1989）认为 urbanization 是城市人口逐渐扩大的过程，在这个过程中，城市景观逐渐形成，农村人口的生活方式逐渐转型。

### 1.2.2.2 关于农村剩余劳动力转移的相关研究

威廉·配第（William Petty）在 1662 年就明确指出，工业与农业相比，获取的经济利润要更大一些，因此随着经济的发展、时间的推移，农业必然要转向工业。④ 英国经济学家科林·克拉克（Colin Clark，

① J. O. 赫茨勒. 世界人口危机 ［M］. 何新，译，北京：商务印书馆，1963：52.
② 巴顿. 城市经济学 ［M］. 上海社会科学院部门经济研究所城市经济研究室，译. 北京：商务印刷馆，1984：12.
③ L. Wirth. Urbanism as a way of life ［J］. American Journal of Sociology，1989，vol. 49：46 - 63.
④ 威廉·配第. 赋税论 ［M］. 原磊，译，北京：华夏出版社，2017：123.

1940）出版了《经济进步的条件》，在威廉·配第研究的基础上，对40多个国家和地区不同时期产业的劳动要素进行了研究，提出了配第—克拉克定理：随着人均国民收入的提高，劳动力会从第一产业转向第二产业，进而向第三产业转移。①唐纳德·博格（D. J. Bogue，1950）提出了人口迁移理论，即推拉理论，认为人口迁移的原因在于两种相反的作用力，即推力和拉力。推力是把农村剩余劳动人口从其常住地区向外推出，拉力则是一种吸引力，是拥有较高水平的就业地区把外来人口吸引进来。推拉理论认为农村人口向城市转移的原因是城市的发展更加有利，而农村的发展更加不利。刘易斯（W. Arthur Lewis，1954）发表了《劳动无限供给条件下的经济发展》，提出了著名的二元经济结构模型。刘易斯认为经济的发展是工业经济向农业经济扩张过程，这种扩张的持续发展，会把农业部门的剩余劳动力全部转移出去。因此，在二元经济结构中，只要工业部门的工资水平高于农业部门，劳动力就会获得无限供给。拉尼斯和费景汉（G. Ranis & H. Fei，1961），对刘易斯模型进行了改进，提出拉尼斯—费景汉人口流动模型，此模型存在一个先决条件，即农业部门的劳动生产率提高是剩余劳动力流入工业部门的前提。约翰森（Jorgenson，1967）认为，之所以出现农业劳动力的剩余并转向工业部门，其根本原因在于农业生产率提高而出现剩余人口，由于工业发展的需求更为旺盛，因此发生农业剩余劳动人口的迁移。②

### 1.2.2.3　关于人力资本投资的相关研究

人力资本（human capital management，HCM）理论最早起源于经济学理论研究。威廉·配第在17世纪中后期阐述了最初的人力资本思想，

① Colin Clark. The conditions of economic progress [M]. London：Macmillam and co.，Limited，1940：42.

② Jorgenson，D. W. Surplus agricultural labor and the development of a dual economy [J]. Oxford Economic Papers，1967（19）：288 –312.

认可劳动的重要性和差别性，认为每个劳动者是具有差别的，并且劳动效率都有所不同。亚当·斯密（Adam Smith，1776）在《国富论》中阐述了人力资本相关认识，他认为体现在个人身上的知识、技能可以称作为资本，这种资本可以给个人带来收益，并使个人成为一个有用的人。[①] 20 世纪初，阿尔弗雷德·马歇尔（Alfred Marshall）提出知识财富对一个国家的重要性要远远高于物质财富，马歇尔认为无论家庭还是国家，对教育和培训的投资都要重视，但是家庭很难完全承担所有教育和培训的投资费用，因此国家、政府和社会应当分担这方面的投资。[②] 20 世纪 60 年代，美国经济学家舒尔茨（Schurz）创立了人力资本理论，在美国经济学年会上发表了题目为《论人力资本投资》的著名演讲。在对美国的农业经济问题研究中，舒尔茨发现，人的知识、健康、技能等对经济的增长贡献远大于物质资本对经济的贡献，与物质资本一样，对人力资本进行投资会得到收益和回报。他阐述了人力资本是经济增长的重大因素和持续性的源泉，可以解释很多传统经济理论无法解释的经济增长问题。20 世纪 70 年代，加里·贝克尔（Gary Stanley Becker）对人力资本理论有了新的扩展，贝克尔认为人力资本的表现形式就是蕴含于人自身中的各种生产知识、劳动技能和健康素质的存量的总和。[③] 贝克尔研究的视角比较独特，从微观经济的角度对人力资本投资与收益进行了分析，把微观分析方法引入到人力资本投资理论中，为人力资本理论开辟了新的研究途径。

### 1.2.3 简要述评

关于城镇化问题的研究是目前中国学界研究的热点问题，更是关系

---

① 亚当·斯密. 国富论［M］. 唐日松等，译，北京：商务印书馆，1979.
② 阿尔弗雷德·马歇尔. 经济学原理［M］. 廉运杰，译，北京：商务印书馆，1964：58.
③ 加里·贝克尔. 人力资本［M］. 陈耿宣等，译，北京：机械工业出版社，1986：90.

到中国经济的发展、新农村建设及农业转移人口市民化等几个重大问题。众多学者对城镇化的相关方面做了充分的研究，例如：城镇化发展的水平及动力问题，城镇化发展模式问题，城镇化发展对经济发展的作用机制。相关的研究为本文的理论研究提供了重要的思路。人力资本问题是经济学领域研究的一个重要分支和方向，目前得到了学者们的重视。很多学者认为人力资本是中国经济发展的重要因素，也是中国经济动力的新引擎，例如人力资本对经济增长的作用、人力资本对产业结构的影响，以及相关学者对人力资本投资和人力资本存量测算的研究为本书的研究提供了思路和方法。已有的研究中，有部分学者研究了人力资本对城镇化的影响作用，对于两者的关系，还没有学者用耦合的方法进行测度，国外学者也没有系统地对两者的相互关系做出分析。本书对人力资本及城镇化建立相关的指标体系，并对两者的关系进行深层次的分析，既互相影响又互相协调，同时用耦合关系的方法进行测度，分析出两者发展的阶段和地区发展的类型，最后得出结论。因此本书的研究对于把握中国人力资本与城镇化发展的阶段、类型及两者是否互相协调的政策分析提供了新的视角，有重要理论价值。

## 1.3  研究方法和基本思路

### 1.3.1  研究方法

首先，采用理论分析与定量分析相结合的方法。一方面以经济理论为基础，遵循经济学研究的内在逻辑和基本范式，对人力资本以及城镇化的内涵进行理论分析；另一方面以统计学、经济计量学为依据，对人力资本与城镇化的关系进行分析、整理，对两者的影响机制进行实证分析。

其次，采用静态与动态分析相结合的方法。基于城镇化问题既是某一时期或阶段的关注焦点，同时又是多种因素长期作用的结果，既是一种短期均衡状态，又是一种长期发展过程。因此，本书运用了静态与动态相结合的分析方法，对人力资本与城镇化的相关统计数据进行了整理，同时对两者的作用机制及耦合关系进行分析和测算。

最后，采用实证研究与规范研究相结合的方法。实证方法是对人力资本及城镇化的现实进行客观描述和分析，用于回答目前中国人力资本是什么现状、衡量的具体指标是什么，城镇化是一个什么现状、具体衡量的指标是什么，以及两者的关系及影响程度是什么等问题。规范方法是以一定的价值判断为出发点，提出从事经济行为的过程及其结果的标准，用于分析人力资本与城镇化之间的关系是什么并提出相关政策建议。

## 1.3.2 基本思路

本书的基本思路是从人力资本的理论基础出发，对人力资本与城镇化的关系做出分析，分析出人力资本对城镇化两个系统的互为影响程度并且测算出是否协调发展，最后提出政策建议。

第一步：构建人力资本和城镇化耦合关系的理论框架。理论框架分别是人力资本理论、内生经济增长理论、新经济增长理论、劳动力流动理论。

第二步：建立衡量人力资本的指标体系。根据经典的人力资本理论，分别构建了教育人力资本、培训人力资本、卫生人力资本、科研人力资本及迁移人力资本五个维度的人力资本指标体系。

第三步：建立衡量城镇化的指标体系。根据城镇化的多层次含义，把人口城镇化、经济城镇化和社会城镇化作为衡量城镇化的三个维度。

第四步：对人力资本与城镇化两者的关系机理进行梳理，分析得出两者是互为影响、互为促进、协调发展的两系统；通过定量的方法对两者的关系构建模型并测算出两者的耦合协调度，最后得出实证结论。

第五步：对实证结论进行分析，对全国以及地区的人力资本与城镇化的发展是否协调做出测评，归纳出具体发展类型。

第六步：最后得出研究结论，并提出政策建议。

## 1.4　创新与不足之处

### 1.4.1　创新之处

#### 1.4.1.1　研究视角创新

很多学者研究了人力资本对城镇化的影响，但极少数学者研究城镇化对人力资本的影响，本书分析了人力资本与城镇化两者关系的机理，认为人力资本与城镇化存在相互影响、相互促进的耦合关系，在此基础上对人力资本与城镇化的耦合关系进行了测度和分析，是本书研究视角的创新。

#### 1.4.1.2　研究发现创新

本书对人力资本与城镇化的耦合关系进行测度，测算出 2000 ~ 2017 年中国人力资本与城镇化的整体耦合度值分布在 0.5967 ~ 0.9305 之间，主要处于磨合耦合阶段，表明它们之间的交互耦合作用较强，这一实证结果基本符合中国当期的经济发展及城镇化进程的实际情况。

同时本书对中国 31 个省份的人力资本与城镇化进行了耦合测度，并归纳出不同发展类型，即良好协调发展类、中度协调发展类、勉强协调发展类和中度失调衰退类四种类型。其中属于良好协调发展类的省份较少，大部分省份属于中度协调发展类和勉强协调发展类，还有一部分省份属于中度失调衰退类。在具体类型的细分中，我国多数省份人力资本投资滞后于城镇化的发展，仅有少数的几个省份城镇化发展滞后于人力资本投资。

### 1.4.1.3 政策启示创新

通过定量的方法对人力资本和城镇化两者的关系进行梳理，分析了人力资本与城镇化耦合关系的作用机理，在测算出两者是否协调发展以及地区发展类型的同时提出政策建议，对于提升人力资本水平、促进经济发展、缩小收入差距、提高城镇化质量、促进社会和谐具有重要的政策启示意义。

## 1.4.2 不足之处

（1）由于城镇化的含义比较广泛，不仅仅是人口城镇化、经济城镇化和社会城镇化三个方面，还有土地城镇化、景观城镇化等很多方面，但由于数据的有限及理论水平的不足，本书只用了人口、经济和社会三个方面来构建城镇化的指标体系。

（2）对全国人力资本存量的指标体系选取了五种，即教育、培训、卫生、科研及迁移，其中每一个指标的下一级指标选取比较单一，但由于数据的有限也只能如此。同时，在做地区人力资本与城镇化耦合关系的实证分析时，人力资本投资的指标体系选取了教育、培训、卫生和科研四个指标，由于迁移的分省数据获取不到，因此舍弃了能够衡量人力资本投资的迁移成本，比较遗憾。

# 第 2 章

# 相关概念及基本理论

本章重点探讨人力资本以及城镇化的相关概念及基本理论，相关概念包括人力资本、人力资本投资、人力资本存量、城镇化及耦合关系，基本理论包括人力资本理论、劳动力流动理论、内生经济增长理论和新经济增长理论。这些概念和理论中的元素和原理相互关联，逐步递进，共同构成了人力资本与城镇化耦合关系的理论框架。

## 2.1 相 关 概 念

### 2.1.1 人力资本

人力资本，是指劳动者通过接受教育、培训、实践和保健等方式而形成知识、技能以及健康的积累，并且这种资本能够给劳动者带来工资等资本的收益，因而这种特定的资本称为人力资本。

人力资本相对于物质资本来说具有更强的增值性和更大的增值空间，并且人力资本具有创新性和创造力，还具有资源配置的能力，因此被称为"活资本"，投资人力资本，比投资物质资本更具增值潜力。经济学之父亚当·斯密十八世纪末期，在其著名的著作《国富论》中就有了人力资本思想，并对人力资本的概念有了初步的认识。他把固定在个人身上、能够形成手艺的才能称作资本，并且定义这种资本为"包含所有居民或社会成员获得的有用的能力"①。亚当·斯密认为这种能力主要通过学校教育和工厂学徒的过程来获得，并且需要投入一定量的成本。当时亚当·斯密建议国家应当对教育、培训进行鼓励和推行，并且认为应当对国民的基本教育进行强制。② 随后在 19 世纪 40 年代，德国经济学家弗里德里希·李斯特（Friedrich List），提出了与"人力资本"相类似的"精神资本"的概念，对精神资本有了初步的认识，并且此概念首次出现在他的著名著作《政治经济学的国民体系》中。弗里德里希·李斯特认为"精神资本"就是来自人的智力方面的因素，包括智力成果和智力积累，并且指出"各国现在的状况是在我们以前许多世纪的一切发现、发明、改进和努力等积累的结果，这些就是现代人类的精神资本"③。弗里德里希·李斯特所说的"精神资本"，可以理解为现代经济学中的人力资本概念。20 世纪之后，美国经济学家欧文·费雪（Irving Fisher）在他的著作中首次提出了人力资本的概念，认为可以带来收入的都可以称作资本，并将人力资本纳入研究当中。④ 二十世纪中期，著名的经济学家舒尔茨对人力资本的研究有了新的进展，他提出与物质资本相比，人力资本对经济的贡献不容忽视，甚至超过物质资本对经济的贡献。同时对人力资本有了更深层次的分析，把人力资本分为教育、健康、培训、迁移等方面，同时提出了人力资本投资的概念，并阐述了人力资本是经济增长的重大因素和持续性的源泉，可以解释很多传

---

① 亚当·斯密. 国富论［M］. 唐日松等，译，北京：商务印书馆，1979：257–258.
② 亚当·斯密. 国富论［M］. 唐日松等，译，北京：商务印书馆，1979：323.
③ 弗里德里希·李斯特. 政治经济学的国民体系［M］. 陈万煦，译，北京：商务印书馆，1961：86.
④ 欧文·费雪. 资本与收入的特性［M］. 谷宏伟，译，北京：商务印书馆，2017：57.

统经济理论无法解释的经济增长问题。① 舒尔茨是人力资本理论的奠基人和开创者，为以后学者的研究给予了明确的方向，为经济增长理论的研究提供了新的视角，为以后的经济发展理论及人力资本理论奠定了基础。

## 2.1.2 人力资本存量

人力资本存量指的是某地区在某特定时点上的人力资本质量水平的总和。人是社会生产力中最能动、最科学、最活跃的因素，任何生产活动都要靠人来发动和进行，通过人力作用于外部自然界而实现某种物质变换，产生满足人类自身需要的物品。作为经济增长的重要因素，人力资本会直接参与到经济生产中，并贯彻经济生产的整个过程，人力资本存量的提高表现为劳动生产者的素质提升，劳动生产率的提高，给生产部门带来收益，从而使整个社会的生产部门劳动生产率提高、经济效益提升，最后使全社会的生产总量增加。但人力资本的存量不容易估算，指标比较多，数据获取比较困难。很多学者一直尝试对人力资本存量进行估算，为人力资本的测算提供较好的思路。现有的人力资本存量的估算方法有教育指标法，即根据受教育年限等指标来估算人力资本存量，还有学者用累计成本法通过剔除价格因素及折旧来估算人力资本存量。

## 2.1.3 人力资本投资

人力资本投资是指为了提升劳动者个人的知识、技能、健康和其他素质的质量水平而进行的相关投入和支出，它能够带来人力资本存量的增加，进而推动经济增长。凡是能够提升劳动者个人的知识、技能、健

---

① 西奥多·W. 舒尔茨. 论人类资本投资 [M]. 吴珠华等，译，北京：北京经济学院出版社，1990：249.

康和其他素质的投入都可以作为人力资本投资，人力资本投资可以提高
人力资本存量，促进生产部门的劳动生产率提高，从而促进整个国民经
济的提升。投资人力资本与投资物质资本一样，会得到收益，但投资人
力资本的收益是长期的。根据舒尔茨人力资本理论，人力资本投资可分
为教育人力资本投资、培训人力资本投资、健康人力资本投资、迁移人
力资本投资等方面。教育人力资本投资是指劳动者在学校接受初等、中
等和高等教育，而获得知识和技能，从而需要个人、社会和国家花费的
费用。教育人力资本投资是人力资本投资最重要的部分，是形成人力资
本最核心的因素。培训人力资本投资是劳动者在企业或社会接受的技能
培训，从而需要个人、企业和社会花费相关的费用，劳动者通过培训获
得劳动技能，提高劳动生产率，为社会提供更优质的劳动力，因此培训
人力资本投资越来越受到国家和社会的重视。健康人力资本投资是指是
为了保障社会成员的健康，提高人均预期寿命，改善医疗卫生条件，减
少社会成员疾病的发病率，改善劳动成员的身体素质，从而提高劳动成
员在生产部门的劳动产出水平而进行的各种投入。因此，健康人力资本
投资是人力资本投资中的最基本要素。迁移人力资本投资是指劳动者在
迁移过程中所付出的成本和代价，迁移人力资本投资也是人力资本投资
的一个组成部分。一个国家经济发展的过程中，会有很多劳动者进行迁
移，如果劳动者流动无任何障碍，劳动者就会挑选适合自己、工资更高、
发展更有前景的工作机会，这个工作岗位若不在劳动者生活的本地，那么
就会发生人力资本迁移和流动。劳动者在迁移和流动的过程中，会增加迁
入地的人力资本存量，也会提升自己的人力资本质量和水平。

## 2.1.4　城镇化

城镇化，一般又称为城市化，英文为 urbanization，作为一种经济社
会发展过程中的结构变迁，该现象最早出现于西方发达国家。大多学者

认为，它是伴随着工业革命的兴起而出现的。卡尔·马克思（Karl Marx）在1858年发表的《政治经济学批判》一书中指出，古代所指的城市化意思是乡村化，而现代意义上的城市化实际上指的是城镇化。《中华人民共和国国家标准城市规划基本术语标准 GB/T50280－98》一书中对于城镇化的定义如下：城镇化是指农村向城市的转化，在这个过程中伴随着生产形式和生活方式的变化。因此它不仅仅是个经济问题，还涉及政治、社会、文化、人口、地理、环境、生态等多个学科，不同学科从不同角度给予解读，从而形成了多学科综合性的含义。人口学认为城镇化是生活在城市的人口占总人口的比重不断增加的过程，即农业人口转变成非农人口的过程。[①] 还有一些人口学界的研究学者认为城镇化是农业人口向城市转移、农业在经济领域比重不断下降、农业人口逐步转变城市人口的过程。经济学对城镇化的定义主要侧重在经济方面，辜胜阻（1991）从经济学的角度定义了城镇化，认为城镇化是由于经济的发展促使农业人口向城市转移的一个过程，并且认为城镇化率是衡量一个国家或地区城镇化水平的重要指标。[②] 刘传江（1999）认为城镇化是多方面多层次的转换，首先是农业人口向非农人口转换，其次是农业活动向非农活动的转换，最后是农村生活方式向城市生活方式的转换等多层次的转换过程。[③] 简新华、黄锟（2010）认为城镇化或城市化的定义应该是第二、第三产业在城市集聚，农村人口不断向非农产业和城市转移，使城市数量增加、规模扩大，城市生产方式和生活方式向农村扩散、城市物质文明和精神文明向农村普及的经济、社会发展过程。[④] 社会学界对城镇化定义有所不同，蔡俊豪、陈兴渝（1995）认为城镇化是一个

① 吴楚材. 城市与乡村——中国城乡矛盾与协调发展研究 [M]. 北京：科学出版社，1996：10.

② 辜胜阻. 非农化与城镇化研究 [M]. 浙江：浙江人民出版社，1991：1－2.

③ 刘传江. 中国城市化的制度安排和创新 [M]. 武汉：武汉大学出版社，1999：46.

④ 简新华，黄锟. 中国城镇化水平和速度的实证分析与前景预测 [J]. 经济研究，2010（3）：28－39.

非城市社会向城市社会过渡的系统过程，其目标最终形成城市文明。[①]
高珮义（2009）把城镇化定义为一个落后传统的乡村转变为一个先进
的城市的社会过程，同时更强调是一个社会过程。[②] 地理学界的学者，
例如崔功豪等（1992）从地理学的角度把城镇化定义为地理的一个转
变过程，具体指多种经济用地和生活空间用地向城市集聚的过程，也就
是说随着第二、第三产业的发展，具备了向城市地域聚集，并且在聚集
的基础上形成了城市的消费地域、生活地域以及其他经济用地的过
程。[③] 综合上述各学科的观点，本书将城镇化定义为：随着经济和社会
的发展，农业人口向非农产业转移，城市人口比重不断上升，农业转移
人口不断融入城市，其生产生活方式向城市转变的过程。

### 2.1.5　耦合关系

耦合原为物理学概念，一般应用于电子学和电信领域，是指能量从
一个介质（例如金属线、光导纤维）传播到另一种介质的过程。在电
子学中，耦合指从一个电路部分到另一个电路部分的能量传递。耦合关
系是指某两个事物之间存在一种相互作用、相互影响的关系。耦合关系
现经常应用于自然科学和社会科学的分析中，表示自然界或社会中某两个
系统或事物在运行和发展过程中有着相互作用、相互影响的某种关系。

很多学者用耦合关系对两个系统进行研究，例如张桂文、孙亚南
（2014）对中国人力资本和产业结构的关系进行了研究。研究发现人力
资本与产业结构存在相互影响的互动关系，用灰色关联对人力资本和产
业结构进行了耦合关系的分析，发现中国人力资本与产业结构两个系统

---

① 蔡俊豪，陈兴渝．"城市化"本质的含义再认识城市发展研究［J］. 城市发展研究，
1995（5）：22－25.

② 高珮义．城市化发展学导论［M］. 北京：中国财政经济出版社，2009：55.

③ 崔功豪等．城市地理学［M］. 江苏：江苏教育出版社，1992：69.

的发展处于相对协调阶段，分析了原因并提出对策建议。[1] 还有一些学者对人力资本与经济发展的耦合关系进行了研究，苏妍、逯进（2018）对中国 31 个省份的人力资本情况进行了测算，测算包括脑力情况、身体情况及综合素质与经济增长的耦合水平，并运用了数理模型分析了中国东部、中部、西部地区人力资本与经济增长之间的耦合关系。研究测出人力资本与经济增长的耦合关系符合线性的变化趋势，并显示出经济增长的一部分是由人力资本贡献的。[2] 还有一些学者用耦合关系研究了城镇化问题，其中研究人口问题与城镇化耦合关系的学者居多。吴一凡、刘彦随、李裕瑞（2018）对中国人口与城镇化时空耦合特征进行了研究，三位学者以中国的建制市作为研究对象，利用数据对人口城镇化和土地城镇化进行了耦合关系的分析，研究表明，中国城市人口城镇化与土地城镇化形成了内在的互动机制，并且发现人口城镇化发展要相对快于土地城镇化的发展，分析了耦合关系形成的原因，并提出了对策建议，为乡村振兴战略提供了思路。[3] 郭付友、李诚固等（2015）对东北地区的人口城镇化与土地城镇化进行了研究，以东北 34 个地级市为研究对象，通过分析数据、建立模型，构建了衡量人口城镇化与土地城镇化的指标体系，研究发现，东北地区的人口城镇化与土地城镇化的耦合关系比较协调，但区域之间有差异，这些差异受众多因素影响，并随着时间的推移，欠协调地区的情况有所好转，这得益于东北老工业基地振兴战略；研究指出，沈阳经济区和沿海经济带是经济发展的热点区域，黑龙江北部和东部地区始终是冷点区。总体的研究表明，东北地区的人口城镇化与土地城镇化呈现出耦合关系的显著特征，并且这些特征

---

① 张桂文，孙亚南. 人力资本与产业结构演进耦合关系的实证研究 [J]. 中国人口科学，2014（12）：96 – 106.

② 苏妍，逯进. 我国人力资本与经济增长耦合关系的综合特征研究 [J]. 西北人口，2018（4）：11 – 18.

③ 吴一凡，刘彦随，李裕瑞. 中国人口与土地城镇化时空耦合特征及驱动机制 [J]. 地理学报，2018（10）：1865 – 1879.

受到众多因素的影响，其中经济因素、地理因素、政策因素及社会因素都会对二者的发展产生影响，为政府制定政策提供了理论参考。① 还有很多学者对耦合关系进行了广泛的研究，为本书的研究提供了重要的思路和方法。

## 2.2　基　本　理　论

### 2.2.1　人力资本理论

#### 2.2.1.1　早期的人力资本理论

第一，威廉·配第的人力资本思想。威廉·配第是英国古典政治经济学之父，统计学创始人，最早的宏观经济学者。威廉·配第最先提出了劳动决定价值的基本原理，并在劳动价值论的基础上考察了工资、地租、利息等范畴，他把地租看作是剩余价值的基本形态。威廉·配第在其著作《赋税论》中提出了"劳动是财富之父和能动要素"，发现了劳动的重要性和能动性，虽然没有提出人力资本的概念，但已经有人力资本的萌芽思想。② 威廉·配第在著作中阐述了劳动的重要性和差别性，认为每个劳动者是具有差别的，因此每个劳动者体现出来的素质和能力就有所不同，每个劳动者的生产效率也是不同的，因此在经济中的贡献也不同。威廉·配第虽然没有提出人力资本的概念，但已经承认劳动者在经济部门中的重要性，为以后人力资本概念的提出奠定了思想萌芽的

---

① 郭付友，李诚固等.2003年以来东北地区人口城镇化与土地城镇化时空耦合特征［J］.经济地理，2015（9）：49-56.

② 威廉·配第.赋税论［M］.原磊，译，北京：华夏出版社，2017：66.

基础。

第二，亚当·斯密的人力资本思想。亚当·斯密是古典经济学的开创者和主要创立者。1776 年，古典经济学家亚当·斯密在《国富论》中提出了组织和社会将从劳动分工中获得经济优势的精彩观点，第一次从经济学角度研究人的行为对价值的作用，成为亚当·斯密对人力资本的最初认识。① 随后罗伯特·欧文（Robert Owen）则认识到"关注雇员对企业是有利的"，开始关注人不同于机器的因素。泰勒（F. W. Taylor）通过对工人生产行为仔细观察，研究和创造了科学管理，用奇迹般的生产效率在历史上第一次证明了人的因素与物的因素的不同。历史上对人力资本的认识经历了一个由浅入深的过程，哲学家柏拉图（Plato）最初仅把人的能力视为天生的禀赋，而经济学家亚当·斯密则不认同柏拉图的观点，亚当·斯密认为人与人之间的差别不完全是由于天赋不同造成的，更多的是由于后天的教育、培训等因素造成的。他认为人们的天赋没有太大的差别，个人素质的高低主要是后天开发教育的结果。亚当·斯密强调对社会成员教育和培训的重要性，对社会成员进行教育等后天的投资，社会成员的个人能力、劳动技能显著提升，会给社会和国家带来好处。如果更多的社会成员得到系统的教育，他们之间就会有很好的交流和沟通，并且带动周围的劳动者也会接受教育和培训，从而获得更好的个人提升和社会的整体提升。亚当·斯密还强调国家强制性教育的重要性，如果国家对国民进行强制性的基础教育，国民的整体素质便会提升，从而防止以低等劳动为生的劳动者脑力和素质发生退化，因此鼓励国家要对国民进行强制性的基础教育。亚当·斯密的人力资本思想为人力资本理论奠定了基础。

第三，约翰·穆勒的人力资本思想。约翰·穆勒（John Mill）是 19世纪英国著名的经济学家，是早期研究人力资本问题的代表人物之一。

---

① 亚当·斯密. 国富论 [M]. 唐日松等，译，北京：商务印书馆，1979：71 – 72.

约翰·穆勒的人力资本思想与亚当·斯密类似，认为人的差别不是由于
先天的禀赋不同，而是后天教育和培训的结果。他曾提出如果一个国民
出生之后没有特殊优异的理解力、记忆力或者体力，那么他跟其他国民
一样属于平常的禀赋，后天的教育和培训会改变他们的理解力、记忆力
等能力。约翰·穆勒还认为生产部门的培训很重要，它能够使劳动者的
技能迅速提升，劳动效率提升，为生产部门带来更高的收益，因此培训
在人力资本投资中有着重要的地位。在对待国民教育问题上，穆勒与亚
当·斯密有着相似的观点，认为国家要重视对国民的教育，只有国民的
教育素质提升，国家才能得以发展。他认为人力资本是一个国家不可或
缺的重要资本。他曾经提出一个重要的问题：为什么一个国家遭遇灾难
之后能够很快恢复过来？原因在于这个国家国民没有很大伤亡，他们掌
握的知识和技能还在，因此这个国家的国民就会很好地利用自己的知识
和技能来重建家园，若土地和房屋没有遭到毁灭性的损害，那么这个国
家就拥有了恢复家园的全部条件。

第四，阿尔弗雷德·马歇尔的人力资本思想。马歇尔是近代英国最
著名的经济学家，新古典学派的创始人，19 世纪末和 20 世纪初英国经
济学界最重要的人物。马歇尔把经济学从仅仅是人文科学和历史学科的
一门必修课发展成为一门独立的学科。马歇尔对人力资本理论也有深入
的探究，他认为人力资本是一个国家重要的经济财富，他认为人力资本
所拥有知识这种财富的重要性远远大于物质资本的财富。[①] 在实用工
具、科学技术以及人文艺术中所包含的知识、思想都是人类需要传承的
最核心的遗产。马歇尔认为知识财富对一个国家的重要性要远远高于物
质财富，如果一个国家遭受破坏，但知识财富没有受到较大打击，那么
这个国家会很快恢复到原来状态，但如果一个国家在遭受损害的同时，
知识财富遭到较大的破坏，那么恢复起来就会很难。马歇尔认为无论家

---

① 马歇尔. 经济学原理［M］. 廉运杰，译，北京：商务印书馆，1964：183.

庭还是国家对教育和培训都要重视，但是家庭很难完全承担所有教育和培训的投资费用，因此国家、政府和社会应当分担这方面的人力资本投资，这样一个社会就会良性循环起来。

第五，卡尔·马克思的人力资本思想。卡尔·马克思是德国伟大的思想家、政治家、哲学家、经济学家、革命理论家和社会学家。主要著作有《资本论》，马克思在《资本论》中关于劳动力和剩余价值的阐述体现了人力资本思想。[①] 马克思认为劳动力是劳动者在劳动过程中体现的体力和智力的总和，劳动力创造的价值要远远大于自身的价值，因此剩余价值产生了，同时强调劳动力的重要性。马克思认为劳动者接受的教育和培训越多，他的劳动素质就越高，那么他的劳动生产效率就高，为生产部门创造的价值就越大。马克思提出了教育与产出增长的关系。他认为教育能够正向影响产出，即劳动者的教育水平越高，劳动部门的产出就更高，对于整个国家也是如此。马克思认为劳动者的收入与教育水平也呈正向关系，即劳动者的教育水平越高，他的收入也会更高。马克思强调了能够承担复杂劳动的劳动力一定是接受了更多的教育和培训，他认为复杂劳动与简单劳动是有差别的，而这种差别正是教育和培训的差别所在，能够承担复杂劳动的劳动力价值一定高于承担简单劳动的劳动力价值。

### 2.2.1.2 现代人力资本理论

第一，舒尔茨的人力资本思想。美国经济学家舒尔茨对人类资本理论有着深厚的研究，他被称之为人力资本理论的构建者。1960 年舒尔茨在美国经济年会上进行了题目为《人力资本投资》的主题演讲，阐述了许多无法用传统经济理论解释的经济增长问题，明确提出人力资本是当今时代促进经济增长的主要因素，并且认为"人口质量和知识投资

---

① 卡尔·马克思. 资本论 [M]. 郭大力，王亚南，译，北京：人民出版社，2018：373.

在很大程度上决定了人类未来的前景①"。由于当时"二战"后德国和
日本的经济短时间奇迹般恢复，在经济领域中，这一难以解释的特殊现
象引起了西方经济理论界的高度关注，舒尔茨用人力资本理论解释了这
一现象，并提出了著名的观点：在影响经济发展的因素中，人的因素是
最关键的，经济发展主要取决于人的质量的提高，而不是自然资源的丰
富或资本的多寡。1960 年舒尔茨的演讲作为现代人力资本理论确立的
标志，之后学者们关于人力资本对于经济增长的重要作用逐渐达成共
识。舒尔茨的主要观点有：资本不都是有形的，人力资本就是体现在劳
动者身上的无形资本，人力资本投资有教育、培训、健康和迁移等方
式，人力资本投资会增加国家的人力资本存量，成为国家经济增长的关
键因素；人力资本投资与其他方面的投资相比，回报率更高。他对美国
1929～1957 年教育投资和经济增长之间关系的研究发现，与其他投资
相比，人力资本的回报率更高。国家应加大力度对人力资本进行投资，
政府应通过增加对教育的公共投入确保国民的基本教育，同时鼓励其他
形式的人力资本投资，可以降低社会贫富差距。人力资本投资最核心的
内容是教育，提高人口质量最重要的方式就是增加教育投资。舒尔茨以
精辟的论述和鲜明的理论使人力资本理论享誉全球，其中的众多观点正
在为后来世界范围内兴起的知识经济所印证，可见其理论学术上的远见
卓识和巨大的理论指导作用。②

　　第二，贝克尔的人力资本思想。美国著名的经济学家加里·贝克尔
（Cary Becker），继舒尔茨之后，对人力资本理论有了更深入细致的分
析。贝克尔认为人力资本就是体现在劳动者身上的资本，它是通过对劳
动者进行普通教育、职业培训、继续教育的方式，在这些方式中支出的

---

　　① 西奥多·W. 舒尔茨. 论人力资本投资 [M]. 吴珠华等，译，北京：北京经济学院出
版社，1990：114.
　　② 江涛. 舒尔茨人力资本理论的核心思想及其启示 [J]. 扬州大学学报，2008（11）：
84－87.

直接成本，以及在接受教育时放弃的工作收入的机会成本，或同等价值在劳动者身上的加总。贝克尔认为人力资本的表现形式就是蕴含于人自身中的各种生产知识、劳动技能和健康素质存量的总和。贝克尔认为人力资本也应是一种资本，这种资本与物质资本类似，是可以用于投资和建设的一种资本，投资的目的是为减少现期消费来增加未来生产能力，使经济收益有所提升。由于劳动是体现在人的身上，是活的资本，因此劳动者的潜力要远远超过物质资本，因此投资人力资本在长期观测中会有高于物质资本的收益。因此贝克尔认为教育投资是最重要、最基本的人力资本投资，这种投资可以转化为人力资本存量，这些人力资本存量可以提高人口的智力、知识和技术水平，其目的是为了获得潜在的生产能力，以便为将来的生产活动做出贡献，提高经济增长能力。贝克尔还从微观的角度来研究人力资本收益，他认为劳动收益应被认为是长期人力资本投资后的历史投资红利，用边际分析方法解释了当人力资本投资达到效益最大化的时候，即劳动者在以往的教育、培训、劳动效率以及工作的热情达到最优的时候，就能够加强劳动者在劳动市场的竞争力，解释了部分劳动者在相同的环境条件下获得更好的收益或成就的疑问。贝克尔认为在计算人力资本投资时，还要把机会成本计算进去，除了要计算对人力资本投资的各项开支，还要计算劳动者从事此项工作岗位时而不能从事另一项工作所放弃的收益，因此机会成本也是人力资本投资时需要计算的成本。贝克尔的研究视角比较独特，不同于舒尔茨的研究，贝克尔善于从微观的角度来研究人力资本投资，为人力资本理论开辟了新的研究途径。同时贝克尔强调人的健康和寿命，他认为一个人越健康、预期寿命越长，他所能够得到的人力资本收益和回报的时间就越长，因此应该鼓励人们去增加个人的保健，来延续健康的身体和寿命。他认为健康是人力资本中很重要的部分，因此他鼓励年轻人进行健康投资、增加寿命。同时他对学校也有自己独特的见解，认为学校与工厂类似，学生在学校学习知识就如同学徒在工厂学习技术，学校教育固然重要，工厂的培训也一样重要。贝克尔认为人力资本是具有个性化的资本，有人格，同样也具有私有性质，劳动者的能力和素质属于劳动者本身，而不应该分别被看待。贝克尔对人力资本理论的分析方法为以后学者的研究开创了一个更加广阔的思路。

第三，罗默、卢卡斯人力资本思想。保罗·罗默（Paul M. Romer），美国经济学家，新经济增长理论的主要建立者之一。20 世纪五六十年代西方经济学家深入研究了长期的经济增长。罗默在 20 世纪八九十年代构造了以知识及技术进步为重要参数的一个数理模型，即内生经济增长模型。罗默认为知识和技术是经济增长的一个源泉，因此把知识完整纳入经济和技术体系之内，使其作为经济增长的内生变量并提出了四要素增长理论。四要素分别是新古典经济学中的资本和劳动（非技术劳动）以及人力资本（以受教育的年限衡量）和新思想（用专利来衡量，强调创新）。1992 年罗默在世界银行发展经济学年会上进行了主题演讲，阐述了上述思想，认为应把此经济思想运用到发展中国家和地区的发展战略中去。罗默还提出，能否提供和使用更多的创意或知识品，将直接关系到一国或地区经济能否保持长期增长。罗默同时提出了第二个经济增长模型，正式把人力资本概念引入模型中。第二个模型假设的四种投入分别是：资本、劳动、人力资本和技术。其中人力资本指的是劳动者的劳动效率，用受教育年限和培训的时间来衡量。罗默认为第二个模型中影响人力资本最核心的因素为知识积累，一个国家影响经济增长的因素中，人力资本因素为独立且重要的，人力资本丰富会加速技术创新、科技进步，从而使国家经济发展速度加快，因此政府应该重视对人力资本的投资，培养高技术人才、加速技术创新，提高高技能人力资本存量来促进经济发展。

罗伯特·卢卡斯（Robert E. Lucas），美国著名的经济学家，理性预期学派的重量级代表，倡导和发展了理性预期与宏观经济学研究的运用理论，深化了人们对经济政策的理解，并对经济周期理论提出了独到的见解。卢卡斯对人力资本理论也有自己的理论贡献，即人力资本积累与溢出模型。卢卡斯模型的主要特点是重视人力资本在经济中的重要性，模型揭示了人力资本增值越快，则部门经济产出越快；人力资本增值越大，则部门经济产出越大。卢卡斯模型的贡献在于承认人力资本积累不仅具有外部性，而且与人力资本存量成正比。卢卡斯借鉴了贝克尔等人的研究思想，通过对人力资本形成过程的具体分析，把人力资本因素引入模型之中，因此卢卡斯模型被称为"专业化的人力资本积累增长模型"。卢卡斯模型最重要的理论贡献是确立人力资本是经济增长的因素和持续的来源。卢卡斯在总结以往学者研究的基础上，结合了阿罗模型[①]和宇泽模型（1965）[②]，通过运用基础微观的经济分析方法，对索洛模型[③]进行了系统总结和延展，把技术进步、人力资本概念、微观经济学分析方法结合在一个模型中，强调人力资本和技术进步因素，并且把人力资本作为一个独立的因素去研究，得到人力资本积累公式，即专业化的人力资本是经济增长的真正源泉[④]。

第四，明赛尔的人力资本思想。明赛尔（Jacob Mincer），美国经济学家，建立了著名的"人力资本收入模型"[⑤]，后被学者广泛应用。明赛尔借鉴了舒尔茨、贝尔克等众多经济学者的研究，提出了个人收入差别与人力资本之间关系的人力资本理论，并用这一理论解释个人收入差别与人力资本之间的关系。他把个人收入差别归因于接受正规教育、在

---

① 阿罗于1962年提出"干中学"模型。此模型是把技术进步纳入到模型中，即内生技术进步的增长模型。

② 宇泽弘文在1961年提出两部门经济增长模型，此模型是最早运用经济两部门来分析内生技术进步及经济增长问题的模型。

③ 索洛1956年创立的新古典经济增长模型，又称索洛模型。此模型是建立在新古典理论框架内的经济增长模型，用来说明储蓄、资本积累和增长之间的关系。

④ Uzawa, Hirofumi. Optimum technical change in an aggregative model of economic growth [J]. International Economic Review. 1965 (1): 12 - 31.

⑤ Mincer, J. Investment in human capital and personal income distribution [J]. Journal of Political Economy, 1958, 66: 281 - 302.

职培训和工作中经验积累形成的人力资本差别，并把受教育年限作为衡量人力资本投资的最重要标准，建立了人力资本投资与个人收入之间关系的人力资本收入模型。明赛尔指出，任何人都会在自己特定的生命周期做出自己的人力资本决策，年轻时对自己进行较多人力资本投资的劳动者，年老时人力资本收益就会显现出来，或者年轻时没有太多的人力资本投资，年老时人力资本收益就不会显现很多。在明赛尔的经济学分析看来，这是一种选择，也就是两种收入曲线的选择，或者是选择投资较大的倾斜的收益曲线，或者是选择投资较少的平坦的收益曲线。明赛尔对劳动力的供给问题有深入的研究，对于妇女的劳动力供给行为给予了深入的分析。他首先把劳动供给理论归入家庭决策，若妇女参与劳动，工资增长的替代效应（用劳动代替闲暇）大于收入效应（收入增加，增加闲暇减少劳动），结果就是妇女参工率提高。明赛尔对工资差别与工作转换之间的关系进行了阐述，他认为男性、女性存在工资差别，这种差别并不是由人们常常认为的性别歧视引起的，而是由于妇女跨越了某种生命周期。比如女性在生育期间工作中断，中断后工作时间减少，由于工作经验积累减少而引起的人力资本增加慢于男性，工资增加率与工作转换率是呈反方向变动的关系。明塞尔的这些研究既有理论模型，又有资料的实证分析，其研究结论影响到经济理论与政策制定。

综上所述，现代人力资本理论对经济学，尤其是经济增长理论做出了较大的贡献：第一，提出人力资本的概念，人力资本投资有教育、培训、健康和迁移等方式，人力资本投资会增加国家的人力资本存量；第二，人力资本投资和积累是国家经济增长的关键因素，并且提出应重视人力资本投资和积累；第三，认识到人力资本投资和知识积累是区域经济可持续发展的内生因素，人力资本水平的提升表现出较强的外部性，对促进其他生产要素的形成和利用效率也起到了积极作用；第四，建立了多个量化模型，确定人力资本是独立影响经济的关键因素，从而检验人力资本对经济增长的影响。这一时期对于人力资本理论的研究成果颇丰，对于人力资本理论的发展更为深入和广泛，为以后学者进行相关问题的研究提供了理论基础和深入拓展的空间。

## 2.2.2 内生经济增长理论

内生经济增长理论是揭示经济增长率差异的原因，解释经济持续增长的可能性。新古典经济增长理论虽然引入了外生技术进步和人口增长率来解释经济持续增长，但外生技术进步和人口增长率并没有从理论上解释经济持续增长的问题。内生增长理论是以新古典经济增长模型为基础的，从某种意义上说，内生增长理论的突破在于放宽新古典增长理论和内生变量的假设，并在完全竞争的假设下研究长期增长率的决策。内生增长模型包含两个具体的研究思路：第一，罗默、卢卡斯等人解释了经济增长和整体经济中的技术外部效应；第二，用资本的持续积累来解释经济的内生增长。在完全竞争条件下，内生增长模型存在一些缺陷，即完全竞争假设过于严格，限制了模型的解释力和适用性，同时完全竞争假设不能描述技术商品非竞争性和部分排他性的特征，使得一些内生增长模型在逻辑上不一致。

为了克服上述内生增长模型存在的问题，20世纪90年代以来，经济学家们开始在垄断竞争的假设下研究经济增长，并提出了一些新的内生增长模型。根据经济学家对技术进步的不同理解，这些模型可分为三类：产品类型增长的内生增长模型、产品质量升级的内生增长模型和专业化深化的内生增长模型。这三个模型表明，内生增长理论进入了一个新的理论深入时期。从数学上讲，这些模型建立了消费者模型，解释了人力资本投资回报率为正时，随着时间的推移，消费者分配消费的动态优化。随着理论的发展，许多经济学家认识到，内生经济增长理论面临的最大问题是如何进行实证分析。从研究的角度来看，实证研究实际上是沿着两条技术路线进行的：一条是进行跨国研究，寻找内生增长的证

据；二是利用一个国家的长期数据研究一个国家的经济增长因素，或者
单独讨论一个具体因素，如对外开放、税收、财政、教育支出、创新等
对经济增长的作用。20 世纪 90 年代以来，经济学家对内生增长理论进
行了深入研究，取得了新的进展。这些进步主要体现在对原始内生增长
模型的改进上，例如，自保罗·罗默（1986）提出外部性以来，经济
学家对经济增长的内生源进行了更深入的研究。罗默（1990）将技术
进步视为中间产品的扩大，并假定这种扩大来自个体优化决策。阿温·
杨（Alwyn Young，1991）提出了一种有限的实践学习模式。在这个模
型中，实践学习是有限的。阿温·杨（1993）针对中间产品的替代性
和互补性，提出了中间产品数量和最终产品数量的内生增长模型。奥提
格瓦（Ortigueira，2000）将休闲引入人力资本驱动的内生增长模式。由
于休闲的引入，效用函数不再单调，导致多重均衡的存在，增长路径不
再稳定。巴苏和弗尔（Basu & Weil，1999）提出了一种将技术与特定
k/l 比率联系起来的增长模型。在这个模型中，增长是由两个方面驱动
的：一方面，通过实践学习（k/l 比率是特定的），另一方面，通过技术
进步和资本积累（技术进步需要改变 k/l 比率）。琼斯（Jones，1995、
1999）和狄诺普勒斯（Dinopoulos，1999）、阿温·杨（1998）和西格斯
托姆（Segerstrom，1998）深入探讨了经济增长模型中的规模效应，对
内生经济增长理论做出了理论贡献。

## 2.2.3　新经济增长理论

从 20 世纪 80 年代中期开始，保罗·罗默和罗伯特·卢卡斯代表了
"新增长理论"的出现和发展，经过 20 多年的沉寂，经济增长理论再
次得到了振兴。新经济增长理论的一个重要内容是将新古典增长模式中
"劳动力"的定义扩展到人力资本投资，即人力资本不仅包括劳动力的
绝对数量和国家的平均技术水平，还包括劳动力的教育水平和经济增长

率。保罗·罗默在1990年提出了技术进步的内生增长模型。他在理论上首次提出了技术进步的内生增长模型，并在内生技术进步的基础上建立了经济增长。技术进步的内生增长模式是建立在：（1）技术进步是经济增长的核心；（2）大多数技术进步是市场激励引起的自觉行为的结果；（3）知识产品可以在不增加成本的情况下重复使用，而成本只是生产和发展的成本。新经济增长理论模型中的生产函数是产出与资本、劳动力、人力资本及技术进步有关的函数形式，即 y = f(k, l, h, t)，其中 y 是总产出，k, l, h 是物质资本、劳动力投入和人力资本（无形资本）的存量，t 是技术。新经济增长理论发展的另一个方向是研究经济增长与生产结构变化的相互作用。例如，约翰·莱特纳（John Laitner, 2000）对生产结构和经济增长进行了细致的分析，他认为，一个国家的储蓄率是工业化过程中的内生增长，经济增长率也是如此。约翰·莱特纳的观点实际上是20世纪90年代后出现的两部门（或多部门）增长模型的一个重要延伸，从90年代内生增长理论的发展来看，内生增长理论仍处于一个积极的发展阶段。此外，正如英国学者本·芳伊（Ben Fine, 2000）所指出的，增长理论的实证研究面临三个问题：变量的独立性（假设模型测试中数据独立，但实际上变量之间的相互作用不能保证独立性）；基于模型数据的选择性忽略了增长过程和增长的结果；数据随机性和变量随机性的匹配。从未来发展的角度来看，新经济增长理论的发展将遵循两个方向：一个方向是使用更复杂的非线性动态模型更准确地模拟现实经济世界；另一个方向是研究计量经济学测试，包括引入更多的变量和调整变量来量化现实和定性因素。具有代表性的模型是阿罗的"干中学"模型和罗默的"知识外溢"模型。在阿罗的模型中，只有部分技术进步是内化的，产出是学习和经验积累的结果，资本的贡献大于传统的贡献，因为增加的资本不仅通过对生产的直接贡献来增加产出，而且间接地促进了新知识的增加，技术仍然是外生的，它随着内生资本存量的变化而变化。在罗默等人提出的新经济增长理论中，充分强调了知识的作用，使技术进步完全内化，他们认为增长的力量是知识的积累。

## 2.2.4　劳动力流动理论

### 2.2.4.1　二元经济理论

二元经济结构理论是区域经济学的基本理论之一。刘易斯（1954）指出，发展中国家的农村地区既有传统的生产性农业，也有现代制造业。由于发展中国家农业存在边际生产率为零的剩余劳动力，随着农业剩余劳动力的增多，向非农产业转移是不可避免的趋势，这种趋势可以促进二元经济结构的逐步缩减。二元经济理论肯定了农业剩余劳动力在农业经济中的重要作用，同时强调了技术进步和人口增长对农业产业的重要影响。随着刘易斯模型的扩展和完善，把发展中国家的二元经济分为两个阶段：劳动力的无限供给和有限的剩余。第一阶段，劳动力资源十分丰富。在劳动力无限供给阶段，工业化发展所需的劳动力是不受限制的，同时资本积累决定了经济发展和劳动力转移的速度和过程。由于劳动力供给十分充足，劳动力市场处于明显的需求方控制的买方市场，工资一直处于低水平，很长一段时间没有上升的趋势。随着经济的快速发展，工业化进程的逐步加快，农业劳动生产率的逐步提高，农业剩余劳动力的转移也随之快速进行。农业剩余劳动力的供给不是永远无限的，当无限供给转为有限剩余时，二元经济发展将进入第二个发展阶段。在这个阶段，劳动力资源的供给依旧比较充足甚至过剩。此时的经济结构仍然是以二元经济为主的经济结构，工业化进程持续发展。随着经济的持续加速，二元经济的发展进入了关键时期，这个关键时期决定整个二元经济发展的速度和质量。刘易斯模型并没有详细阐述这个阶段，但模型将其确定在两个刘易斯转折点之间。第一个转折点即将到来，随之第二个转折点即将到来。然而，二元经济发展的现实表明，当经济发展开始进入一个转折点时，从宏观上充分认识这一现象是不够的。此后，拉尼斯和弗景汉（1964）在工农业均衡增长的基础上，修正了刘易斯模型的假设，完善了农业剩余劳动力转移的二元经济发展思想。这样，刘易斯－费金汉－拉尼斯模型就成为古典主义框架下分析二元经济问题的经典模型。为了反思刘－费－拉的模式，乔根森（1967）试图在新古典主义框架下探索工农业部门的发展。乔根森是从另一个角度对二元经济模式进行了研究，这种新的角度是将剩余农业劳动力转移到工业部门，在乔根森模型中，人口增长是内生的，人们对农产品的需求受到经济条件的制约，工业产品的需求随着经济的发展而增加。随着消费结构的变化，消费需求才促使更多的劳动力从农业部门流向工业部门。乔根森模型是对二元经济条件下劳动力流动宏观动态分析的有益补充和促进。托达罗（Todaro, 1969）对劳动力收入和就业的关系进行研究，建立了托达罗模型，认为效用最大化驱动的个体劳动力的自由流动，可以促进社会资源的配置效率。托达罗模型认为，预期收入差距和就业概率是影响劳动力流动决策的主要因素，同时是劳动力流动理论研究的主要创新点。然而，托达罗模型也存在缺陷，没有剩余劳动力的主要假设，与现实中发展中国家的实际现状存在不一致。因此，该模型提出的政策建议也备受争议。

### 2.2.4.2 劳动力流动理论

劳动力流动理论是指研究劳动力为了获得更高的劳动报酬而在地区间、产业间、部门间、就业状态间、企业间、工作间等转移的理论。劳动力流动，是劳动力商品化的结果，是劳动力追求价值最大化的直接表现，众多学者在二元经济理论的基础上对劳动力流动理论进行了研究。莱文斯坦（E. G. Ravenstein, 1885）是第一个探讨劳动力流动原因理论的。莱文斯坦提出了人口迁移规律，认为经济因素是人口迁移的重要原因。唐纳德·勃格（D. J. Bogue，1959）在此基础上提出了推拉理论，并讨论了影响劳动力流动的推力和拉力的存在，流动是否发生取决于两个力的大小。沙斯特德（Sjaastad，1962）将劳动力流动的决策视为一种投资行为，是否发生流动行为，衡量的唯一指标是比较流动性行为的收益和成本，若流动行为带来较大的净收益，则流动性行为就会发生，并且会把将净收益最大化作为工人流动性行为的最大目标。成本效益理论将收入成本分为货币性收入、非货币性收入、货币性成本和非货币性成本。货币收入和成本决定了货币净收入的流动性行为。非货币性收入和非货币性成本反映了流动性行为对劳动者效用的影响。沙斯特德的研究为个体迁移决策的影响因素分析提供了依据，也提供了良好的基础。非货币因素在工人流动行为的主观评价中更为突出，其中个体因素起主导作用。之后，随着李（E. S. Lee，1966）的扩张推拉理论被进一步完善，对推拉理论的深入分析发现个人的行为特征会对推拉两个作用力有相对的反应，宏观的研究分析纳入了微观的因素。在劳动力迁移行为的微观分析中，成本效益理论得到了广泛应用。博尔哈斯（Borjas，1987）的自我选择模型主要是从劳动力流动决策的角度出发，探讨了劳动力流动主体的个人特征与其收入之间的关系，并且研究发现劳动力市场中的个体劳动者个人的禀赋不同，个人的决策行为也会随之不同。最后，只有通过自我意识的选择机制，通过员工的流动行为才能满足自己的需求。在劳动力市场中，不同素质的劳动者，选择的行为有所不同。例如，个人素质较高的劳动者一般愿意选择收入分配差距较大的劳动力市场，而个人素质较低的劳动者则倾向于选择工资差距较小的劳动力市场。自我选择模型的建立是从新的角度研究劳动力个体特征为基础的自我选择机制，为我们研究劳动力个体特征对劳动力流动的影响提供了一种非常有用的分析思路，也为分析劳动力流动的能力、素质和模式提供了一种有力的工具。洛佩兹（Lopez，1989）研究的内容与上述学者有所不同，他分析了在正式部门就业和非正式部门就业的过程，并引入了劳动者年龄对于就业选择的影响，认为劳动者在不同的年龄对于就业的选择会有所差异。他建议达到就业年龄的劳动者可以根据不同的生命周期阶段对就业有充分的思考和选择。例如，当劳动者年龄较小时，可以选择在小企业（非正规部门）工作并开始职业生涯。当劳动者的年龄达到一定阶段，例如30岁以上的工人有一些劳动技能和实际的工作经验之后，可以选择以熟练工人的身份进入大企业（正规部门）。经过一段时间工作经验的积累，40岁的工人可以选择回到非正规部门创业。斯塔克（Starks，1991）提出了"相对贫困假设"，认为劳动力流动的主体仍然以家庭为单位，同时劳动力流动的最大追求目标是家庭收入的最大化，在追求收入最大化的同时，更注重与其他群体或行为的比较。具体说来，家庭倾向于追求预期收入的最大化，同时规避预期风险的最小性。家庭的决策行为会与其他参考家庭的福利效果相比较，希望获得与其他参考家庭的福利效果相同。斯塔克认为家庭之间的收入分配存在不平等性。若家庭间收入分配不平等，就会导致家庭间收入差距加大，家庭间的贫困感越强。因此移民决策就是为了消除贫困感，降低家庭决策的风险性。这种情况在发展中国家比较普遍，发展中国家的社会保障体系不完善甚至缺失，因此很多家庭基于这种原因会考虑移民或者地区间的迁移。从新移民经济学的角度来看，除了经济因素为劳动力流动的主要驱动因素之外，国家的公共服务及社会保障等制度因素也是影响劳动力流动的驱动因素。劳动力流动理论对收入分配和家庭决策的研究视角对我们研究发展中国家特别是中国的劳动力流动具有重要意义。除此之外，还有很多学者对劳动力流动问题进行了实证研究，多角度、多层次研究了劳动力流动的起因、方式、影响、效应及对策等问题，对本书的研究思路和方法给予了启迪。

# 第 3 章

# 我国人力资本和城镇化基本状况

## 3.1 我国人力资本的基本状况

### 3.1.1 教育方面

教育投资是人力资本投资的主要形式之一，是人力资本积累的基础。学校的学习是人力资本提升的最重要途径。因此各类学校在校生人数、毕业生人数、人均受教育年限、各类教育机构数量以及教育经费的支出等情况体现了一个国家教育人力资本的基本情况。

#### 3.1.1.1 全国各级学校的学生人数情况

全国各级学校学生人数可以反映出我国的人力资本情况，表 3 - 1 为 1999 ~ 2018 年我国普通小学、初中、高中以及普通高等学校在校生人数。普通高等学校、高中、初中及普通小学在校生人数分别由 1999 年的 413.42 万人、1049.71 万人、5721.60 万人、13547.96 万人变化为 2018 年的 2831 万人、2375.40 万人、4763.06 万人（2012 年）和

10339.30 万人。从图 3-1 可以看出，普通高等学校的在校学生数量一直处于上升态势，从 1999 年的 413.42 万人持续上升至 2018 年的 2831 万人；高中在校学生数量处于先上升后略微下降态势，从 1999 年的 1049.71 万人上升至 2007 年的 2522.40 万人，后呈轻微下降至 2018 年的 2375.40 万人；初中在校学生数量也是呈先上升后下降的态势，从 1999 年的 5721.60 万人上升至 2003 年的 6618.40 万人，后开始下降至 2012 年的 4763.06 万人；普通小学在校学生数量从 1999 年开始一直处于波动下降态势，从 1997 年的 13995.37 万人一直持续下降到 2016 年的 9913 万人，2017 年和 2018 年略微上升至 10093.70 万人和 10339.30 万人。从图 3-1 的趋势可以看出，我国普通小学在校生数量是先缓慢下降，再小幅缓慢上升，总体处于下降趋势；初中在校生数量处于小幅缓慢下降趋势；高中在校学生数量在 2005 年以后变化不大，2005 年以后先小幅上升再小幅下降；普通高等学校在校生数量从 1999 年一直持续上升趋势，随着时间推移，数量增加的幅度变小。

表 3-1　　　　　1999~2018 年我国各级学校在校生人数　　单位：万人

| 年份 | 普通高等学校在校学生数 | 高中在校学生数 | 初中在校学生数 | 普通小学在校学生数 |
|---|---|---|---|---|
| 1999 | 413.42 | 1049.71 | 5721.60 | 13547.96 |
| 2000 | 556.10 | 1201.30 | 6167.60 | 13013.20 |
| 2001 | 719.10 | 1405.00 | 6431.05 | 12543.50 |
| 2002 | 903.40 | 1683.80 | 6604.06 | 12156.70 |
| 2003 | 1108.60 | 1964.80 | 6618.40 | 11689.70 |
| 2004 | 1333.50 | 2220.40 | 6475.00 | 11246.20 |
| 2005 | 1561.80 | 2409.10 | 6171.81 | 10864.10 |
| 2006 | 1738.80 | 2514.50 | 5937.40 | 10711.50 |
| 2007 | 1884.90 | 2522.40 | 5720.90 | 10564.00 |
| 2008 | 2021.00 | 2476.30 | 5574.15 | 10331.50 |

续表

| 年份 | 普通高等学校在校学生数 | 高中在校学生数 | 初中在校学生数 | 普通小学在校学生数 |
|------|------|------|------|------|
| 2009 | 2144.70 | 2434.30 | 5433.64 | 10071.50 |
| 2010 | 2231.80 | 2427.30 | 5275.91 | 9940.70 |
| 2011 | 2308.50 | 2454.80 | 5064.21 | 9926.40 |
| 2012 | 2391.30 | 2467.20 | 4763.06 | 9695.90 |
| 2013 | 2468.10 | 2435.90 | — | 9360.50 |
| 2014 | 2547.70 | 2400.50 | — | 9451.10 |
| 2015 | 2625.30 | 2374.40 | — | 9692.20 |
| 2016 | 2695.80 | 2366.60 | — | 9913.00 |
| 2017 | 2753.59 | 2374.55 | — | 10093.70 |
| 2018 | 2831.00 | 2375.40 | — | 10339.30 |

资料来源:《中国统计年鉴》(1999~2018)。

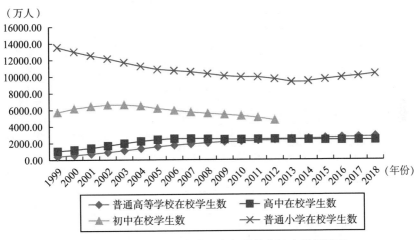

图 3 – 1　1999~2018 年我国各级学校在校生数量情况

资料来源:《中国统计年鉴》(1999~2018)。

### 3.1.1.2　全国各级学校招生、毕业情况

1999~2018 年我国普通高等学校、高中、初中和普通小学的招生

人数分别由 159.68 万人、396.32 万人、2149.70 万人和 2029.53 万人变化为 2018 年的 791.00 万人、792.70 万人、1570.77 万人（2012 年）和 1867.30 万人，见表 3 - 2。普通高等学校的招生人数变化态势呈持续上升态势，见图 3 - 2。从 1999 年的 159.68 万人上升至 2018 年的 791.00 万人；高中、初中的招生人数变化态势呈先上升再下降的态势，高中招生人数的峰值在 2005 年达到 877.70 万人，之后开始波动下降至 2018 年的 792.70 万人；初中招生人数的峰值在 2000 年的 2263.30 万人，之后开始下降至 2012 年 1570.77 万人（2013 ~ 2018 年数据缺失）；普通小学的招生人数从 1999 年开始至 2018 年处于先上升后下降再小幅上升态势，从 1999 年的 2029.53 万人波动下降至 2009 年的 1637.80 万人，之后波动上升至 2018 年的 1867.30 万人。

表 3 - 2　　　　1999 ~ 2018 年我国各级学校招生及毕业生数量　　　　单位：万人

| 年份 | 招生数 | | | | 毕业数 | | | |
|---|---|---|---|---|---|---|---|---|
| | 普通高等学校 | 高中 | 初中 | 普通小学 | 普通高等学校 | 高中 | 初中 | 普通小学 |
| 1999 | 159.68 | 396.32 | 2149.70 | 2029.53 | 84.76 | 262.91 | 1589.80 | 2313.74 |
| 2000 | 220.60 | 472.70 | 2263.30 | 1946.50 | 95.00 | 301.50 | 1607.09 | 2419.20 |
| 2001 | 268.30 | 558.00 | 2257.88 | 1944.50 | 103.60 | 340.50 | 1706.98 | 2396.90 |
| 2002 | 320.50 | 676.70 | 2252.30 | 1952.80 | 133.70 | 383.80 | 1879.87 | 2351.90 |
| 2003 | 382.20 | 752.10 | 2195.30 | 1829.40 | 187.70 | 458.10 | 1995.60 | 2267.90 |
| 2004 | 447.30 | 821.50 | 2078.20 | 1747.00 | 239.10 | 546.90 | 2070.40 | 2135.20 |
| 2005 | 504.50 | 877.70 | 1976.52 | 1671.70 | 306.80 | 661.60 | 2106.52 | 2019.50 |
| 2006 | 546.10 | 871.20 | 1923.96 | 1729.40 | 377.50 | 727.10 | 2062.40 | 1928.50 |
| 2007 | 565.90 | 840.20 | 1863.75 | 1736.10 | 447.80 | 788.30 | 1956.84 | 1870.20 |
| 2008 | 607.70 | 837.00 | 1856.17 | 1695.70 | 512.00 | 836.10 | 1862.89 | 1865.00 |
| 2009 | 639.50 | 830.30 | 1786.39 | 1637.80 | 531.10 | 823.70 | 1794.73 | 1805.10 |
| 2010 | 661.80 | 836.20 | 1715.49 | 1691.70 | 575.40 | 794.40 | 1748.57 | 1739.60 |

续表

| 年份 | 招生数 | | | | 毕业数 | | | |
|------|--------|------|------|--------|--------|------|------|--------|
| | 普通高等学校 | 高中 | 初中 | 普通小学 | 普通高等学校 | 高中 | 初中 | 普通小学 |
| 2011 | 681.50 | 850.80 | 1634.01 | 1736.80 | 608.20 | 787.70 | 1735.50 | 1662.80 |
| 2012 | 688.80 | 844.60 | 1570.77 | 1714.70 | 624.70 | 791.50 | 1660.78 | 1641.60 |
| 2013 | 699.80 | 822.70 | — | 1695.40 | 638.70 | 799.00 | — | 1581.10 |
| 2014 | 721.40 | 796.60 | — | 1658.40 | 659.40 | 799.60 | — | 1476.60 |
| 2015 | 737.80 | 796.60 | — | 1729.00 | 680.90 | 797.70 | — | 1437.30 |
| 2016 | 748.60 | 802.90 | — | 1752.50 | 704.20 | 792.40 | — | 1507.40 |
| 2017 | 761.49 | 800.05 | — | 1766.55 | 735.83 | 775.73 | — | 1565.90 |
| 2018 | 791.00 | 792.70 | — | 1867.30 | 753.30 | 779.20 | — | 1616.50 |

资料来源:《中国统计年鉴》(1999～2018)。

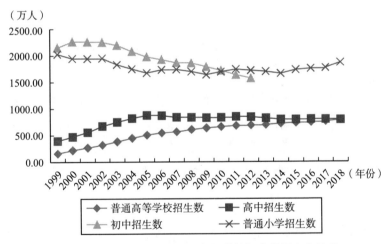

图 3 - 2　1999～2018 年我国各级学校招生数量变化情况

资料来源:《中国统计年鉴》(1999～2018)。

1999～2018 年我国普通高等学校、高中、初中和普通小学的毕业生人数分别由 84.76 万人、262.91 万人、1589.80 万人和 2313.74 万人变化为 2018 年的 753.30 万人、779.20 万人、1660.78 万人（2012 年）

和 1616.50 万人。普通高等学校的毕业人数呈持续上升态势，见图 3-3。从 1999 年的 84.76 万人持续上升至 2018 年的 779.20 万人；高中毕业人数变化态势呈先上升再下降的态势，高中招生人数的峰值在 2008 年达到 836.10 万人，之后小幅波动下降至 2018 年 779.20 万人，初中的毕业人数从 1999 年的 1589.80 万人上升至 2005 年的 2106.52 万人，之后下降至 2012 年的 1660.78 万人（2013～2016 年数据缺失）；普通小学的毕业生人数从 1999 年的 2313.74 万人波动下降至 2018 年的 1616.50 万人，基本处于先下降再小幅上升态势。

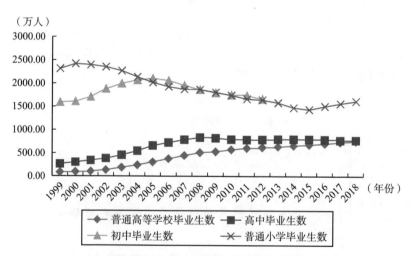

图 3-3　1999～2018 年我国各级学校毕业生数量变化情况

资料来源:《中国统计年鉴》(1999～2018)。

从图 3-2 的趋势图可以看出，普通高等学校的招生人数的变化趋势是持续上升的，毕业生人数的变化趋势也是持续上升的；高中招生人数的变化趋势是从 1999 年上升到 2011 年，小幅下降后保持相对持平，毕业生人数与招生人数的变化趋势基本一致；初中的招生人数基本从 2000 年开始到 2012 年一直呈下降趋势，初中毕业生人数的变化趋势与招生不同，毕业生人数从 1999 年开始呈上升趋势到 2005 年达到最高人数之后，至 2012 年一直呈下降趋势；普通小学招生人数的变化趋势是 1999 年到 2002 年基本保持持平，之后到 2018 年基本处于下降趋势，毕业生人数与招生人数变化趋势基本一致。

### 3.1.1.3　全国人口受教育年限情况

表 3 - 3 显示了 2000 ~ 2017 年全国 31 个省、区、市的人口人均受教育年限情况。按照文盲、半文盲受教育年限为 1.5 年，小学毕业为 6 年，初中毕业为 9 年，高中毕业为 12 年，大专以上学历为 15.5 年计算，得到全国各省、区、市的人口人均受教育年限。2000 ~ 2017 年我国各省份受教育年限基本处在 8 年左右，最低的是西藏为 4 ~ 6 年，最高的北京 2000 ~ 2017 年都超过了 10 年，其他省份的人均受教育年限均在 6 ~ 10 年。表 3 - 4 为 2000 年、2005 年、2010 年和 2017 年全国各省人口人均受教育年限的排序情况，始终排在前 4 名的是北京、上海、天津和辽宁。北京的受教育年限最长，2000 年为 10.08 年、2005 年为 10.76 年、2010 年为 11.52 年、2017 年为 12.29 年，呈逐渐递增趋势；第 2 名的是上海，人均受教育年限为 2000 年的 9.43 年、2005 年的 10.14 年、2010 年的 10.61 年、2017 年的 11.30 年，呈逐渐递增趋势；第 3 名的是天津，人均受教育年限 2000 年为 9.10 年、2005 年为 9.61 年、2010 年为 10.21 年、2017 年为 10.99 年，呈逐渐递增趋势；第 4 名辽宁的人均受教育年限 2000 年为 8.52 年、2005 年为 8.84 年、2010 年为 9.50 年、2017 年为 9.93 年，呈逐渐递增趋势；第 5 名为 2000 年的黑龙江 8.36 年、2005 年的吉林 8.59 年、2010 年的吉林 9.33 年和 2017 年的山西 9.88 年。2000 年的 6 至 10 名为吉林的 8.35 年、广东的 8.19 年、山西的 8.15 年、江苏的 8.03 年、内蒙古的 7.97 年，2005 年 6 至 10 名为黑龙江的 8.58 年、山西的 8.52 年、广东的 8.48 年、内蒙古的 8.43 年、新疆的 8.36 年，2010 年的 6 ~ 10 名为广东的 9.28 年、山西

表3－3 2000~2017年我国及各省份人口人均受教育年限情况

单位：年

| 省份 | 2000 | 2001 | 2002 | 2003 | 2004 | 2005 | 2006 | 2007 | 2008 | 2009 | 2010 | 2011 | 2012 | 2013 | 2014 | 2015 | 2016 | 2017 |
|---|---|---|---|---|---|---|---|---|---|---|---|---|---|---|---|---|---|---|
| 北京 | 10.08 | 10.08 | 10.36 | 10.43 | 10.64 | 10.76 | 11.04 | 11.15 | 11.04 | 11.23 | 11.52 | 11.59 | 11.87 | 12.06 | 11.89 | 12.12 | 12.34 | 12.29 |
| 天津 | 9.10 | 9.11 | 9.28 | 9.36 | 9.75 | 9.61 | 9.81 | 9.90 | 9.96 | 10.13 | 10.21 | 10.46 | 10.56 | 10.59 | 10.57 | 10.61 | 10.83 | 10.99 |
| 河北 | 7.86 | 7.90 | 8.17 | 8.51 | 8.50 | 8.31 | 8.25 | 8.29 | 8.46 | 8.53 | 8.94 | 8.75 | 8.79 | 8.98 | 8.94 | 9.13 | 9.07 | 9.15 |
| 山西 | 8.15 | 8.15 | 8.36 | 8.50 | 8.48 | 8.52 | 8.78 | 8.86 | 8.90 | 8.96 | 9.27 | 9.22 | 9.44 | 9.41 | 9.37 | 9.70 | 9.76 | 9.88 |
| 内蒙古 | 7.97 | 7.97 | 8.12 | 8.01 | 8.36 | 8.43 | 8.37 | 8.52 | 8.53 | 8.13 | 9.09 | 9.32 | 9.32 | 9.11 | 8.94 | 9.48 | 9.79 | 9.60 |
| 辽宁 | 8.52 | 8.53 | 8.54 | 9.01 | 8.92 | 8.84 | 9.01 | 9.07 | 9.16 | 9.31 | 9.50 | 9.52 | 9.95 | 10.15 | 9.96 | 9.89 | 10.02 | 9.93 |
| 吉林 | 8.35 | 8.36 | 8.70 | 8.78 | 8.87 | 8.59 | 8.77 | 8.87 | 8.98 | 8.99 | 9.33 | 9.16 | 9.30 | 9.46 | 9.44 | 9.46 | 9.57 | 9.54 |
| 黑龙江 | 8.36 | 8.37 | 8.42 | 8.52 | 8.58 | 8.58 | 8.63 | 8.79 | 8.79 | 8.84 | 9.21 | 9.17 | 9.27 | 9.53 | 9.42 | 9.44 | 9.46 | 9.41 |
| 上海 | 9.43 | 9.44 | 9.75 | 10.24 | 10.24 | 10.14 | 10.54 | 10.54 | 10.63 | 10.73 | 10.61 | 10.54 | 10.70 | 10.64 | 10.88 | 11.02 | 11.11 | 11.30 |
| 江苏 | 8.03 | 8.03 | 7.84 | 7.95 | 8.04 | 8.34 | 8.43 | 8.59 | 8.60 | 8.69 | 9.22 | 9.27 | 9.37 | 9.51 | 9.46 | 9.60 | 9.63 | 9.53 |
| 浙江 | 7.67 | 7.67 | 7.92 | 8.00 | 8.20 | 7.85 | 8.26 | 8.30 | 8.42 | 8.57 | 8.75 | 8.95 | 9.32 | 9.48 | 9.18 | 9.11 | 9.25 | 9.20 |
| 安徽 | 7.24 | 7.26 | 7.28 | 7.89 | 7.74 | 7.37 | 7.63 | 7.54 | 7.70 | 7.87 | 8.31 | 8.41 | 8.68 | 8.67 | 8.87 | 8.93 | 8.71 | 8.66 |
| 福建 | 7.71 | 7.68 | 7.69 | 7.82 | 7.76 | 7.78 | 7.93 | 7.96 | 8.00 | 8.51 | 8.87 | 8.93 | 8.67 | 8.76 | 8.92 | 9.01 | 8.86 | 9.15 |
| 江西 | 7.70 | 7.71 | 7.66 | 8.44 | 8.14 | 7.72 | 7.87 | 8.38 | 8.38 | 8.63 | 8.65 | 8.82 | 8.95 | 9.30 | 8.95 | 8.97 | 8.85 | 8.79 |
| 山东 | 7.80 | 7.80 | 8.28 | 8.10 | 8.17 | 7.97 | 8.27 | 8.39 | 8.43 | 8.46 | 8.88 | 8.81 | 8.91 | 9.04 | 9.11 | 9.17 | 9.16 | 9.15 |
| 河南 | 7.88 | 7.88 | 8.23 | 8.12 | 8.36 | 8.16 | 8.22 | 8.33 | 8.48 | 8.52 | 8.76 | 8.82 | 8.77 | 8.89 | 9.10 | 8.94 | 8.93 | 8.98 |
| 湖北 | 7.94 | 7.94 | 7.59 | 8.12 | 8.29 | 8.04 | 8.44 | 8.59 | 8.64 | 8.65 | 9.12 | 9.17 | 9.32 | 9.45 | 9.23 | 9.45 | 9.41 | 9.41 |

续表

| 省份 | 2000 | 2001 | 2002 | 2003 | 2004 | 2005 | 2006 | 2007 | 2008 | 2009 | 2010 | 2011 | 2012 | 2013 | 2014 | 2015 | 2016 | 2017 |
|---|---|---|---|---|---|---|---|---|---|---|---|---|---|---|---|---|---|---|
| 湖南 | 7.91 | 7.92 | 8.05 | 8.20 | 8.29 | 8.15 | 8.29 | 8.53 | 8.55 | 8.57 | 8.97 | 8.90 | 8.81 | 9.03 | 9.09 | 9.38 | 9.43 | 9.45 |
| 广东 | 8.19 | 8.19 | 8.22 | 8.14 | 8.25 | 8.48 | 8.54 | 8.76 | 8.85 | 8.95 | 9.28 | 9.40 | 9.41 | 9.29 | 9.36 | 9.57 | 9.69 | 9.75 |
| 广西 | 7.69 | 7.69 | 7.79 | 7.93 | 8.16 | 7.82 | 8.15 | 8.14 | 8.09 | 8.20 | 8.51 | 8.70 | 8.51 | 8.67 | 8.84 | 8.78 | 8.85 | 8.78 |
| 海南 | 7.86 | 7.86 | 8.10 | 8.35 | 8.54 | 8.28 | 8.34 | 8.48 | 8.50 | 8.58 | 8.99 | 8.98 | 9.24 | 9.29 | 9.20 | 9.30 | 9.22 | 9.47 |
| 重庆 | 7.45 | 7.46 | 7.62 | 7.82 | 7.46 | 7.61 | 7.75 | 7.87 | 7.93 | 8.07 | 8.63 | 8.89 | 8.74 | 8.78 | 9.07 | 9.05 | 9.16 | 9.18 |
| 四川 | 7.27 | 7.28 | 7.53 | 7.63 | 7.66 | 7.13 | 7.47 | 7.63 | 7.71 | 7.88 | 8.29 | 8.36 | 8.62 | 8.59 | 8.49 | 8.61 | 8.47 | 8.62 |
| 贵州 | 6.51 | 6.53 | 7.06 | 7.23 | 7.27 | 6.79 | 6.92 | 7.13 | 7.30 | 7.32 | 7.65 | 7.81 | 7.86 | 8.24 | 8.30 | 8.02 | 8.00 | 8.24 |
| 云南 | 6.67 | 6.68 | 6.53 | 6.41 | 7.11 | 6.74 | 6.96 | 7.07 | 7.15 | 7.16 | 7.73 | 7.86 | 8.02 | 8.01 | 7.95 | 8.23 | 8.17 | 8.25 |
| 西藏 | 4.44 | 4.49 | 5.08 | 4.77 | 5.14 | 4.65 | 4.98 | 5.31 | 5.40 | 5.30 | 5.96 | 6.10 | 5.76 | 5.20 | 5.11 | 6.05 | 5.87 | 6.10 |
| 陕西 | 7.90 | 7.91 | 7.69 | 8.32 | 8.44 | 8.25 | 8.47 | 8.57 | 8.67 | 8.73 | 9.21 | 9.07 | 9.24 | 9.38 | 9.26 | 9.65 | 9.39 | 9.32 |
| 甘肃 | 6.92 | 6.93 | 7.14 | 7.39 | 7.57 | 7.23 | 7.17 | 7.41 | 7.48 | 7.59 | 8.21 | 8.35 | 8.46 | 8.50 | 8.50 | 8.66 | 8.62 | 8.74 |
| 青海 | 6.69 | 7.37 | 6.79 | 7.14 | 7.20 | 7.21 | 7.35 | 7.51 | 7.56 | 7.72 | 7.90 | 8.03 | 7.90 | 8.23 | 8.30 | 7.85 | 8.06 | 8.12 |
| 宁夏 | 7.37 | 7.38 | 7.69 | 7.65 | 7.97 | 7.70 | 7.90 | 8.06 | 8.31 | 8.40 | 8.65 | 8.55 | 8.51 | 8.86 | 8.71 | 9.06 | 9.29 | 9.23 |
| 新疆 | 7.90 | 7.91 | 8.52 | 8.51 | 8.62 | 8.36 | 8.42 | 8.60 | 8.65 | 8.74 | 8.99 | 9.26 | 9.12 | 9.07 | 9.26 | 9.19 | 9.18 | 9.52 |
| 全国平均 | 7.76 | 7.79 | 7.94 | 8.11 | 8.22 | 8.05 | 8.23 | 8.36 | 8.43 | 8.51 | 8.88 | 8.94 | 9.01 | 9.10 | 9.09 | 9.21 | 9.23 | 9.28 |

资料来源：根据《中国劳动统计年鉴》（2000～2017）计算得出。

的 9.27 年、江苏的 9.22 年、陕西的 9.21 年、黑龙江的 9.21 年，2017
年的 6 ~ 10 名为广东的 9.75 年、内蒙古的 9.60 年、吉林的 9.54 年、
江苏的 9.53 年、新疆的 9.52 年。排在第 11 名至第 20 名的省份主要有
湖南、湖北、陕西、宁夏、浙江、海南、新疆、山东、重庆、河北等，
排名先后稍有不同。全国平均受教育年限随着时间的推移呈持续上升趋
势，如图 3 – 4。从 2000 年的 7.76 年上升至 2017 年的 9.28 年，17 年间
提高了 1.52 年。图 3 – 5 为 2000 ~ 2017 年全国 31 个省份人口人均受教
育年限情况，可以看出全国范围内云南、贵州、青海、西藏等省份在全
国受教育年限中排名靠后，2017 年平均受教育年限分别为 8.25 年、
8.24 年、8.12 年和 6.10 年。图 3 – 6 为 2017 全国 31 个省份平均受教育
年限的对比图，2017 年排在前三位的是北京、上海、天津，排在后三
位的是贵州、青海、西藏。

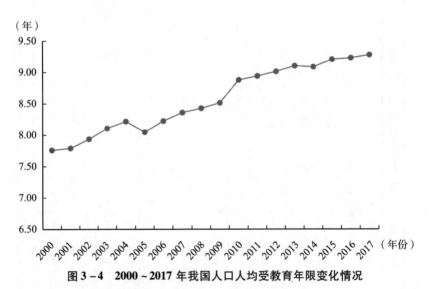

**图 3 – 4　2000 ~ 2017 年我国人口人均受教育年限变化情况**

资料来源：《中国劳动统计年鉴》（2000 ~ 2017）、表 3 – 3。

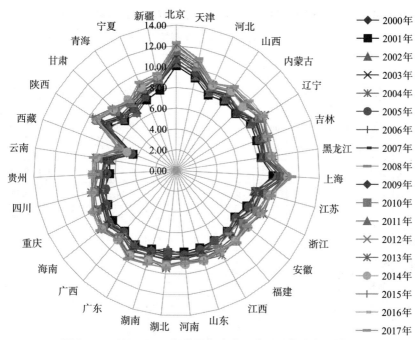

**图3-5　2000~2017年我国各省人口人均受教育年限情况**

资料来源:《中国劳动统计年鉴》(2000~2017)、表3-3。

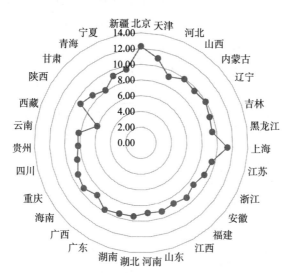

**图3-6　2017年我国各省人口人均受教育年限情况**

资料来源:《中国劳动统计年鉴》(2017)、表3-3。

表 3 - 4　　　　2000 年、2005 年、2010 年、2017 年我国各省

人口人均受教育年限情况　　　　　单位：年

| 2017 年 | | | 2010 年 | | | 2005 年 | | | 2000 年 | | |
|---|---|---|---|---|---|---|---|---|---|---|---|
| 排序 | 省份 | 人均受教育年限 | 排序 | 省份 | 人均受教育年限 | 排序 | 省份 | 人均受教育年限 | 排序 | 省份 | 人均受教育年限 |
| 1 | 北京 | 12.29 | 1 | 北京 | 11.52 | 1 | 北京 | 10.76 | 1 | 北京 | 10.08 |
| 2 | 上海 | 11.30 | 2 | 上海 | 10.61 | 2 | 上海 | 10.14 | 2 | 上海 | 9.43 |
| 3 | 天津 | 10.99 | 3 | 天津 | 10.21 | 3 | 天津 | 9.61 | 3 | 天津 | 9.10 |
| 4 | 辽宁 | 9.93 | 4 | 辽宁 | 9.50 | 4 | 辽宁 | 8.84 | 4 | 辽宁 | 8.52 |
| 5 | 山西 | 9.88 | 5 | 吉林 | 9.33 | 5 | 吉林 | 8.59 | 5 | 黑龙江 | 8.36 |
| 6 | 广东 | 9.75 | 6 | 广东 | 9.28 | 6 | 黑龙江 | 8.58 | 6 | 吉林 | 8.35 |
| 7 | 内蒙古 | 9.60 | 7 | 山西 | 9.27 | 7 | 山西 | 8.52 | 7 | 广东 | 8.19 |
| 8 | 吉林 | 9.54 | 8 | 江苏 | 9.22 | 8 | 广东 | 8.48 | 8 | 山西 | 8.15 |
| 9 | 江苏 | 9.53 | 9 | 陕西 | 9.21 | 9 | 内蒙古 | 8.43 | 9 | 江苏 | 8.03 |
| 10 | 新疆 | 9.52 | 10 | 黑龙江 | 9.21 | 10 | 新疆 | 8.36 | 10 | 内蒙古 | 7.97 |
| 11 | 海南 | 9.47 | 11 | 湖北 | 9.12 | 11 | 江苏 | 8.34 | 11 | 湖北 | 7.94 |
| 12 | 湖南 | 9.45 | 12 | 内蒙古 | 9.09 | 12 | 河北 | 8.31 | 12 | 湖南 | 7.91 |
| 13 | 湖北 | 9.41 | 13 | 海南 | 8.99 | 13 | 海南 | 8.28 | 13 | 新疆 | 7.90 |
| 14 | 黑龙江 | 9.41 | 14 | 新疆 | 8.99 | 14 | 陕西 | 8.25 | 14 | 陕西 | 7.90 |
| 15 | 陕西 | 9.32 | 15 | 湖南 | 8.97 | 15 | 河南 | 8.16 | 15 | 河南 | 7.88 |
| 16 | 宁夏 | 9.23 | 16 | 河北 | 8.94 | 16 | 湖南 | 8.15 | 16 | 海南 | 7.86 |
| 17 | 浙江 | 9.20 | 17 | 山东 | 8.88 | 17 | 湖北 | 8.04 | 17 | 河北 | 7.86 |
| 18 | 重庆 | 9.18 | 18 | 福建 | 8.87 | 18 | 山东 | 7.97 | 18 | 山东 | 7.80 |
| 19 | 山东 | 9.15 | 19 | 河南 | 8.76 | 19 | 浙江 | 7.85 | 19 | 福建 | 7.71 |
| 20 | 福建 | 9.15 | 20 | 浙江 | 8.75 | 20 | 广西 | 7.82 | 20 | 江西 | 7.70 |
| 21 | 河北 | 9.15 | 21 | 江西 | 8.65 | 21 | 福建 | 7.78 | 21 | 广西 | 7.69 |
| 22 | 河南 | 8.98 | 22 | 宁夏 | 8.65 | 22 | 江西 | 7.72 | 22 | 浙江 | 7.67 |
| 23 | 江西 | 8.79 | 23 | 重庆 | 8.63 | 23 | 宁夏 | 7.70 | 23 | 重庆 | 7.45 |
| 24 | 广西 | 8.78 | 24 | 广西 | 8.51 | 24 | 重庆 | 7.61 | 24 | 宁夏 | 7.37 |
| 25 | 甘肃 | 8.74 | 25 | 安徽 | 8.31 | 25 | 安徽 | 7.37 | 25 | 四川 | 7.27 |

续表

| 2017 年 | | | 2010 年 | | | 2005 年 | | | 2000 年 | | |
|---|---|---|---|---|---|---|---|---|---|---|---|
| 排序 | 省份 | 人均受教育年限 | 排序 | 省份 | 人均受教育年限 | 排序 | 省份 | 人均受教育年限 | 排序 | 省份 | 人均受教育年限 |
| 26 | 安徽 | 8.66 | 26 | 四川 | 8.29 | 26 | 甘肃 | 7.23 | 26 | 安徽 | 7.24 |
| 27 | 四川 | 8.62 | 27 | 甘肃 | 8.21 | 27 | 青海 | 7.21 | 27 | 甘肃 | 6.92 |
| 28 | 云南 | 8.25 | 28 | 青海 | 7.90 | 28 | 四川 | 7.13 | 28 | 青海 | 6.69 |
| 29 | 贵州 | 8.24 | 29 | 云南 | 7.73 | 29 | 贵州 | 6.79 | 29 | 云南 | 6.67 |
| 30 | 青海 | 8.12 | 30 | 贵州 | 7.65 | 30 | 云南 | 6.74 | 30 | 贵州 | 6.51 |
| 31 | 西藏 | 6.10 | 31 | 西藏 | 5.96 | 31 | 西藏 | 4.65 | 31 | 西藏 | 4.44 |

资料来源：根据《中国劳动统计年鉴》（2000~2017）计算得出。

### 3.1.1.4　全国和各省份人口人力资本存量分析

根据受教育年限可以计算出全国及各地区人口人力资本存量，计算方法以教育指标法为基础，以人口数量（万人）×人均受教育年限（年）得到人力资本存量（万人×年），见表 3－5。排在前 5 位的是广东、山东、河南、江苏和四川，不同年份排名先后稍有不同。2000 年排在第 1 至第 5 名的是河南、广东、山东、四川、江苏，人力资本存量分别为 74723.69 万人×年、70832.26 万人×年、70140.31 万人×年、60570.99 万人×年、58818.96 万人×年，2005 年排在第 1 至第 5 名的是广东、河南、山东、江苏、四川，人力资本存量分别为 77987.71 万人×年、76565.81 万人×年、73671.39 万人×年、63273.13 万人×年、58591.81 万人×年。2010 年排在第 1 名至第 5 名的广东、山东、河南、江苏、四川，人力资本存量分别为 96908.62 万人×年、85138.05 万人×年、82410.16 万人×年、72567.90 万人×年、66681.23 万人×年。2017 年排在第 1 名至第 5 名的是广东、山东、河南、江苏、四川，人力资本存量为 108865.91 万人×年、91571.49 万人×年、85807.89 万人×

年、76515.89 万人×年、71537.44 万人×年。随着时间的推移，人力资本存量均处于上升趋势。2017 年排在第 6 名至第 10 名分别为河北的68817.19 万人×年、湖南的 64812.16 万人×年、湖北的 55553.03 万人×年、安徽的 54197.25 万人×年、浙江的 52048.62 万人×年。2000 年、2005 年、2010 年排在第 6 至 10 名的主要是河北、湖南、湖北、安徽和浙江五个省份，不同年份排名稍有不同。排在中间名次的主要有辽宁、广西、江西、云南、山西、黑龙江、陕西、福建、贵州和重庆，不同年份排名稍有不同；排在最后的三个省份是宁夏、青海和西藏，2017 年宁夏、青海和西藏的人力资本存量为 6296.03 万人×年、4854.68 万人×年、2054.25 万人×年，与排名靠前的省份相比，差距很大。2017 年排在第 1 名的广东的人力资本存量是排在最后西藏的 53 倍。由于人力资本存量的计算方法是人口数量×人均受教育年限，因此人口数量大的省份，以及人均受教育年限长的省份，人力资本存量就会相对较大。

表 3－5　2000 年、2005 年、2010 年、2017 年我国人力资本存量情况

单位：万人×年

| 2000 年 | | | 2005 年 | | | 2010 年 | | | 2017 年 | | |
|---|---|---|---|---|---|---|---|---|---|---|---|
| 排序 | 省份 | 人力资本存量 | 排序 | 省份 | 人力资本存量 | 排序 | 省份 | 人力资本存量 | 排序 | 省份 | 人力资本存量 |
| 1 | 河南 | 74723.69 | 1 | 广东 | 77987.71 | 1 | 广东 | 96908.62 | 1 | 广东 | 108865.91 |
| 2 | 广东 | 70832.26 | 2 | 河南 | 76565.81 | 2 | 山东 | 85138.05 | 2 | 山东 | 91571.49 |
| 3 | 山东 | 70140.31 | 3 | 山东 | 73671.39 | 3 | 河南 | 82410.16 | 3 | 河南 | 85807.89 |
| 4 | 四川 | 60570.99 | 4 | 江苏 | 63273.13 | 4 | 江苏 | 72567.90 | 4 | 江苏 | 76515.89 |
| 5 | 江苏 | 58818.96 | 5 | 四川 | 58591.81 | 5 | 四川 | 66681.23 | 5 | 四川 | 71537.44 |
| 6 | 河北 | 52426.94 | 6 | 河北 | 56914.53 | 6 | 河北 | 64295.50 | 6 | 河北 | 68817.19 |
| 7 | 湖南 | 51900.83 | 7 | 湖南 | 51575.34 | 7 | 湖南 | 58963.03 | 7 | 湖南 | 64812.16 |
| 8 | 湖北 | 44817.95 | 8 | 湖北 | 45914.90 | 8 | 湖北 | 52241.81 | 8 | 湖北 | 55553.03 |
| 9 | 安徽 | 44143.18 | 9 | 安徽 | 45111.81 | 9 | 安徽 | 49475.17 | 9 | 安徽 | 54197.25 |

续表

| 2000 年 | | | 2005 年 | | | 2010 年 | | | 2017 年 | | |
|---|---|---|---|---|---|---|---|---|---|---|---|
| 排序 | 省份 | 人力资本存量 | 排序 | 省份 | 人力资本存量 | 排序 | 省份 | 人力资本存量 | 排序 | 省份 | 人力资本存量 |
| 10 | 广西 | 36517.61 | 10 | 浙江 | 39170.30 | 10 | 浙江 | 47651.10 | 10 | 浙江 | 52048.62 |
| 11 | 浙江 | 35881.56 | 11 | 辽宁 | 37321.64 | 11 | 辽宁 | 41582.06 | 11 | 辽宁 | 43381.50 |
| 12 | 辽宁 | 35661.07 | 12 | 广西 | 36444.05 | 12 | 广西 | 39246.62 | 12 | 广西 | 42905.52 |
| 13 | 江西 | 31936.10 | 13 | 江西 | 33281.06 | 13 | 江西 | 38599.39 | 13 | 江西 | 40645.90 |
| 14 | 黑龙江 | 31835.66 | 14 | 黑龙江 | 32793.92 | 14 | 云南 | 35568.94 | 14 | 云南 | 39608.91 |
| 15 | 陕西 | 28775.21 | 15 | 陕西 | 30452.79 | 15 | 黑龙江 | 35301.67 | 15 | 山西 | 36589.71 |
| 16 | 云南 | 28288.74 | 16 | 云南 | 29981.88 | 16 | 陕西 | 34417.99 | 16 | 福建 | 35790.69 |
| 17 | 山西 | 26451.69 | 17 | 山西 | 28587.78 | 17 | 山西 | 33143.11 | 17 | 陕西 | 35752.37 |
| 18 | 福建 | 26299.63 | 18 | 福建 | 27682.87 | 18 | 福建 | 32767.99 | 18 | 黑龙江 | 35637.65 |
| 19 | 贵州 | 24462.45 | 19 | 贵州 | 25327.54 | 19 | 贵州 | 26611.26 | 19 | 贵州 | 29500.75 |
| 20 | 吉林 | 22401.14 | 20 | 吉林 | 23322.57 | 20 | 吉林 | 25629.10 | 20 | 重庆 | 28231.44 |
| 21 | 重庆 | 21223.34 | 21 | 重庆 | 21285.34 | 21 | 重庆 | 24894.74 | 21 | 上海 | 27322.77 |
| 22 | 内蒙古 | 18901.04 | 22 | 内蒙古 | 20269.00 | 22 | 上海 | 24430.76 | 22 | 北京 | 26676.65 |
| 23 | 甘肃 | 17409.58 | 23 | 上海 | 19156.55 | 23 | 北京 | 22593.45 | 23 | 吉林 | 25931.00 |
| 24 | 上海 | 15177.86 | 24 | 甘肃 | 18399.25 | 24 | 内蒙古 | 22472.83 | 24 | 内蒙古 | 24288.29 |
| 25 | 新疆 | 14603.77 | 25 | 新疆 | 16813.33 | 25 | 甘肃 | 21018.15 | 25 | 新疆 | 23273.14 |
| 26 | 北京 | 13754.71 | 26 | 北京 | 16555.54 | 26 | 新疆 | 19633.01 | 26 | 甘肃 | 22939.77 |
| 27 | 天津 | 9109.60 | 27 | 天津 | 10026.17 | 27 | 天津 | 13268.55 | 27 | 天津 | 17106.10 |
| 28 | 海南 | 6199.57 | 28 | 海南 | 6856.97 | 28 | 海南 | 7815.35 | 28 | 海南 | 8769.78 |
| 29 | 宁夏 | 4082.98 | 29 | 宁夏 | 4588.27 | 29 | 宁夏 | 5472.90 | 29 | 宁夏 | 6296.03 |
| 30 | 青海 | 3458.99 | 30 | 青海 | 3915.45 | 30 | 青海 | 4447.68 | 30 | 青海 | 4854.68 |
| 31 | 西藏 | 1145.49 | 31 | 西藏 | 1301.79 | 31 | 西藏 | 1788.45 | 31 | 西藏 | 2054.25 |

资料来源：根据《中国劳动统计年鉴》（2000～2017）、《中国统计年鉴》（2000～2017）、表3-3计算整理得出。

### 3.1.1.5 全国历年研究生招生和在校生情况

研究生是高等教育中最高学历水平，研究生包括硕士研究生和博士研究生。研究生教育是高等教育中较高等级的体现，研究生的数量体现着一个国家高水平人力资本的情况。表 3－6 显示的是我国 2004～2017 年我国硕士研究生和博士研究生的招生数量和在校生数量。招生数量显示，2004 年，我国硕士研究生招生数量为 27.30 万人，2015 年增加到 57.06 万人，11 年间增加了 29.76 万人，平均每年增加 2.71 万人，年均增长 9.91%；2004 年，我国博士研究生招生数量为 5.33 万人，2017 年增加到 8.39 万人，13 年间增加了 3.06 万人，平均每年增加 0.24 万人，年均增长 4.42%。在校生数量显示，2004 年我国硕士研究生在校生数量为 65.43 万人，2015 年增加到 158.47 万人，11 年间增加了 93.04 万人，平均每年增加 8.46 万人，年均增长 12.93%；2004 年博士研究生在校生数量为 16.56 万人，2017 年增加到 36.20 万人，13 年间增加了 19.64 万人，平均每年增加 1.51 万人，年均增长 9.12%。研究生数量的增长，体现了我国高知识群体人员数量不断发展壮大。

表 3－6　　　　　　我国历年研究生招生及在校生情况　　　　单位：万人

| 年份 | 硕士招生数 | 博士招生数 | 硕士在校生数 | 博士在校生数 |
| --- | --- | --- | --- | --- |
| 2004 | 27.30 | 5.33 | 65.43 | 16.56 |
| 2005 | 31.00 | 5.48 | 78.73 | 19.13 |
| 2006 | 34.20 | 5.60 | 89.66 | 20.80 |
| 2007 | 36.06 | 5.80 | 97.25 | 22.25 |
| 2008 | 38.67 | 5.98 | 104.64 | 23.66 |
| 2009 | 44.90 | 6.19 | 115.86 | 24.63 |
| 2010 | 47.44 | 6.38 | 127.95 | 25.90 |
| 2011 | 49.46 | 6.56 | 137.46 | 27.13 |

| 年份 | 硕士招生数 | 博士招生数 | 硕士在校生数 | 博士在校生数 |
|---|---|---|---|---|
| 2012 | 52.13 | 6.84 | 143.60 | 28.38 |
| 2013 | 54.09 | 7.05 | 149.57 | 29.83 |
| 2014 | 54.87 | 7.26 | 153.50 | 31.27 |
| 2015 | 57.06 | 7.44 | 158.47 | 32.67 |
| 2016 | — | 7.73 | — | 34.20 |
| 2017 | — | 8.39 | — | 36.20 |

资料来源：《中国统计年鉴》（2004~2017）。

### 3.1.1.6　全国历年不同等级教育机构情况

教育机构的数量反映了一个国家教育投入的情况，表 3-7 显示的是我国普通高等学校、普通高中学校、普通初中学校以及普通小学学校的数量情况，普通高等学校数量从 2000 年的 1041 所增加到 2017 年的2631 所，17 年间增加了 1590 所，年均增长 9%；普通高中学校数量从14564 所上升至 2006 年的 16153 所之后开始小幅波动，下降至 2017 年的 13555 所，17 年间普通高中学校数量下降了 2598 所；普通初中学校数量从 2000 年的 62704 所小幅上升至 2001 年的 65525 之后开始持续下降，到 2013 年（2014~2017 年数据缺失）的 52764 所，13 年间下降了2821 所；普通小学学校数量从 2000 年的 553622 所持续下降至 2017 年的 167009 所，17 年间下降了 386613 所，年均下降 4.1%。从教育机构整体变化情况来看，普通高等教育学校数量在全国低生育率的情况下，一直处于增长状态，说明政府对高等教育的重视和投入，普通高中和初中以及普通小学学校数量均在下降，下降的比率和快慢有所不同，普通高中和初中学校下降较为缓慢，普通小学学校数量下降得比较快也比较多。

表3-7　　　　　　　我国历年不同等级教育机构情况　　　　单位：所

| 年份 | 普通高等学校数量 | 普通高中学校数量 | 普通初中学校数量 | 普通小学学校数量 |
|---|---|---|---|---|
| 2000 | 1041 | 14564 | 62704 | 553622 |
| 2001 | 1225 | 14907 | 65525 | 491273 |
| 2002 | 1396 | 15406 | 64661 | 456903 |
| 2003 | 1552 | 15779 | 63711 | 425846 |
| 2004 | 1731 | 15998 | 63060 | 394183 |
| 2005 | 1792 | 16092 | 61885 | 366213 |
| 2006 | 1867 | 16153 | 60550 | 341639 |
| 2007 | 1908 | 15681 | 59109 | 320061 |
| 2008 | 2263 | 15206 | 57701 | 300854 |
| 2009 | 2305 | 14607 | 56167 | 280184 |
| 2010 | 2358 | 14058 | 54823 | 257410 |
| 2011 | 2409 | 13688 | 54063 | 241249 |
| 2012 | 2442 | 13509 | 53167 | 228585 |
| 2013 | 2491 | 13352 | 52764 | 213529 |
| 2014 | 2529 | 13253 | — | 201377 |
| 2015 | 2560 | 13240 | — | 190525 |
| 2016 | 2596 | 13383 | — | 177633 |
| 2017 | 2631 | 13555 | — | 167009 |

资料来源：《中国统计年鉴》（2000～2017）。

### 3.1.1.7　全国历年各类学校专任教师情况

学校专任教师数量代表着师资力量雄厚与否，表3-8显示的是我国历年普通高等学校、高中、初中、普通小学及学前教育专任教师情况。2000年我国普通高等学校专任教师数量为46.3万人，2018年增加到167.3万人，18年间增加了121万人，平均每年增加6.72万人，年均增长 14.52%；高中专任教师数量也有较大的增长幅度，2000 年高中专任教师数量为 75.7 万人，2018 年增加到 181.3 万人，18 年间增加了 105.6 万人，平均每年增加 5.87 万人，年均增长 7.75%；初中专任教师的数量从 2000 年的 324.9 万人，增加到 2012 年（2013～2018 年数据缺失）的 350.4 万人，12 年间增加了 25.5 万人，平均每年增加 2.125 万人，年均增长 0.65%；普通小学专任教师的数量从 2000 年的 586 万人增加到 2018 年的 609.2 万人，18 年间增加了 23.2 万人，平均每年增加 1.29 万人，年均增长 0.22%；学前教育专任教师数量从 2000 年的 85.6 万人增加到 2018 年的 258.1 万人，18 年间增加了 172.5 万人，平均每年增加 9.58 万人，年均增长 11.2%。对各类学校专任教师数量对比发现，普通高等学校专任教师数量增长最快，其次为学前教育专任教师数量，第三是高中专任教师数量，第四是初中专任教师数量，普通小学专任教师数量增长最慢。

表 3-8　　　　　　　我国历年各类学校专任教师情况　　　　　单位：万人

| 年份 | 普通高等学校专任教师数量 | 高中专任教师数量 | 初中专任教师数量 | 普通小学专任教师数量 | 学前教育专任教师数量 |
|------|------|------|------|------|------|
| 2000 | 46.3 | 75.7 | 324.9 | 586.0 | 85.6 |
| 2001 | 53.2 | 84.0 | 334.8 | 579.8 | 54.6 |
| 2002 | 61.8 | 94.6 | 343.0 | 577.9 | 57.1 |
| 2003 | 72.5 | 107.1 | 346.7 | 570.3 | 61.3 |
| 2004 | 85.8 | 119.1 | 347.7 | 562.9 | 65.6 |
| 2005 | 96.6 | 130.0 | 347.2 | 559.3 | 72.2 |
| 2006 | 107.6 | 138.7 | 346.3 | 558.8 | 77.6 |
| 2007 | 116.8 | 144.3 | 346.4 | 561.3 | 82.7 |
| 2008 | 123.8 | 147.6 | 346.9 | 562.2 | 89.9 |
| 2009 | 129.5 | 149.3 | 351.3 | 563.3 | 98.6 |
| 2010 | 134.3 | 151.8 | 352.3 | 561.7 | 114.4 |

| 年份 | 普通高等学校专任教师数量 | 高中专任教师数量 | 初中专任教师数量 | 普通小学专任教师数量 | 学前教育专任教师数量 |
|------|------|------|------|------|------|
| 2011 | 139.3 | 155.7 | 352.3 | 560.5 | 131.6 |
| 2012 | 144.0 | 159.5 | 350.4 | 558.6 | 147.9 |
| 2013 | 149.7 | 162.9 | — | 558.5 | 166.3 |
| 2014 | 153.5 | 166.3 | — | 563.4 | 184.4 |
| 2015 | 157.3 | 169.5 | — | 568.5 | 205.1 |
| 2016 | 160.2 | 173.3 | — | 578.9 | 223.2 |
| 2017 | 163.3 | 177.4 | — | 594.5 | 243.2 |
| 2018 | 167.3 | 181.3 | — | 609.2 | 258.1 |

资料来源:《中国统计年鉴》(2000~2018)。

### 3.1.1.8 全国历年各级普通学校生师比情况

生师比是指学校培养学生人数与教师人数的比例关系。国家按照规定的生师比下达学校教师编制。生师比是测算学校师资需求量的数量指标,也是反映学校人力资源利用效率的指标。不同国家和同一国家的不同时期,由于经济、教育发展状况和体制不同,对生师比的要求也不同;各级各类学校的培养目标、教学内容及教学手段不同,生师比亦不同。一般情况下,同一时间里办学条件基本相同的同级同类学校中,平均每个教师负担的学生多,则教师工作量大,人力资源及财力资源的利用率高;反之,每个教师负担的学生少,说明教师的工作量小,人力资源及财力资源的利用率低。我国对生师比的标准有所规定,城市小学生师比标准为19,初中生师比标准为13.5,普通高中生师比标准为12[①],普通高校生师比标准为18[②]。表3-9显示的是我国历年各级普通学校

---

① 《关于统一城乡中小学教职工编制标准的通知》。
② 《普通高等学校基本办学条件指标(试行)》。

生师比的情况，2000 年，我国小学生师比为 22.21，随着时间的推移，生师比逐渐降低，2007 年降低到 18.82，基本达到国家标准 19，2009 年下降到 18 以下，之后持续下降，2018 年生师比为 16.98。2000 年初中生师比为 19.03，之后每年都在下降，2012 年下降到 13.59，基本达到了国家标准 13.5，2017 年我国初中生师比为 12.52。2000 年我国普通高中生师比为 15.87，之后缓慢上升，2004 年上升至 18.65，达到历年普通高中生师比的峰值，2004 年之后不断下降，2017 年为 13.39，与国家普通高中生师比的标准 12 还有 1.39 的差距。2000 年，普通高校生师比为 16.30，之后开始上升，2002 年生师比达到了历年普通高校生师比的峰值 19，之后缓慢下降，2017 年为 17.52，达到国家普通高校生师比标准 18 的要求。

表 3-9　　　　　　我国历年各级普通学校生师比情况

| 年份 | 小学生师比<br>（教师人数 = 1） | 初中生师比<br>（教师人数 = 1） | 普通高中生师比<br>（教师人数 = 1） | 普通高校生师比<br>（教师人数 = 1） |
|---|---|---|---|---|
| 2000 | 22.21 | 19.03 | 15.87 | 16.30 |
| 2001 | 21.64 | 19.24 | 16.73 | 18.22 |
| 2002 | 21.04 | 19.25 | 17.80 | 19.00 |
| 2003 | 20.50 | 19.13 | 18.35 | 17.00 |
| 2004 | 19.98 | 18.65 | 18.65 | 16.22 |
| 2005 | 19.43 | 17.80 | 18.54 | 16.85 |
| 2006 | 19.17 | 17.15 | 18.13 | 17.93 |
| 2007 | 18.82 | 16.52 | 17.48 | 17.28 |
| 2008 | 18.38 | 16.07 | 16.78 | 17.23 |
| 2009 | 17.88 | 15.47 | 16.30 | 17.27 |
| 2010 | 17.70 | 14.98 | 15.99 | 17.33 |
| 2011 | 17.71 | 14.38 | 15.77 | 17.42 |
| 2012 | 17.36 | 13.59 | 15.47 | 17.52 |
| 2013 | 16.76 | 12.76 | 14.95 | 17.53 |

| 年份 | 小学生师比<br>（教师人数=1） | 初中生师比<br>（教师人数=1） | 普通高中生师比<br>（教师人数=1） | 普通高校生师比<br>（教师人数=1） |
|---|---|---|---|---|
| 2014 | 16.78 | 12.57 | 14.44 | 17.68 |
| 2015 | 17.05 | 12.41 | 14.01 | 17.73 |
| 2016 | 17.12 | 12.41 | 13.65 | 17.07 |
| 2017 | 16.98 | 12.52 | 13.39 | 17.52 |

资料来源：《中国统计年鉴》（2000～2017）。

### 3.1.1.9　全国历年每十万人口各级学校平均在校生数量

每十万人口平均在校生数量可以反映出我国实际出生人口的变化状况。表 3 - 10 显示了我国历年每十万人口各级学校平均在校生数量。如表 3 - 10 显示，每十万人口中幼儿园在校生人数从 2000 年的 1782 万人开始逐步小幅下降，到 2003 年的 1560 万人为历年最低值，之后开始逐年上升，2011 年突破 2500 万人，2015 年突破 3000 万人，达到 3118 万人，2018 年每十万人口幼儿园平均在校生人数达到 3350 万人。小学阶段每十万人口平均在校生数量从 2000 年的 10335 万人开始，逐年下降，2013 年下降到最低值 6913 万人，之后开始趋于稳定上升，2015 年突破 7000 万人，2018 年每十万人口小学平均在校生数量为 7438 万人。初中阶段每十万人口平均在校生数量呈"先扬后抑"的趋势，2002 年达到最高值 5240 万人，之后逐年降低，到 2016 年降低到 3150 万人，后又呈现缓慢回升状态，2018 年每十万人口初中阶段平均在校生数量为 3347 万人。高中阶段每十万人口平均在校生数量整体也呈先上升后下降趋势，峰值在 2010 年的 3504 万人，随后缓慢降低，2018 年的数量为 2828 万人。高等教育阶段每十万人口平均在校生自 2000 年 723 万人开始，每年都在增长，到 2018 年已经达到 2658 万人，18 年间增加了 1935 万人，平均每年增加 107.5 万人，年均增长 14.9%。

表 3 - 10　　　　　我国历年每十万人口各级学校平均在校生数量　　　　单位:万人

| 年份 | 每十万人口幼儿园平均在校生数 | 每十万人口小学平均在校生数 | 每十万人口初中阶段平均在校生数 | 每十万人口高中阶段平均在校生数 | 每十万人口高等学校平均在校生数 |
|---|---|---|---|---|---|
| 2000 | 1782 | 10335 | 4969 | 2000 | 723 |
| 2001 | 1602 | 9937 | 5161 | 2021 | 931 |
| 2002 | 1595 | 9525 | 5240 | 2283 | 1146 |
| 2003 | 1560 | 9100 | 5209 | 2523 | 1298 |
| 2004 | 1617 | 8725 | 5058 | 2824 | 1420 |
| 2005 | 1676 | 8358 | 4781 | 3070 | 1613 |
| 2006 | 1731 | 8192 | 4557 | 3321 | 1816 |
| 2007 | 1787 | 8037 | 4364 | 3409 | 1924 |
| 2008 | 1873 | 7819 | 4227 | 3463 | 2042 |
| 2009 | 2001 | 7584 | 4097 | 3495 | 2128 |
| 2010 | 2230 | 7448 | 3955 | 3504 | 2189 |
| 2011 | 2554 | 7403 | 3779 | 3495 | 2253 |
| 2012 | 2736 | 7196 | 3535 | 3411 | 2335 |
| 2013 | 2876 | 6913 | 3279 | 3227 | 2418 |
| 2014 | 2977 | 6946 | 3222 | 3100 | 2488 |
| 2015 | 3118 | 7086 | 3152 | 2965 | 2524 |
| 2016 | 3211 | 7211 | 3150 | 2887 | 2530 |
| 2017 | 3327 | 7300 | 3213 | 2861 | 2576 |
| 2018 | 3350 | 7438 | 3347 | 2828 | 2658 |

资料来源:《中国统计年鉴》(2000~2018)。

### 3.1.1.10　全国历年教育经费支出情况

教育经费是指国家用于发展各级教育事业的费用,是国家在教育投入中最基础和最重要的部分。教育经费主要包括教育事业费和教育基本建设投资等,是以货币的形式支付的教育费用,是办学必不可少的财力条件。表 3 - 11 为全国历年教育经费支出情况，全国教育经费呈逐年递增趋势，2000 年教育经费为 38490806 万元，2016 年递增至 388883850 万元，16 年间共增长了 350393044 万元，增长 9.1 倍，年均增长率为 56.9%。教育经费递增数量大，递增速度快，显示了我国在教育的投入以及国家和政府对教育的重视。表 3 - 11 还显示了高等学校教育经费、中学教育经费、小学教育经费和幼儿园教育经费（数据有部分缺失），无论高等学校教育经费还是中小学及幼儿园的教育经费，都呈上升趋势。高等学校教育经费从 2000 年的 9831365 万元上升至 2011 年的 70208740 万元，11 年间上升了 60377375 万元，增加了 6.14 倍，年增长率达到了 55.83%；中学教育经费从 2000 年的 11323707 万元上升至 2011 年的 66709034 万元，11 年间上升了 55385327 万元，增加 4.89 倍，年均增长率达到了 44.46%；小学教育经费从 2000 年的 10821233 万元上升至 2011 年的 60124183 万元，11 年间上升了 49302950 万元，增长 4.56 倍，年均增长率为 41.42%；幼儿园教育经费从 2000 年的 516303 万元上升至 2011 年的 10185761 万元，11 年间上升了 9669458 万元，增长 18.73 倍，年均增长率为 170%。我国的高中、初中、小学的招生数量基本都呈下降趋势（见表 3 - 2），而中学、小学以及幼儿园的教育经费都在增加，并且增加数量大、速度快，说明我国政府对教育尤其是对基础教育的重视。但从教育经费占 GDP 的比重可以看出，教育经费占 GDP 的比重从 2000 年的 3.84%一直持续增长至 2016 年的 5.23%。根据相关资料显示，美国 2015 年教育经费占 GDP 的比重是 6.321%，我国虽然与发达国家相比还是有一些差距，但已经达到世界的平均水平，并与欧美多数国家的水平持平。

表 3 - 11　　　　　　　我国历年教育经费支出情况　　　　　　　单位：万元

| 年份 | 教育经费 | 高等学校教育经费 | 中学教育经费 | 小学教育经费 | 幼儿园教育经费 | 教育经费占GDP比重 |
|------|---------|----------------|-------------|-------------|--------------|-----------------|
| 2000 | 38490806 | 9831365 | 11323707 | 10821233 | 516303 | 3.84% |

| 年份 | 教育经费 | 高等学校教育经费 | 中学教育经费 | 小学教育经费 | 幼儿园教育经费 | 教育经费占GDP比重 |
|---|---|---|---|---|---|---|
| 2001 | 46376626 | 12475481 | 13895667 | 12746892 | 602844 | 4.18% |
| 2002 | 54800278 | 15832129 | 16704638 | 14485878 | 675844 | 4.50% |
| 2003 | 62082653 | 18736788 | 19147185 | 15754519 | 742577 | 4.52% |
| 2004 | 72425989 | 22576459 | 22265210 | 18051062 | 875169 | 4.48% |
| 2005 | 84188390 | 26578618 | 25930835 | 20321075 | 1045524 | 4.49% |
| 2006 | 98153086 | — | — | — | — | 4.47% |
| 2007 | 121480663 | 37623007 | 34524462 | 29487237 | 1571389 | 4.50% |
| 2008 | 145007374 | 43468780 | 41291006 | 35512328 | 1988416 | 4.54% |
| 2009 | 165027065 | 47827760 | 47680923 | 42173872 | 2447892 | 4.73% |
| 2010 | 195618471 | 56290771 | 54210868 | 48874755 | 7280143 | 4.74% |
| 2011 | 238692936 | 70208740 | 66709034 | 60124183 | 10185761 | 4.88% |
| 2012 | 286553052 | — | — | — | — | 5.30% |
| 2013 | 303647182 | — | — | — | — | 5.10% |
| 2014 | 328064609 | — | — | — | — | 5.09% |
| 2015 | 361291927 | — | — | — | — | 5.24% |
| 2016 | 388883850 | — | — | — | — | 5.23% |

资料来源：《中国统计年鉴》（2000～2017）。

## 3.1.2　科研方面

一个国家的经济发展与科技进步是息息相关的，科学研究的进步可以衡量一个国家高技术人力资本的整体实力。科技进步可以从科学研究、开发机构、试验发展经费支出，科学研究与开发人员建设、投入情况以及科技产出、科研成果等情况体现出来。

### 3.1.2.1　科研和开发机构与试验发展投入

我国2005年科研和开发机构研究与试验发展经费支出为513.10亿

元，2017 年这一数值增长到 2435.70 亿元，12 年间增长了 1922.60 亿元，增长了 3.75 倍，年均增长 31.25%。其中政府资金经费支出从 2000 年的 424.70 亿元增长到 2017 年的 2025.91 亿元，12 年间增长了 1601.21 亿元，增长了 3.77 倍，年均增长了 31.41%。企业资金经费支出从 2005 年的 17.60 亿元增长到 2017 年的 91.85 亿元，12 年间增长了 74.25 亿元，增长了 4.22 倍，年均增长率为 35.16%，见表 3 - 12。

表 3 - 12 　　　　我国历年科研和开发机构与试验发展经费支出情况　　单位：亿元

| 年份 | 科研和开发机构研究与试验发展经费支出 | 科研和开发机构研究与试验发展政府资金经费支出 | 科研和开发机构研究与试验发展企业资金经费支出 |
|---|---|---|---|
| 2005 | 513.10 | 424.70 | 17.60 |
| 2006 | 567.30 | 481.20 | 17.30 |
| 2007 | 687.90 | 592.90 | 26.20 |
| 2008 | 811.30 | 699.70 | 28.20 |
| 2009 | 996.00 | 849.50 | 29.80 |
| 2010 | 1186.40 | 1036.50 | 34.20 |
| 2011 | 1306.74 | 1106.12 | 39.88 |
| 2012 | 1548.93 | 1292.71 | 47.41 |
| 2013 | 1781.40 | 1481.23 | 60.95 |
| 2014 | 1926.20 | 1581.00 | 62.90 |
| 2015 | 2136.49 | 1802.69 | 65.36 |
| 2016 | 2260.18 | 1851.60 | 90.44 |
| 2017 | 2435.70 | 2025.91 | 91.85 |

资料来源：《中国统计年鉴》（2005~2017）。

### 3.1.2.2　科学研究与开发人员建设与投入

科研实力不仅体现在经费支出上，还可以从科研与开发人员建设与投入情况体现。表 3 - 13 为我国历年科学研究与开发人员建设与投入情况，科研和开发机构研究与试验发展折合全时人员从 2000 年的 22.72 万人年，波动增长至 2017 年的 40.57 万人年，17 年间增长了 17.85 万人年，年均增长 4.62%。其中 2000 年基础研究折合全时人员占比为 11%，增长至 2017 年的 20.8%，一直在持续上升。应用研究折合全时人员占比 2000 年为 33%，到 2017 年小幅波动上升至 35.2%，变化不是很大。试验发展折合全时人员从 2000 年的 56.4% 下降为 2017 年的 44%。从三者的占比中看出，国家越来越重视基础研究，因此在基础研究科研和开发机构研究与试验发展折合全时人员中的投入较多，且总体全时人员的比例越来越大。

表 3 - 13　　　　我国历年科学研究与开发人员建设与投入情况

| 年份 | 科研和开发机构研究与试验发展折合全时人员（万人年） | 基础研究科研和开发机构研究与试验发展折合全时人员占比（%） | 应用研究科研和开发机构研究与试验发展折合全时人员占比（%） | 试验发展科研和开发机构研究与试验发展折合全时人员（%） |
|---|---|---|---|---|
| 2000 | 22.72 | 11.0 | 33.0 | 56.4 |
| 2001 | 20.50 | 11.6 | 36.9 | 51.2 |
| 2002 | 20.60 | 11.2 | 39.3 | 49.5 |
| 2003 | 20.40 | 12.7 | 38.7 | 48.5 |
| 2004 | 20.33 | 13.4 | 39.8 | 46.8 |
| 2005 | 21.53 | 13.0 | 38.7 | 48.3 |
| 2006 | 23.10 | 13.9 | 38.5 | 47.6 |
| 2007 | 25.50 | 14.1 | 36.5 | 49.4 |
| 2008 | 26.00 | 14.6 | 37.3 | 48.1 |
| 2009 | 27.70 | 14.8 | 37.2 | 48.4 |
| 2010 | 29.30 | 14.3 | 37.2 | 48.5 |
| 2011 | 31.57 | 15.8 | 35.8 | 48.1 |
| 2012 | 34.40 | 16.6 | 35.3 | 48.1 |

| 年份 | 科研和开发机构研究与试验发展折合全时人员（万人年） | 基础研究科研和开发机构研究与试验发展折合全时人员占比（%） | 应用研究科研和开发机构研究与试验发展折合全时人员占比（%） | 试验发展科研和开发机构研究与试验发展折合全时人员（%） |
|---|---|---|---|---|
| 2013 | 36.37 | 16.7 | 35.7 | 47.6 |
| 2014 | 37.40 | 17.6 | 34.2 | 48.1 |
| 2015 | 38.36 | 18.6 | 34.3 | 47.2 |
| 2016 | 39.01 | 21.5 | 32.6 | 45.9 |
| 2017 | 40.57 | 20.8 | 35.2 | 44.0 |

资料来源：《中国统计年鉴》（2000～2017）。

### 3.1.2.3　科技产出与科研成果

科技产出与科研成果是衡量一个国家科技进步与实力的重要方面。科技产出与科研成果的形式主要有科技论文、出版的科技著作、专利申请受理①数和专利申请授权②数。表 3-14 为我国历年科技产出与科研成果情况。科研和开发机构发表科技论文数量从 2005 年的 109995 篇上升至 2017 年的 177572 篇，12 年间增长了 67577 篇，年均增长 5.12%；发表的科技论文中国外发表数量从 2000 年的 15638 篇，上升至 2017 年的 54500 篇，12 年间增加了 38862 篇，年均增长 20.71%；科学研究与开发机构出版科技著作在 2000 年为 3578 种，12 年间波动增长至 2017 年的 5459 篇，共增长了 1881 篇；科研和开发机构专利申请受理数 2000 年为 6814 件，同年专利申请授权数为 3234 件，2017 年专利申请受理数上升至 56267 件，同年专利申请授权数上升至 35350 件，12 年间专利申

---

①　专利申请是发明人、设计人或者其他有申请权的主体向专利局提出就某一发明或设计取得专利权的请求。

②　专利授权是发明人、设计人在专利申请之后获得国家知识产权局授予专利权，专利授权之后受法律保护。

请受理数和授权数分别增加了 49453 件和 32116 件，年均增长分别为 60.48% 和 82.76%；科研和开发机构发明专利申请受理数在 2000 年为 5064 件，同年发明专利申请授权数为 2088 件，2017 年发明专利申请受理数上升至 43426 件，同年发明专利申请授权数上升至 24283 件，12 年间发明专利申请受理数和授权数分别增加了 38362 件和 22195 件，年均增长分别为 63.13% 和 88.58%。科研论文及科技著作的种类都有显著的增长，尤其发明专利申请和授权数都有大幅的增加，说明我国科技成果在大量增加，科技实力显著提升。

表 3 – 14　　　　　　　我国历年科技产出与科研成果情况

| 年份 | 科研和开发机构发表科技论文数量（篇） | 科学研究与开发机构发表科技论文中国外发表数（篇） | 科学研究与开发机构出版科技著作（种） | 科研和开发机构专利申请受理数（件） | 科研和开发机构发明专利申请受理数（件） | 科研和开发机构专利申请授权数（件） | 科研和开发机构发明专利申请授权数（件） |
|---|---|---|---|---|---|---|---|
| 2005 | 109995 | 15638 | 3578 | 6814 | 5064 | 3234 | 2088 |
| 2006 | 118211 | 17597 | 3791 | 8026 | 6200 | 3499 | 2191 |
| 2007 | 126527 | 19596 | 4134 | 9802 | 7782 | 4036 | 2467 |
| 2008 | 132072 | 21498 | 4691 | 12536 | 9864 | 5048 | 3102 |
| 2009 | 138119 | 25882 | 4788 | 15773 | 12361 | 6391 | 4077 |
| 2010 | 140818 | 26862 | 3922 | 19192 | 14979 | 8698 | 5249 |
| 2011 | 148039 | 31598 | 4292 | 24059 | 18227 | 12126 | 7862 |
| 2012 | 158647 | 35173 | 4458 | 30418 | 23406 | 16551 | 10935 |
| 2013 | 164440 | 41072 | 4619 | 37040 | 28628 | 20095 | 12542 |
| 2014 | 171928 | 47032 | 5023 | 41966 | 32265 | 24870 | 15786 |
| 2015 | 169989 | 47301 | 5662 | 46559 | 35092 | 30104 | 19720 |
| 2016 | 175169 | 50010 | 5714 | 52331 | 39854 | 32442 | 21816 |
| 2017 | 177572 | 54500 | 5459 | 56267 | 43426 | 35350 | 24283 |

资料来源：《中国统计年鉴》（2005～2017）。

### 3.1.2.4 高等学校科研活动情况

高等学校除了培养高等教育人才，还承担科学研究任务，高等学校的科研活动同样体现一个国家的科技能力。表 3-15 显示的是我国历年高等学校科研活动的情况。2000 年，我国普通高校数量为 1041 所，之后逐年增加，2008 年超过 2000 所达到 2263 所，2017 年增加到 2631 所，17 年间增加了 1590 所，平均每年增加 94 所，年均增长 8.98%；高等学校研究与试验发展机构个数也呈逐年增加趋势，2000 年为 3735 个，之后逐渐增加，2008 年突破 5000 个，达到 5159 个，2014 年突破 10000 个，2017 年增加到 14971 个；高等学校科研和开发机构研究与试验发展折合全时人员也呈逐年上升趋势，2000 年为 15.90 万人年，2012 年突破了 30 万人年，2017 年达到了 38.22 万人年，17 年间增加了 22.32 万人年，平均每年增加 1.31 万人年，年均增长 8.26%；高等学校研究与试验发展经费支出也在逐年上升，2000 年为 76.70 亿元，2001 年突破到 100 亿元，2004 年突破 200 亿元，2017 年增加到 1265.96 亿元，17 年间增加了 1189.26 亿元，平均每年增加 69.96 亿元，年均增长 91.2%，增长速度非常惊人，说明国家对科学技术研究与试验发展的重视和支持。

表 3-15　　　　　　　我国历年高等学校科研活动情况

| 年份 | 普通高校数（所） | 高等学校研究与试验发展机构数（个） | 高等学校科研和开发机构研究与试验发展折合全时人员（万人年） | 高等学校研究与试验发展经费支出（亿元） |
|------|------|------|------|------|
| 2000 | 1041 | 3735 | 15.90 | 76.70 |
| 2001 | 1225 | 3481 | 17.10 | 102.40 |
| 2002 | 1396 | 3702 | 18.10 | 130.50 |
| 2003 | 1552 | 3145 | 18.90 | 162.30 |
| 2004 | 1731 | 3681 | 21.21 | 200.94 |

| 年份 | 普通高校数（所） | 高等学校研究与试验发展机构数（个） | 高等学校科研和开发机构研究与试验发展折合全时人员（万人年） | 高等学校研究与试验发展经费支出（亿元） |
|---|---|---|---|---|
| 2005 | 1792 | 3936 | 22.72 | 242.30 |
| 2006 | 1867 | 4154 | 24.25 | 276.81 |
| 2007 | 1908 | 4502 | 25.40 | 314.70 |
| 2008 | 2263 | 5159 | 26.60 | 390.20 |
| 2009 | 2305 | 6082 | 27.50 | 468.20 |
| 2010 | 2358 | 7833 | 28.97 | 597.30 |
| 2011 | 2409 | 8630 | 29.92 | 688.84 |
| 2012 | 2442 | 9225 | 31.40 | 780.56 |
| 2013 | 2491 | 9842 | 32.48 | 856.70 |
| 2014 | 2529 | 10632 | 33.50 | 898.10 |
| 2015 | 2560 | 11732 | 35.49 | 998.59 |
| 2016 | 2596 | 13062 | 36.00 | 1072.24 |
| 2017 | 2631 | 14971 | 38.22 | 1265.96 |

资料来源：《中国统计年鉴》（2000～2017）。

### 3.1.2.5　高技术产业研究与试验发展情况

高技术产业是指用当代尖端技术（主要指信息技术、生物工程和新材料等领域）生产高技术产品的产业群，是研究开发投入高、研究开发人员比重大的产业。高技术产业对其他产业的渗透能力较强。表 3 - 16 是我国历年高技术产业研究与试验发展情况。按照大中型工业企业口径统计，2000 年我国高技术产业研究与试验发展机构数量为 1379 个，2005 年增加到 1619 个，之后逐年增加，2010 年突破 3000 个，2015 年达到 5572 个，2017 年增加到 7018 个，17 年间增加了 5639 个，平均每年增加 332 个，年均增长 24.1%；高技术产业研究与试验发展人员全时

当量也呈逐年递增趋势，2000 年高技术产业研究与试验发展人员全时
当量为 9.16 万人年，2007 年突破到 20 万人年以上，2012 年增加到
52.60 万人年，2017 年研究与试验发展人员全时当量为 59.03 万人年，
17 年间增加了 49.87 万人年，平均每年增加 2.93 万人年，年均增长
32%；高技术产业研究与试验发展经费也在逐年增加，2000 年经费为
111.04 亿元，2011 年突破 1000 亿元，达到 1237.81 亿元，2017 年增加
到 2644.65 亿元，17 年间增加了 2533.61 亿元，平均每年增加 149.04
亿元，年均增长 134.22%；高技术产业新产品开发经费也在以惊人的
速度增长，2000 年高技术产业新产品开发经费为 117.79 亿元，2010 年
突破 1000 亿元，达到 1006.94 亿元，2017 年达到 3421.30 亿元，17 年间
增加了 3303.51 亿元，平均每年增加 194.32 亿元，年均增长 164.98%。
我国的高技术产业研究与试验发展经费及新产品开发经费的增长速度
较快。

**表 3 - 16          我国历年高技术产业研究与试验发展情况**

| 年份 | 高技术产业研究与试验发展机构数（大中型工业企业口径）（个） | 高技术产业研究与试验发展人员全时当量（大中型工业企业口径）（万人年） | 高技术产业研究与试验发展经费（大中型工业企业口径）（亿元） | 高技术产业新产品开发经费（大中型工业企业口径）（亿元） |
|------|------|------|------|------|
| 2000 | 1379 | 9.16 | 111.04 | 117.79 |
| 2003 | — | 12.78 | 222.44 | 207.58 |
| 2004 | — | 12.08 | 292.13 | 258.82 |
| 2005 | 1619 | 17.32 | 362.50 | 415.69 |
| 2006 | — | 18.90 | 456.44 | 509.95 |
| 2007 | — | 24.82 | 545.32 | 652.03 |
| 2008 | 2534 | 28.51 | 655.20 | 798.40 |
| 2009 | 2845 | 32.00 | 774.05 | 925.07 |
| 2010 | 3184 | 39.91 | 967.83 | 1006.94 |
| 2011 | 3254 | 42.67 | 1237.81 | 1528.03 |

| 年份 | 高技术产业研究与试验发展机构数（大中型工业企业口径）（个） | 高技术产业研究与试验发展人员全时当量（大中型工业企业口径）（万人年） | 高技术产业研究与试验发展经费（大中型工业企业口径）（亿元） | 高技术产业新产品开发经费（大中型工业企业口径）（亿元） |
|---|---|---|---|---|
| 2012 | 4566 | 52.60 | 1491.49 | 1827.48 |
| 2013 | 4583 | 55.90 | 1734.40 | 2069.50 |
| 2014 | 4763 | 57.30 | 1922.20 | 2350.60 |
| 2015 | 5572 | 59.00 | 2219.70 | 2574.60 |
| 2016 | 6456 | 58.02 | 2437.61 | 3000.36 |
| 2017 | 7018 | 59.03 | 2644.65 | 3421.30 |

资料来源：《中国统计年鉴》（2000～2017）。

### 3.1.2.6　高技术产业专利情况

高技术产业专利申请与有效发明数量体现了高技术产业试验与发展研究转化为成果的情况。表 3-17 显示了我国历年高技术产业专利申请及有效发明专利数量的情况。按大中型工业企业口径统计，2000 年我国高技术产业专利申请数量为 2245 件，2003 年这一数字攀升至 8270 件，之后以惊人的速度逐年增长，2013 年突破了 10 万件，达到 102532 件，2017 年增加到了 158354 件，17 年间增加了 156109 件，平均每年增加 9183 件，年均增长 409%；高技术产业有效发明专利数量也是呈惊人的增长趋势，2000 年高技术产业有效发明专利数量为 1443 件，2007 年这一数字攀升至 13386 件，2013 年突破 10 万件，达到 115884 件，2017 年增加到 306431 件，17 年间增加了 304988 件，平均每年增加 17940 件，年均增长 1243.28%。高技术产业专利申请数量和有效发明专利数量的增长速度十分惊人和巨大，说明我国高技术产业的成果转化十分丰富。

表 3 - 17　　　　　　我国历年高技术产业专利申请情况　　　　单位：件

| 年份 | 高技术产业专利申请数<br>（大中型工业企业口径） | 高技术产业有效发明专利<br>数（大中型工业企业口径） |
|---|---|---|
| 2000 | 2245 | 1443 |
| 2003 | 8270 | 3356 |
| 2004 | 11026 | 4535 |
| 2005 | 16823 | 6658 |
| 2006 | 24301 | 8141 |
| 2007 | 34446 | 13386 |
| 2008 | 39656 | 23915 |
| 2009 | 51513 | 31830 |
| 2010 | 59683 | 50166 |
| 2011 | 77725 | 67428 |
| 2012 | 97200 | 97878 |
| 2013 | 102532 | 115884 |
| 2014 | 120077 | 147927 |
| 2015 | 114562 | 199728 |
| 2016 | 131680 | 257234 |
| 2017 | 158354 | 306431 |

资料来源：《中国统计年鉴》（2000～2017）。

### 3.1.3　卫生方面

卫生人力资本投资是人力资本投资的重要方面，卫生人力资本投资不仅能提高人体的预防和抵抗疾病的能力，而且能够提高人均预期寿命。良好的医疗条件不仅能够降低疾病的发病率，而且会提高疾病的治愈率。同样的劳动者，如果有更好的医疗保健条件和良好的卫生保健理念，他的身体会更好、寿命会更长。因此卫生人力资本投资可以使劳动者提高劳动产出水平，提高工作效率。

### 3.1.3.1　各类医疗机构建设情况

表 3 - 18 为我国历年各类医疗机构的建设情况，全国医疗卫生机构数在 2000 年有 1034229 个，17 年间有所下降，2017 年医疗卫生机构数为 986649 个，下降了 47580 个。虽然医疗卫生机构的总数量有所下降，但医院数量、综合医院数量、中医医院数量以及专科医院数量均有所增加。其中医院数量由 2000 年的 16318 所上升至 2017 年的 31056 所，综合医院数量从 2000 年的 11872 所上升至 2017 年的 18921 所，中医医院数量从 2000 年的 2453 所上升至 2017 年的 3695 所，专科医院数量由 2000 年的 1543 所上升至 2017 年的 7220 所。

表 3 - 18　　　　　　我国历年各类医疗机构建设情况　　　　　单位：所

| 年份 | 医疗卫生机构数 | 医院数 | 综合医院数 | 中医医院数 | 专科医院数 |
|------|------|------|------|------|------|
| 2000 | 1034229 | 16318 | 11872 | 2453 | 1543 |
| 2001 | 1029314 | 16197 | 11834 | 2478 | 1576 |
| 2002 | 1005004 | 17844 | 12716 | 2492 | 2237 |
| 2003 | 806243 | 17764 | 12599 | 2518 | 2271 |
| 2004 | 849140 | 18393 | 12900 | 2611 | 2492 |
| 2005 | 882206 | 18703 | 12982 | 2620 | 2682 |
| 2006 | 918097 | 19246 | 13120 | 2665 | 3022 |
| 2007 | 912263 | 19852 | 13372 | 2720 | 3282 |
| 2008 | 891480 | 19712 | 13119 | 2688 | 3437 |
| 2009 | 916571 | 20291 | 13364 | 2728 | 3716 |
| 2010 | 936927 | 20918 | 13681 | 2778 | 3956 |
| 2011 | 954389 | 21979 | 14328 | 2831 | 4283 |
| 2012 | 950297 | 23170 | 15021 | 2889 | 4665 |
| 2013 | 974398 | 24709 | 15887 | 3015 | 5127 |

续表

| 年份 | 医疗卫生机构数 | 医院数 | 综合医院数 | 中医医院数 | 专科医院数 |
|------|------|------|------|------|------|
| 2014 | 981432 | 25860 | 16524 | 3115 | 5478 |
| 2015 | 983528 | 27587 | 17430 | 3267 | 6023 |
| 2016 | 983394 | 29140 | 18020 | 3462 | 6642 |
| 2017 | 986649 | 31056 | 18921 | 3695 | 7220 |

资料来源:《中国卫生统计年鉴》(2000~2017)。

### 3.1.3.2 医疗人员建设情况

医疗卫生条件除了有足够的医疗机构,医疗水平也是衡量一个国家卫生条件的重要指标,较高的医疗水平为居民的健康提供重要的医疗保障和基础。医生、护士及卫生人员的数量体现着一个国家的医疗水平。表3-19为我国历年各类医疗人员的建设情况。全国的卫生人员数量从2000年的691.04万人上升至2017年的1174.90万人,17年间上升了483.86万人;职业助理医师数量和职业医师数量从2000年的207.58万人和160.33万人上升至2017年的339.00万人和282.90万人,17年间分别增加了131.42万人和122.57万人;注册护士数量从2000年的126.68万人上升至2017年的380.40万人,17年间增加了253.72万人;药师数量从2000年的41.44万人增加到2017年的45.30万人,17年间增加了3.86万人;乡村医生数量从2000年的131.94万人减少到96.86万人,17年间减少了35.08万人;其他技术人员数量从2000年的15.75万人上升至2017年的45.15万人,17年间增长了29.40万人。可以看出除了乡村医生和卫生员数量有所减少之外,其余的各类医疗人员均在上升,说明我国对医疗人员的建设投入在逐年增加。乡村医生和卫生员数量的减少与我国近些年城镇化的快速发展有较大关系。

表 3 - 19　　　　　我国历年各类医疗人员建设情况　　　　单位：万人

| 年份 | 卫生人员数 | 执业助理医师数 | 执业医师数 | 注册护士数 | 药师数 | 乡村医生和卫生员数 | 其他技术人员数 |
|---|---|---|---|---|---|---|---|
| 2000 | 691.04 | 207.58 | 160.33 | 126.68 | 41.44 | 131.94 | 15.75 |
| 2001 | 687.45 | 209.97 | 163.73 | 128.69 | 40.41 | 129.06 | 15.80 |
| 2002 | 652.87 | 184.40 | 146.36 | 124.65 | 35.77 | 129.06 | 18.00 |
| 2003 | 621.70 | 194.24 | 153.40 | 126.60 | 35.74 | 86.78 | 19.93 |
| 2004 | 633.27 | 199.95 | 158.24 | 130.84 | 35.55 | 88.31 | 20.94 |
| 2005 | 644.72 | 204.21 | 162.27 | 134.96 | 34.95 | 91.65 | 22.57 |
| 2006 | 668.12 | 209.91 | 167.80 | 142.63 | 35.36 | 95.75 | 23.55 |
| 2007 | 696.44 | 212.29 | 171.55 | 155.88 | 32.52 | 93.18 | 24.35 |
| 2008 | 725.18 | 220.19 | 179.19 | 167.81 | 33.05 | 93.83 | 25.51 |
| 2009 | 778.14 | 232.92 | 190.54 | 185.48 | 34.19 | 105.10 | 27.50 |
| 2010 | 820.75 | 241.33 | 197.28 | 204.81 | 35.39 | 109.19 | 29.02 |
| 2011 | 861.60 | 246.61 | 202.02 | 224.40 | 36.40 | 112.64 | 30.60 |
| 2012 | 911.57 | 261.61 | 213.88 | 249.66 | 37.74 | 109.44 | 31.91 |
| 2013 | 979.05 | 279.48 | 228.58 | 278.31 | 39.56 | 108.11 | 35.98 |
| 2014 | 1023.42 | 289.25 | 237.49 | 300.41 | 40.96 | 105.82 | 37.97 |
| 2015 | 1069.39 | 303.91 | 250.84 | 324.33 | 42.33 | 103.15 | 39.97 |
| 2016 | 1117.29 | 319.10 | 265.14 | 350.72 | 43.92 | 100.03 | 42.62 |
| 2017 | 1174.90 | 339.00 | 282.90 | 380.40 | 45.30 | 96.86 | 45.15 |

资料来源：《中国卫生统计年鉴》（2000～2017）。

### 3.1.3.3　医疗卫生技术人员数量及机构床位情况

1. 每万人口医疗卫生技术人员数量

每万人口医疗卫生技术人员数量体现医疗卫生条件，每万人口拥有卫生技术人数量多，说明医疗卫生条件较好。表 3 - 20 显示的是我国历年每万人口医疗卫生技术人员情况。2000 年我国每万人拥有卫生技术人员数量为 36 人，到 2006 年这一数字几乎没有没变化，之后开始逐年小幅增加，2013 年突破 50 人，2017 年达到 65 人，17 年间每万人拥有卫生技术人员数量增加了 29 人；每万人拥有职业医师数量也呈波动上升趋势，2000 年为 17 人，之后有所下降，2008 年，这一数字回升至 17 人，2017 年为 24 人，17 年间增加了 7 人；2000 年每万人拥有注册护士数量为 10 人，这一数字持续至 2005 年，之后逐年上升，到 2017 年，每万人拥有注册护士数量为 27 人，17 年间增加了 17 人，平均每年增加 1 人。

表 3 - 20　　　　　我国历年每万人口医疗卫生技术人员情况　　　　单位：人

| 年份 | 每万人拥有卫生技术人员数 | 每万人拥有执业（助理）医师数 | 每万人拥有注册护士数 |
|---|---|---|---|
| 2000 | 36 | 17 | 10 |
| 2001 | 36 | 17 | 10 |
| 2002 | 34 | 15 | 10 |
| 2003 | 35 | 15 | 10 |
| 2004 | 35 | 16 | 10 |
| 2005 | 35 | 16 | 10 |
| 2006 | 36 | 16 | 11 |
| 2007 | 37 | 16 | 12 |
| 2008 | 39 | 17 | 13 |
| 2009 | 42 | 17 | 14 |
| 2010 | 44 | 18 | 15 |
| 2011 | 46 | 18 | 17 |
| 2012 | 49 | 19 | 18 |
| 2013 | 53 | 20 | 20 |
| 2014 | 56 | 21 | 22 |
| 2015 | 58 | 22 | 24 |
| 2016 | 61 | 23 | 25 |
| 2017 | 65 | 24 | 27 |

资料来源：《中国卫生统计年鉴》（2000～2017）。

2. 医疗卫生机构床位数量

医疗卫生机构床位数量以及每万人口医疗机构床位数量体现一个国家的卫生医疗条件。表 3 - 21 显示的是我国历年医疗机构床位数量和每万人口医疗卫生机构的床位数量。2000 年我国医疗机构的床位数量为 317.70 万张，2011 年这一数字突破了 500 万张，达到 516.00 万张，2017 年增加到 794.00 万张，17 年间增加了 476.3 万张，平均每年增加 28 万张，年均增加 8.82%。其中，从城市和农村医疗卫生机构床位数量对比来看，城市和农村的床位数量基本处于持平；从每万人医疗机构床位数量来看，2002 年这一数字为 24.90 张，之后逐渐呈递增趋势，2017 年达到 57.22 张，15 年间每万人医疗机构床位数量增加了 32.32 张，平均每年增加 2.15 张，年均增长 8.7%。从城市和农村对比情况来看，城市每万人医疗机构床位数量远高于农村，说明城市的医疗条件好于农村。

表 3 - 21　　　　　　　我国历年每万人口医疗卫生机构床位情况

| 年份 | 医疗卫生机构床位数（万张） | 城市医疗卫生机构床位数（万张） | 农村医疗卫生机构床位数（万张） | 每万人医疗机构床位数（张） | 城市每万人医疗机构床位数（张） | 农村每万人医疗机构床位数（张） |
|---|---|---|---|---|---|---|
| 2000 | 317.70 | — | — | — | — | — |
| 2001 | 320.10 | — | — | — | — | — |
| 2002 | 313.60 | — | — | 24.90 | — | — |
| 2003 | 316.40 | — | — | 24.90 | — | — |
| 2004 | 326.80 | — | — | 25.60 | — | — |
| 2005 | 336.80 | — | — | 26.20 | — | — |
| 2006 | 351.20 | — | — | 27.03 | — | — |
| 2007 | 370.10 | 183.13 | 186.98 | 28.29 | 49.00 | 20.01 |
| 2008 | 403.90 | 196.36 | 207.51 | 30.46 | 51.70 | 22.00 |
| 2009 | 441.70 | 212.63 | 229.03 | 33.15 | 55.40 | 24.10 |

| 年份 | 医疗卫生机构床位数（万张） | 城市医疗卫生机构床位数（万张） | 农村医疗卫生机构床位数（万张） | 每万人医疗机构床位数（张） | 城市每万人医疗机构床位数（张） | 农村每万人医疗机构床位数（张） |
|------|------|------|------|------|------|------|
| 2010 | 478.70 | 230.23 | 248.45 | 35.80 | 59.40 | 26.00 |
| 2011 | 516.00 | 247.52 | 268.47 | 38.40 | 62.40 | 28.00 |
| 2012 | 572.50 | 273.34 | 299.14 | 42.40 | 68.80 | 31.10 |
| 2013 | 618.20 | 294.85 | 323.34 | 45.50 | 73.60 | 33.50 |
| 2014 | 660.10 | 316.99 | 343.13 | 48.50 | 78.37 | 35.40 |
| 2015 | 701.50 | 341.82 | 359.70 | 51.10 | 82.70 | 37.10 |
| 2016 | 741.10 | 365.50 | 375.55 | 53.68 | 84.13 | 39.09 |
| 2017 | 794.00 | 392.20 | 401.82 | 57.22 | 87.54 | 41.87 |

资料来源：《中国卫生统计年鉴》（2000～2017）。

### 3.1.3.4 社区卫生服务中心情况

社区卫生服务中心情况体现了基层医疗卫生的条件，主要包括社区卫生服务中心诊疗人次、社区卫生服务中心入院人数、社区卫生服务中心出院者平均住院日等情况。表3-22显示的是我国历年社区卫生服务中心情况。2002年社区卫生服务中心诊疗人次为0.36亿次，之后逐年增加，到2007年突破1亿次，达到1.27亿次，2017年区卫生服务中心诊疗人次为6.07亿次，15年间增加了5.71亿次，平均每年增加0.38亿次，年均增长105.74%；社区卫生服务中心入院人数2002年为10.61万人，到2008年这一数字突破100万人，达到103.28万人，2017年增加到344.25万人，15年间增加了333.64万人，平均每年增加22.24万人，年均增加209.64%。从社区卫生服务中心出院者平均住院日来看，2002年出院者平均住院日为19.10日，2003年上升至23.76日，之后开始逐年下降，2017年下降至9.5日，15年间下降了9.60日，出院者平均住院日的下降说明了患者在社区医院的康复时间在缩短，从一定程度上说明社区卫生服务中心的医疗水平在提高；从社区卫生服务站诊疗人次来看，从 2002 年的 1.12 亿次波动下降至 2008 年的 0.84 亿次，之后开始逐年上升，到 2017 年上升至 1.60 亿次，总体呈先下降后上升的趋势，说明社区卫生服务站的服务率在增加。

表 3 – 22　　　　　　　我国历年社区卫生服务中心情况

| 年份 | 社区卫生服务中心诊疗人次（亿次） | 社区卫生服务中心入院人数（万人） | 社区卫生服务中心出院者平均住院日（日） | 社区卫生服务站诊疗人次（亿次） |
|---|---|---|---|---|
| 2002 | 0.36 | 10.61 | 19.10 | 1.12 |
| 2003 | 0.38 | 10.28 | 23.76 | 0.36 |
| 2004 | 0.46 | 15.20 | 20.97 | 0.51 |
| 2005 | 0.59 | 26.62 | 17.18 | 0.63 |
| 2006 | 0.83 | 43.63 | 15.51 | 0.94 |
| 2007 | 1.27 | 74.32 | 13.10 | 0.99 |
| 2008 | 1.72 | 103.28 | 13.41 | 0.84 |
| 2009 | 2.61 | 164.24 | 10.55 | 1.16 |
| 2010 | 3.47 | 218.06 | 10.40 | 1.37 |
| 2011 | 4.09 | 247.34 | 10.15 | 1.37 |
| 2012 | 4.55 | 268.66 | 10.05 | 1.44 |
| 2013 | 5.08 | 292.06 | 9.83 | 1.49 |
| 2014 | 5.36 | 298.06 | 9.86 | 1.49 |
| 2015 | 5.59 | 305.55 | 9.80 | 1.47 |
| 2016 | 5.63 | 313.71 | 9.70 | 1.56 |
| 2017 | 6.07 | 344.25 | 9.50 | 1.60 |

资料来源：《中国卫生统计年鉴》（2000～2017）。

### 3.1.3.5　卫生费用支出情况

卫生费用的支出是衡量国家在卫生保健方面投入的一个重要指标，

如果一个国家的卫生投入费用不足，相应的医疗机构的建设和医疗人员的投入情况无法顺利实现。表 3 – 23 为我国历年卫生费用支出情况。卫生总费用从 2000 年的 4586.63 亿元上升至 2017 年的 52598.28 亿元，17 年间增加了 48011.65 亿元，年均增长 61.57%。其中政府支出占比从 2000 年的 15.47% 小幅波动上升至 2017 年的 28.91%，社会支出占比从 2000 年的 25.55% 小幅波动上升至 2017 年的 42.32%，个人现金支出占比从 2000 年的 58.98% 下降至 2017 年的 28.77%，可以看出政府支出的占比在增加，社会支出的占比大幅增加，而个人现金支付的占比在大幅下降。这体现了在医疗卫生支出方面，个人的负担在显著下降，政府尤其是社会的承担在增加，体现了政府在医疗卫生保健方面的责任和社会的进步。人均卫生费用从 2000 年的 361.88 元上升至 2017 年的 3783.83 亿元，17 年间增加了 3421.95 元，年均增长 55.62%，增长幅度比较大。卫生总费用占 GDP 的比重从 2000 年的 4.57% 上升至 2017 年的 6.43%，比重一直在持续增加，体现了政府对医疗卫生方面的投入越来越重视。

表 3 – 23　　　　　　　　　我国历年卫生费用支出情况

| 年份 | 卫生总费用（亿元） | 政府支出占比（%） | 社会支出占比（%） | 个人现金支出占比（%） | 人均卫生费用（元） | 卫生总费用占GDP 比重（%） |
|------|------|------|------|------|------|------|
| 2000 | 4586.63 | 15.47 | 25.55 | 58.98 | 361.88 | 4.57 |
| 2001 | 5025.93 | 15.93 | 24.10 | 59.97 | 393.80 | 4.53 |
| 2002 | 5790.03 | 15.69 | 26.59 | 57.72 | 450.75 | 4.76 |
| 2003 | 6584.10 | 16.96 | 27.16 | 55.87 | 509.50 | 4.79 |
| 2004 | 7590.29 | 17.04 | 29.32 | 53.64 | 583.92 | 4.69 |
| 2005 | 8659.91 | 17.93 | 29.87 | 52.21 | 662.30 | 4.62 |
| 2006 | 9843.34 | 18.07 | 32.62 | 49.31 | 748.84 | 4.49 |
| 2007 | 11573.97 | 22.31 | 33.64 | 44.05 | 875.96 | 4.28 |
| 2008 | 14535.40 | 24.73 | 34.85 | 40.42 | 1094.52 | 4.55 |

续表

| 年份 | 卫生总费用（亿元） | 政府支出占比（%） | 社会支出占比（%） | 个人现金支出占比（%） | 人均卫生费用（元） | 卫生总费用占GDP比重（%） |
|---|---|---|---|---|---|---|
| 2009 | 17541.92 | 27.46 | 35.08 | 37.46 | 1314.26 | 5.03 |
| 2010 | 19980.39 | 28.69 | 36.02 | 35.29 | 1490.06 | 4.84 |
| 2011 | 24345.91 | 30.66 | 34.57 | 34.77 | 1806.95 | 4.98 |
| 2012 | 28119.00 | 29.99 | 35.67 | 34.34 | 2076.67 | 5.20 |
| 2013 | 31668.95 | 30.14 | 35.98 | 33.88 | 2327.37 | 5.32 |
| 2014 | 35312.40 | 29.96 | 38.05 | 31.99 | 2581.66 | 5.48 |
| 2015 | 40974.64 | 30.45 | 40.29 | 29.27 | 2980.80 | 5.95 |
| 2016 | 46344.88 | 30.01 | 41.21 | 28.78 | 3351.74 | 6.23 |
| 2017 | 52598.28 | 28.91 | 42.32 | 28.77 | 3783.83 | 6.43 |

资料来源：《中国卫生统计年鉴》（2000~2017）。

## 3.2   我国城镇化的基本状况

### 3.2.1   我国城镇化发展阶段

中华人民共和国的成立标志着我国近现代史上真正意义的城镇化的开始。到目前，我国城镇化发展已经经历了近 70 年的历史，我国城镇化率由 1949 年的 7.3% 提高至 2018 年的 59.59%，大致可以划分为以下几个阶段。

#### 3.2.1.1   城镇化起步发展阶段（1949~1957 年）

1949 年，中华人民共和国刚刚成立时，全国仅有城市 132 个，城市市区人口 3949 万人，城市市区人口占全国总人口比重 7.3%。到 1957 年末，我国城市发展到 176 个，比 1949 年增长 33.3%，平均每年增长 10%；城市市区人口增加到 7077.27 万人，比 1949 年增长 79.2%，平均每年增长 19.9%。城市市区人口占全国人口的比重提高到 10.9%，比 1949 年增加 3.6 个百分点。城镇化水平由 10.64% 提高到 15.39%，相当于年均提高 0.59 个百分点。

### 3.2.1.2　城镇化剧烈波动阶段（1958～1965 年）

受"大跃进"思想影响，1958～1965 年我国经济发展开始盲目追求高速度，经济发展波动较大，城镇化发展出现巨大波动。1957 年，我国城市数量为 176 个，到 1961 年城市数量增加到 208 个，增长 18.2%；城市人口由 7077.27 万人增加到 10132.47 万人，增长 43.2%；城市市区人口占全国总人口比重由 10.9% 提高到 15.4%。1962 年开始的国民经济调整时期，又被迫撤销了一大批城市，到 1965 年，全国拥有城市 168 个，比 1961 年减少 40 个，下降 20%。城市市区人口由 1961 年的 10132.47 万人下降到 8857.62 万人，下降 12.6%。城市市区人口的比重由 15.4% 下降至 12.2%。

### 3.2.1.3　城镇化停滞发展阶段（1966～1978 年）

1966 年开始，我国国民经济长期徘徊不前，相应的城市发展也十分缓慢，城市化进程受阻。1966 年到 1978 年 12 年间，全国仅增加城市 26 个，平均每年只增加 2 个，1978 年城镇人口（居住在城镇地区半年及以上的人口）为 17245 万人，城镇化率 17.92%。

### 3.2.1.4　城镇化高速发展阶段（1979～1992 年）

1978 年，中国共产党第十一届三中全会召开，国家实行工作重心的转移和改革开放，经济发展步入正轨。特别是 20 世纪 90 年代以来，小城镇发展战略的实施、经济开发区的普遍建立以及乡镇企业的兴起，带动了城镇化水平的高速发展。1979～1991 年的 12 年间，全国共新增加城市

286 个，相当于前三十年增加数的 4.7 倍，平均每年新增 15 个城市。到 1991 年末，城镇人口增加到 31203 万人，比 1978 年增长 80.9%，平均每年增长 5.8%。城镇化率达到 26.94%，比 1978 年提高 9 个百分点。

### 3.2.1.5　城镇化平稳发展阶段（1993 年至今）

党的十四大明确了建立社会主义市场经济体制的总目标，城市作为区域经济社会发展的中心，其地位和作用得到前所未有的认识和重视。2002 年 11 月党的十六大明确提出"要逐步提高城镇化水平，坚持大中小城市和小城镇协调发展，走中国特色的城镇化道路"，从此，揭开了我国城镇建设发展的新篇章，城镇化与城市发展空前活跃。到 2018 年底，全国城镇化率提高到 59.59%，比 1991 年提高了 22.65 个百分点。①

## 3.2.2　我国城镇化发展特点

### 3.2.2.1　城镇人口数量不断增长

虽然从 20 世纪 70 年代末期实行计划生育政策，但随着农业生产力水平的上升，农村转移人口大量流入城市，城市人口一直处于增长趋势。从 1949 年到 2018 年，我国城镇人口从 5765 万增加到 139538 万，总计增长了 133782 万，增加了 23.21 倍。根据国家统计局的相关分析结果，就不同规模城市人口（城市市区非农业人口）增长而言，从 1949 年至 1997 年，中等城市增长最快（约增长了 10 倍），小城市增长了 5.5 倍，大城市增长了 4.8 倍，特大城市虽然从政策层面讲一直受到严格控制，但仍增长了 6.4 倍（说明特大城市对人口具有巨大吸纳能

---

① 我国城镇化发展阶段的资料来源于国家统计局《新中国成立 60 周年系列报告之十：城市社会经济发展日新月异》。

力)。① 中华人民共和国成立以来我国城镇人口的快速增长主要源于东南部沿海地区的快速发展，尤其是 20 世纪 80 年代以后，东部地区城镇人口增速明显快于中部和西部地区，主要原因是改革开放后东部地区经济发展水平较高使城镇化进程得到提速且明显快于其他地区。

### 3.2.2.2　城镇人口比重不断提高

以城镇人口占总人口比重计算，我国城镇化水平自中华人民共和国成立至今虽有起伏波动，但总体上仍呈不断提高态势，而这也正是我国城镇化进程不断推进的客观反映。1949 年我国城镇化水平仅为 10.64%，在经过 50 多年发展后（期间还曾经历了倒退和停滞），到 2005 年时已达到 42.99%，相当于年均提高 0.58 个百分点，而改革开放以来更是年均提高 0.91 个百分点。2018 年城镇化率达到了 59.59%，预计 2020 年，城镇化率将超过 60%。②

### 3.2.2.3　城市和城镇数目不断增加

随着城镇化进程的不断推进，我国城镇数量也在不断增长中。1949 年，我国共有城市 136 座，到 1978 年变成 193 座，在这 29 年仅增加 57 座城市。改革开放后城市数量逐年增加，到 1997 年达到 668 座，为中华人民共和国成立以来最多的一年，之后虽有所调整，但基本稳定在 660 座左右。在 1978～2005 年的 26 年间，城市数量总计增加了 464 座，相当于改革开放前增加量的 8.9 倍。有数据显示，2016 年末，我国城市数量达到 657 个。其中，直辖市 4 个，副省级城市 15 个，地级市 278 个，县级市 360 个。特别是改革开放以来的 30 年间，建制镇数量增加了近 18000 座，仅增加量就是 1978 年总数的 8.0 倍。③ 不同规模城市数量变化不同，其中，小城市增加最快，中等城市次之，大城市及特大城

①②③　资料来源：《中国统计年鉴》（1949～2018）。

市增加相对较慢。

### 3.2.2.4　城镇体系布局日趋合理

改革开放以来，我国城镇体系日益完善，初步形成了"城市+建制镇"的框架体系以及辽中南、京津冀、长三角、珠三角四个成熟的城镇群的格局。从宏观空间看，我国城镇空间合理布局的"大分散、小集中"格局正在形成，表现为与我国地理环境资源基本相协调的东密、中散、西稀的总体态势。从微观角度看，我国城市内部空间，中心城区、近郊区以及远郊县的城镇空间结构层次日益显现。

### 3.2.2.5　市民化是城镇化的重要特征

市民化的主要含义就是农村转移人口转变为市民，使农村转移人口在城镇享受着与市民相同的社会保障、政治权利、基础设施等公共服务。我国正在进行人类历史上最大规模的城镇化，城镇化的核心问题是市民化，市民化意味着让更多的人进入到城镇并实现身份的转变。市民化的真正目的是要提高农村转移人口的生活水平、社会福利水平。我国2018 年末常住人口城镇化率为 59.59%，比 2017 年的 58.52% 提高了1.07%，比 2010 年的 49.95% 提高了 9.64%。2018 年户籍人口城镇化率为 44.39%，比 2017 年的 43.37% 提高了 1.02 个百分点。[①] 通常认为户籍城镇化率能够代表市民化的情况，随着城镇化率的提高，市民化率也在普遍提高，市民化成为城镇化的关键因素和重要特征。但是市民化也存在一些问题，例如，对于有市民化意愿的农村转移人口来说，部分认为大城市生活成本高，就业比较困难，中小城市生活压力较小，适合居住和生活。因此市民化不能一刀切，要根据农村转移人口的实际情况进行分步骤、分情况的市民化。

---

① 资料来源：《中国统计年鉴》（2010～2018）。

### 3.2.3　我国城镇化发展水平

#### 3.2.3.1　城市规模不断增大，城镇化水平持续提高

根据国家统计局统计数据，2017 年末，地级及以上城市数量达到了 298 个，比上一年增加 1 个，比 2000 年的 262 个增加了 36 个；总人口为 400 万以上的地级及以上城市数量为 19 个，比上一年增加了 2 个，与 2000 年相比，增加了 11 个；总人口为 200 万~400 万的地级及以上城市数量为 42 个，比上一年减少了 1 个，与 2000 年的 12 个相比，增加了 30 个；总人口为 100 万~200 万的地级及以上城市数量 100 个，比上一年增加 4 个，与 2000 年的 70 个相比增加了 30 个；总人口为 50 万~100 万的地级及以上城市数量为 86，比上一年减少 4 个，比 2000 年的 103 个减少了 17 个；总人口为 20 万~50 万的地级及以上城市数量是 42 个，比上一年减少 1 个，比 2000 年的 66 个减少 24 个；总人口为 20 万以下的地级及以上城市数量是 9 个，比上一年增加 1 个，比 2000 年的 3 个增加 6 个。从城市规模和数量的变化可以看出，我国大城市的数量在增加，尤其 400 万以上人口、200 万~400 万人口以及 100 万到 200 万人口的城市增加较快，说明我国城市的规模在增大，大城市的数量在增多，见表 3-24。

表 3-24　　　　　　　　　我国各级规模城市数量情况　　　　　　　单位：个

| 年份 | 全部地级及以上城市数 | 城市市辖区年末总人口为 400 万以上的地级及以上城市数 | 城市市辖区年末总人口为 200 万~400 万的地级及以上城市数 | 城市市辖区年末总人口为 100 万~200 万的地级及以上城市数 | 城市市辖区年末总人口为 50 万~100 万的地级及以上城市数 | 城市市辖区年末总人口为 20 万~50 万的地级及以上城市数 | 城市市辖区年末总人口为 20 万以下的地级及以上城市数 |
|---|---|---|---|---|---|---|---|
| 2000 | 262 | 8 | 12 | 70 | 103 | 66 | 3 |

续表

| 年份 | 全部地级及以上城市数 | 城市市辖区年末总人口为400万以上的地级及以上城市数 | 城市市辖区年末总人口为200万~400万的地级及以上城市数 | 城市市辖区年末总人口为100万~200万的地级及以上城市数 | 城市市辖区年末总人口为50万~100万的地级及以上城市数 | 城市市辖区年末总人口为20万~50万的地级及以上城市数 | 城市市辖区年末总人口为20万以下的地级及以上城市数 |
|---|---|---|---|---|---|---|---|
| 2001 | 269 | 8 | 16 | 69 | 105 | 64 | 7 |
| 2002 | 278 | 10 | 21 | 71 | 109 | 63 | 4 |
| 2003 | 284 | 11 | 21 | 73 | 111 | 63 | 5 |
| 2004 | 286 | 12 | 23 | 73 | 111 | 63 | 4 |
| 2005 | 286 | 13 | 25 | 75 | 108 | 61 | 4 |
| 2006 | 286 | 13 | 24 | 80 | 106 | 59 | 4 |
| 2007 | 287 | 13 | 26 | 79 | 111 | 55 | 3 |
| 2008 | 287 | 13 | 28 | 81 | 110 | 51 | 4 |
| 2009 | 287 | 14 | 28 | 82 | 110 | 51 | 2 |
| 2010 | 287 | 14 | 30 | 81 | 109 | 49 | 4 |
| 2011 | 288 | 14 | 31 | 82 | 108 | 49 | 4 |
| 2012 | 289 | 14 | 31 | 82 | 108 | 50 | 4 |
| 2013 | 290 | 14 | 33 | 86 | 103 | 52 | 2 |
| 2014 | 292 | 17 | 35 | 91 | 98 | 47 | 4 |
| 2015 | 295 | 15 | 38 | 94 | 92 | 49 | 7 |
| 2016 | 297 | 17 | 43 | 96 | 90 | 43 | 8 |
| 2017 | 298 | 19 | 42 | 100 | 86 | 42 | 9 |

资料来源:《中国统计年鉴》(2000~2017)。

我国城市城区面积不断提高,表 3-25 为我国城市城区面积、建设用地、征用土地及人口密度情况。2017 年末,我国城区面积①达到

---

① 城区面积是指具有一定规模的工业、交通运输业、商业聚集的以非农业人口为主的居民点的总面积,城区面积一般是指一个市或者县的中心城区或主城区,中心城区以外就是郊区。

198357.17 平方公里，比 2008 年的 178110.28 平方公里增加了 20246.89
平方公里；建成区面积①达到 56225.38 平方公里，与 2008 年的 36295.3
平方公里相比，增加了 19930.08 平方公里；城市建设用地面积 2017 年
达到了 55155.47 平方公里，比 2008 年的 39140.46 平方公里增加了
16015.01 平方公里；征用土地面积在 2017 年达到了 1934.37 平方公里，
比 2008 年的 1344.58 平方公里增加了 589.79 平方公里。2017 年末，城
市人口密度达到了 2477 人/平方公里，比 2008 年的 2080 人/平方公里增
加了 397 人/平方公里。无论从城区面积、建成区面积、城市建设用地及
征用土地面积方面都有所增加，在人口增长速度下降的背景下，城市人口
密度仍在增加，说明城市的规模在扩大，城镇化进程在继续推进。

表 3 - 25　　　我国城市城区面积、建设用地、征用土地及人口密度情况

| 年份 | 城区面积（平方公里） | 建成区面积（平方公里） | 城市建设用地面积（平方公里） | 征用土地面积（平方公里） | 城市人口密度（人/平方公里） |
|---|---|---|---|---|---|
| 2008 | 178110.28 | 36295.30 | 39140.46 | 1344.58 | 2080 |
| 2009 | 175463.61 | 38107.26 | 38726.92 | 1504.69 | 2147 |
| 2010 | 178691.73 | 40058.01 | 39758.42 | 1641.57 | 2209 |
| 2011 | 183618.02 | 43603.23 | 41860.61 | 1841.72 | 2228 |
| 2012 | 183039.42 | 45565.76 | 45750.67 | 2161.48 | 2307 |
| 2013 | 183416.05 | 47855.28 | 47108.50 | 1831.57 | 2362 |
| 2014 | 184098.59 | 49772.63 | 49982.74 | 1475.88 | 2419 |
| 2015 | 191775.54 | 52102.31 | 51584.10 | 1548.53 | 2399 |
| 2016 | 198178.59 | 54331.47 | 52761.30 | 1713.62 | 2408 |
| 2017 | 198357.17 | 56225.38 | 55155.47 | 1934.37 | 2477 |

资料来源：《中国统计年鉴》（2008～2017）。

———————————

① 建成区面积是指市行政区范围内经过征用的土地和实际建设发展起来的非农业生产建设
地段的面积，它包括市区集中连片的部分以及分散在近郊区与城市有着密切联系的部分，具有基
本完善的市政公用设施的城市建设用地（如机场、铁路编组站、污水处理厂、通信电台等）。

### 3.2.3.2　城市基础设施不断完善，城市服务能力明显提升

我国城市的基础设施不断完善。城市道路、桥梁以及城市排水、照明等城市服务能力日益提升。

1. 城市道路、桥梁、排水及照明等情况

表 3-26 为我国城市基础设施建设情况。2004 年，我国道路长度为 22.3 万公里，2011 年增长到 30.9 万公里，2017 年末我国道路长度达到 39.8 万公里，13 年间增长了 17.5 万公里，增长了 78.48%，年均增长 6%。2004 年我国的道路面积为 352954.6 万平方米，2017 年我国的道路总面积达到 788852.6 万平方米，增长了 435898 万平方公里，13 年间增长了 123.5%，年均增长 9.5%。2004 年我国城市桥梁有 51092 座，2017 年我国城市桥梁达到 69816 座，13 年间我国桥梁的净增加座数为 18724 座。2004 年，我国城市排水管道长度为 21.9 万公里，2017 年末，排水管道长度达到了 63.0 万公里，13 年间增长了近 2 倍，年均增长 14.44%。城市污水处理能力也显著提升，2004 年我国城市污水日处理能力为 7387 万立方米，2017 年年末达到 17037 万立方米，增长了 9650 万立方米，年均增长了 10.05%。城市道路照明灯在 2004 年为 10531538 盏，2012 年增长到 20622248 盏，2017 年末增长到 25936289 盏，13 年间增长了 15404751 盏，年均增长 11.25%。

表 3-26　　　　　　　我国城市基础设施建设情况

| 年份 | 道路长度（万公里） | 道路面积（万平方米） | 城市桥梁（座） | 城市排水管道长度（万公里） | 城市污水日处理能力（万立方米） | 城市道路照明灯（盏） |
|------|------|------|------|------|------|------|
| 2004 | 22.3 | 352954.6 | 51092 | 21.9 | 7387 | 10531538 |
| 2005 | 24.7 | 392166.5 | 52123 | 24.1 | 7990 | 12070195 |
| 2006 | 24.1 | 410900.0 | 54643 | 26.1 | 9734 | 12837000 |

续表

| 年份 | 道路长度<br>（万公里） | 道路面积<br>（万平方米） | 城市桥梁<br>（座） | 城市排水<br>管道长度<br>（万公里） | 城市污水日<br>处理能力<br>（万立方米） | 城市道路照<br>明灯（盏） |
|------|------|------|------|------|------|------|
| 2007 | 24.6 | 423662.0 | 48100 | 29.2 | 10337 | 13949521 |
| 2008 | 26.0 | 452433.0 | 49840 | 31.5 | 11173 | 15104336 |
| 2009 | 26.9 | 481947.0 | 51068 | 34.4 | 12184 | 16942776 |
| 2010 | 29.4 | 521321.8 | 52548 | 37.0 | 13393 | 17739889 |
| 2011 | 30.9 | 562523.2 | 53386 | 41.4 | 13304 | 19492076 |
| 2012 | 32.7 | 607449.3 | 57601 | 43.9 | 13693 | 20622248 |
| 2013 | 33.6 | 644154.8 | 59530 | 46.5 | 14653 | 21995472 |
| 2014 | 35.5 | 683027.9 | 61872 | 51.1 | 15124 | 23019144 |
| 2015 | 36.5 | 717675.1 | 64512 | 54.0 | 16065 | 24225203 |
| 2016 | 38.2 | 753818.9 | 67737 | 57.7 | 16779 | 25623261 |
| 2017 | 39.8 | 788852.6 | 69816 | 63.0 | 17037 | 25936289 |

资料来源：《中国统计年鉴》（2004~2017）。

## 2. 城市公共交通及客运情况

城市交通设施也有很大的发展，表3-27为我国公共交通及客运情况。2004年城市公共交通车辆运行数量为281516辆，公共交通客运总量为4272898万人次，2017年末，公共交通车辆运营数量为583437辆，客运总量为8470688万人次，13年间分别增长了1.072倍和0.98倍，城市百姓的乘车环境和条件有很大的改善。2004年公共汽电车运营数量为279620辆，公共汽电车客运量4140077万人次，2017年末公共汽电车运营数量达到了554820辆，公共汽电车客运量6627688万人次，13年间公共汽电车增长了275200辆，公共汽电车客运量增长了2487611万人次，年均分别增长了7.57%和4.62%。2004年每万人拥有公共交通车辆为8.41标台，2017年末，这一数字达到了14.73标台，

13 年间增加了 6.32 标台①。轨道交通运营也有了较大的发展，2004 年
轨道交通运营数量为 1896 辆，2012 年达到 1 万辆以上即 12611 辆，
2017 年末，轨道交通运营辆达到 28617 辆，与 2004 年相比增加了
26721 辆，增加了 14 倍，年均增长 108.41%。轨道交通客运量也有很
大的增长，2004 年为 132821 万人次，2013 年达到百万万人次即
1091872 万人次，2017 年末达到 1843000 万人次，年均增长 99.04%，
13 年间增长了 12.88 倍。出租车数量从 2004 年的 903734 辆，增加到了
2011 年的 100 万辆以上，到 2017 年末出租车数量达到 1102823 辆，与
2004 年相比增加了近 20 万辆。

表 3 - 27　　　　　　　　我国公共交通及客运情况

| 年份 | 公共交通车辆运营数（辆） | 公共汽电车运营数（辆） | 轨道交通运营数（辆） | 公共交通客运总量（万人次） | 公共汽电车客运量（万人次） | 每万人拥有公共交通车辆（标台） | 轨道交通客运量（万人次） | 出租汽车（辆） |
|---|---|---|---|---|---|---|---|---|
| 2004 | 281516 | 279620 | 1896 | 4272898 | 4140077 | 8.41 | 132821 | 903734 |
| 2005 | 313296 | 310932 | 2364 | 4836930 | 4671881 | 8.62 | 165049 | 936973 |
| 2006 | 315576 | 312812 | 2764 | 4659247 | 4477648 | 9.05 | 181599 | 928647 |
| 2007 | 347969 | 344489 | 3480 | 5546439 | 5325857 | 10.23 | 220582 | 959668 |
| 2008 | 371822 | 367292 | 4530 | 7029996 | 6692606 | 11.13 | 337390 | 968811 |
| 2009 | 370640 | 365161 | 5479 | 6767589 | 6401819 | 11.12 | 365770 | 971579 |
| 2010 | 383000 | 374876 | 8285 | 6867497 | 6310720 | 11.20 | 556777 | 986000 |
| 2011 | 412590 | 402645 | 9945 | 7439185 | 6725785 | 11.81 | 713400 | 1002306 |
| 2012 | 432021 | 419410 | 12611 | 7887914 | 7014989 | 12.15 | 872925 | 1026678 |
| 2013 | 460970 | 446604 | 14366 | 8254548 | 7162676 | 12.78 | 1091872 | 1053580 |
| 2014 | 476255 | 458955 | 17300 | 8495033 | 7228457 | 12.99 | 1266576 | 1074386 |

---

① 每万人拥有公共交通车辆（标台）是指城市内每一万人平均所拥有的公交车数量，该
数字表示的意义是城市公交发展的水平。国家规定的中小城市每万人拥有 7 标台，住建部建议特
大城市标准是 11 标台，国家规定的全国文明城市 A 类测评标准为万人拥有公交车 12 标台。

续表

| 年份 | 公共交通车辆运营数（辆） | 公共汽电车运营数（辆） | 轨道交通运营数（辆） | 公共交通客运总量（万人次） | 公共汽电车客运量（万人次） | 每万人拥有公共交通车辆（标台） | 轨道交通客运量（万人次） | 出租汽车（辆） |
|---|---|---|---|---|---|---|---|---|
| 2015 | 502916 | 482975 | 19941 | 8454295 | 7054193 | 13.29 | 1400102 | 1092083 |
| 2016 | 538842 | 515051 | 23791 | 8441316 | 6826235 | 13.84 | 1615081 | 1102563 |
| 2017 | 583437 | 554820 | 28617 | 8470688 | 6627688 | 14.73 | 1843000 | 1102823 |

资料来源：《中国统计年鉴》（2004～2017）。

### 3. 城市绿地及公园情况

表3－28为我国城市绿地、公园及绿化覆盖情况。2006年，我国城市绿地面积为132.12万公顷，2017年末绿地的面积达到了292.13万公顷，11年间增长了160.01万公顷，在城市人口密度逐渐增大的情况下，绿地面积能够如此增长是很不容易的。城市公园绿地面积由2006年的30.95万公顷增长到了2017年的68.84万公顷，11年间增长了37.89万公顷，达到了1倍多的增长。公园个数由2006年的6908个增长到2017年的15633个，11年间增加了8725个，年均增长11.49%。公园面积由2006年的20.81万公顷，增长到了2017年的44.46万公顷，增长了1倍多，11年间增长了23.65万公顷。建成区绿化覆盖率从2006年的35.1%增长到了2017年的40.9%，11年间增长了5.8个百分点。从数据上看城市绿地、公园绿地、公园数量、公园面积以及建成区绿化覆盖率都有很大的增长，为城市人民娱乐生活提供了很好的环境和条件。

表3－28　　　　　　　我国城市绿地、公园及绿化覆盖情况

| 年份 | 城市绿地面积（万公顷） | 城市公园绿地面积（万公顷） | 公园个数（个） | 公园面积（万公顷） | 建成区绿化覆盖率（%） |
|---|---|---|---|---|---|
| 2006 | 132.12 | 30.95 | 6908 | 20.81 | 35.1 |

| 年份 | 城市绿地面积（万公顷） | 城市公园绿地面积（万公顷） | 公园个数（个） | 公园面积（万公顷） | 建成区绿化覆盖率（%） |
|---|---|---|---|---|---|
| 2007 | 170.90 | 33.27 | 7913 | 20.22 | 35.3 |
| 2008 | 174.75 | 35.95 | 8557 | 21.83 | 37.4 |
| 2009 | 199.32 | 40.16 | 9050 | 23.58 | 38.2 |
| 2010 | 213.43 | 44.13 | 9955 | 25.82 | 38.6 |
| 2011 | 224.29 | 48.26 | 10780 | 28.58 | 39.2 |
| 2012 | 236.78 | 51.78 | 11604 | 30.62 | 39.6 |
| 2013 | 242.72 | 54.74 | 12401 | 32.98 | 39.7 |
| 2014 | 252.80 | 57.68 | 13037 | 35.24 | 40.2 |
| 2015 | 266.96 | 61.41 | 13834 | 38.38 | 40.1 |
| 2016 | 278.61 | 65.36 | 15370 | 41.69 | 40.3 |
| 2017 | 292.13 | 68.84 | 15633 | 44.46 | 40.9 |

资料来源：《中国统计年鉴》（2006～2017）。

### 3.2.3.3 城市生活条件日益改善，人民生活水平逐步提升

我国城市百姓的生活条件日益改善，生活水平逐步提升。表3-29为我国城市用水普及率、燃气普及率及人均城市道路面积等情况。2004年，城市用水普及率为88.8%，随着时间的推移，2017年末，我国城市用水普及率达到98.3%，说明在城市居住的绝大多数居民都能用上水来保证正常生活。2004年城市燃气普及率为81.5%，2017年末，城市燃气普及率为96.3%，13年间增加了14.8个百分点。2004年人均城市道路面积为10.34平方米，2017年这一数字达到16.05平方米，增加了5.71平方米。人均公园绿地面积从2004年的7.39平方米/人增加到2017年的14.01平方米/人，增加了6.62平方米/人。无论城市用水普及率、燃气普及率、人均城市道路以及人均公园绿地面积都在日益增长和提高，表明我国城市居民的生活条件逐步得到了改善。

表3-29　　我国城市用水普及率、燃气普及率及人均城市道路面积等情况

| 年份 | 城市用水普及率（%） | 城市燃气普及率（%） | 人均城市道路面积（平方米） | 人均公园绿地面积（平方米/人） |
|---|---|---|---|---|
| 2004 | 88.8 | 81.5 | 10.34 | 7.39 |
| 2005 | 91.1 | 82.1 | 10.92 | 7.89 |
| 2006 | 86.7 | 79.1 | 11.04 | 8.30 |
| 2007 | 93.8 | 87.4 | 11.43 | 8.98 |
| 2008 | 94.7 | 89.6 | 12.21 | 9.71 |
| 2009 | 96.1 | 91.4 | 12.79 | 10.66 |
| 2010 | 96.7 | 92.0 | 13.21 | 11.18 |
| 2011 | 97.0 | 92.4 | 13.75 | 11.80 |
| 2012 | 97.2 | 93.2 | 14.39 | 12.26 |
| 2013 | 97.6 | 94.3 | 14.87 | 12.64 |
| 2014 | 97.6 | 94.6 | 15.34 | 13.08 |
| 2015 | 98.1 | 95.3 | 15.60 | 13.35 |
| 2016 | 98.4 | 95.8 | 15.80 | 13.70 |
| 2017 | 98.3 | 96.3 | 16.05 | 14.01 |

资料来源：《中国统计年鉴》（2004~2017）。

同时，我国城市居民收入也在逐步提高，人民的生活水平在逐步改善。城镇居民人均可支配收入以及食品、衣着、住房、医疗保健等相关消费能够体现出城市居民的生活水平。由于数据的有限性，表3-30显示的是我国2013~2017年城镇居民人均可支配收入、人均消费支出、人均食品烟酒消费支出等情况。2013年，我国城镇居民人均可支配收入为26467元，2017年末城镇居民人均可支配收入达到36396元，4年间增长了9929元。城镇居民人均消费支出从2013年的18488元增长到2017年的24445元，4年间增长了5957元。城镇居民人均食品烟酒消费支出方面也有所增长，从2013年的5571元增长到2017年的7001

元，4 年间增长了 1430 元。在衣着消费方面，2013 年城镇居民人均衣着消费支出为 1554 元，2017 年这一数字增长到 1758 元。城镇居民人均居住消费支出也有较大幅度的提高，从 2013 年的 4301 元增长到了 2017 年的 5564 元，4 年间增加了 1263 元。城镇居民人均生活用品及服务消费支出从 2013 年的 1129 元增加到 2017 年的 1525 元，4 年间增加了 396元。人均教育、文化和娱乐消费支出从 2013 年的 1988 元增加到 2017年的 2847 元，增加了 859 元。城镇居民人均医疗保健消费也有较大的增长，从 2004 年的 1136 元增加到 2017 年的 1777 元，增加 641 元。无论是收入还是各种消费支出都有较大幅度的提高，说明城镇居民的生活水平在逐步提升。

表 3 - 30　　　　　我国城镇居民人均可支配收入及消费支出等情况　　　单位：元

| 年份 | 城镇居民人均可支配收入 | 城镇居民人均消费支出 | 城镇居民人均食品烟酒消费支出 | 城镇居民人均衣着消费支出 | 城镇居民人均居住消费支出 | 城镇居民人均生活用品及服务消费支出 | 城镇居民人均教育、文化和娱乐消费支出 | 城镇居民人均医疗保健消费支出 |
|---|---|---|---|---|---|---|---|---|
| 2013 | 26467 | 18488 | 5571 | 1554 | 4301 | 1129 | 1988 | 1136 |
| 2014 | 28844 | 19968 | 6000 | 1627 | 4490 | 1233 | 2142 | 1306 |
| 2015 | 31195 | 21392 | 6360 | 1701 | 4726 | 1306 | 2383 | 1443 |
| 2016 | 33616 | 23079 | 6762 | 1739 | 5114 | 1427 | 2638 | 1631 |
| 2017 | 36396 | 24445 | 7001 | 1758 | 5564 | 1525 | 2847 | 1777 |

资料来源：《中国统计年鉴》（2013~2017）。

### 3.2.3.4　城市社会保险全面进步，人民安全感增强

社会保险是劳动者安全感的源泉之一。改革开放以来，我国社会保险事业发展加快，我国城市的社会保险参保人数持续增长，使城市人民的安全感增强。表 3 - 31 为我国城镇参加养老保险人数、基本职工医疗

保险年末参保人数、失业保险参保人数、工伤保险年末参保人数以及生育保险年末参保人数情况。2000 年城镇参加养老保险参保人数为 13617.4 万人，2012 年达到 30426.8 万人，2017 年城镇参加养老保险人数增加到 40293.3 万人，17 年间增加了 26675.9 万人，增长了 1.96 倍，年均增长 11.52%。城镇职工基本医疗保险年末参保人数从 2000 年 3786.9 万人增加到 2017 年的 30322.7 万人，增加了 26535.8 万人，17 年间增加了 7 倍，年均增加 41.22%，增长速度惊人。参加失业保险人数从 2000 年的 10408.4 万人增加到 2017 年的 18784.2 万人，增加了 8375.8 万人，17 年间增加了 80.47%。工伤保险年末参保人数从 2000 年的 4350.3 万人增加到 2017 年的 22723.7 万人，增加了 18373.4 万人，增加了 4.22 倍，年均增长 24.84%。生育保险年末参保人数从 2000 年的 3001.6 万人增加到 2017 年的 19300.2 万人，增加了 16298.6 万人，年均增加 31.94%。城镇养老保险、医疗保险、失业保险、工伤保险以及生育保险的参保人数都有很大的增长，尤其城镇职工医疗保险参保人数 2000~2017 年增长了 7 倍，年均增长 41.22%。城市的社会保险是城镇化进程中的重要体现，也是社会城镇化的重要内容。因此从社会保险事业的发展来看，有很大的进步，但是与城镇化进程中城市的流动人口数量相比，很多流动人口没有纳入城市的社会保险中来，因此我国城镇化的进程发展还有很大空间。

表 3-31　　我国城镇参加养老保险、医疗保险、失业保险等情况　单位：万人

| 年份 | 城镇养老保险参保人数 | 城镇职工基本医疗保险年末参保人数 | 参加失业保险人数 | 工伤保险年末参保人数 | 生育保险年末参保人数 |
|---|---|---|---|---|---|
| 2000 | 13617.4 | 3786.9 | 10408.4 | 4350.3 | 3001.6 |
| 2001 | 14182.5 | 7285.9 | 10354.6 | 4345.3 | 3455.1 |
| 2002 | 14736.6 | 9401.2 | 10181.6 | 4405.6 | 3488.2 |

续表

| 年份 | 城镇养老保险参保人数 | 城镇职工基本医疗保险年末参保人数 | 参加失业保险人数 | 工伤保险年末参保人数 | 生育保险年末参保人数 |
|------|------|------|------|------|------|
| 2003 | 15506.7 | 10901.7 | 10372.9 | 4574.8 | 3655.4 |
| 2004 | 16352.9 | 12403.7 | 10583.9 | 6845.2 | 4383.8 |
| 2005 | 17487.9 | 13782.9 | 10647.7 | 8478.0 | 5408.5 |
| 2006 | 18766.3 | 15731.9 | 11186.6 | 10268.5 | 6458.9 |
| 2007 | 20136.9 | 18020.3 | 11644.6 | 12173.3 | 7775.3 |
| 2008 | 21891.1 | 19995.6 | 12399.8 | 13787.2 | 9254.1 |
| 2009 | 23549.9 | 21937.4 | 12715.5 | 14895.5 | 10875.7 |
| 2010 | 25707.3 | 23734.7 | 13375.6 | 16160.7 | 12335.9 |
| 2011 | 28391.3 | 25227.1 | 14317.1 | 17695.9 | 13892.0 |
| 2012 | 30426.8 | 26485.6 | 15224.7 | 19010.1 | 15428.7 |
| 2013 | 32218.4 | 27443.1 | 16416.8 | 19917.2 | 16392.0 |
| 2014 | 34124.4 | 28296.0 | 17042.6 | 20639.2 | 17038.7 |
| 2015 | 35361.2 | 28893.1 | 17326.0 | 21432.5 | 17771.0 |
| 2016 | 37929.7 | 29531.5 | 18088.8 | 21889.3 | 18451.0 |
| 2017 | 40293.3 | 30322.7 | 18784.2 | 22723.7 | 19300.2 |

资料来源：《中国统计年鉴》（2000～2017）。

# 第 4 章

# 人力资本与城镇化耦合关系的
# 理论框架和作用机制

## 4.1　人力资本与城镇化耦合关系的理论框架

### 4.1.1　习近平新型城镇化思想

新型城镇化是以城乡统筹、城乡一体、产业互动、节约集约、生态宜居、和谐发展为基本特征的城镇化，是大中小城市、小城镇、新型农村社区协调发展、互促共进的城镇化。

党的十八大以来，围绕着推动新型城镇化发展，习近平总书记发表的一系列重要讲话，分析了新型城镇化蕴含的巨大机遇，科学研判了城镇化发展的新趋势、新特点，指出了新型城镇化发展的现实路径，成为指导新型城镇化发展的战略思想。习近平总书记指出，我们现在搞城镇化，不能单兵突进，而是要协同作战，做到工业化和城镇化良性互动、城镇化和农业现代化相互协调；推动大中小城市和小城镇协调发展、产业和城镇融合发展。他还特别强调，城镇化要发展，农业现代化和新农村建设也要发展，同步发展才能相得益彰，要推进城乡一体化发展。走中国特色、科学发展的新型城镇化道路，关键是提升质量，与工业化、信息化等同步推进，使成长中的城镇成为工业化发展的广阔舞台、信息化应用的前沿战场。新型城镇化协调发展是城镇化和农业现代化相互促进，城镇化不是要把中国所有农村都城镇化，实际上，也不可能都城镇化。因此，城镇化必须与社会主义新农村建设联动发展。2013 年 7 月 22 日，习近平在湖北省考察工作时强调，即使将来城镇化达到 70% 以上，还有四五亿人在农村，农村绝不能成为荒芜的农村、留守的农村、记忆中的故园。我们应当把新型城镇化作为推动新农村建设的重要力量，使每一个新型城镇的周边都是繁荣的农村、宜居的农村、美好的家园。新型城镇化协调发展是城镇化中的自然与人文互相融合、现代元素与传统文化互相结合。

## 4.1.2　习近平以人为核心的新型城镇化思想

新型城镇化是现代化的必由之路，是我国最大的内需潜力和发展动能所在。2016 年 2 月，习近平总书记对深入推进新型城镇化建设做出重要指示，强调坚持以创新、协调、绿色、开放、共享的发展理念为引领，促进中国特色新型城镇化持续健康发展，提出"四个注重"的工作要求，即更加注重提高户籍人口城镇化率，更加注重城乡基本公共服务均等化，更加注重环境宜居和历史文脉传承，更加注重提升人民群众获得感和幸福感。习近平总书记提出要遵循科学规律，加强顶层设计，统筹推进相关配套改革，鼓励各地因地制宜、突出特色、大胆创新，积极引导社会资本参与，促进中国特色新型城镇化持续健康发展。

习近平总书记以人为核心的新型城镇化思想以新发展理念为先导，以共享理念为引领，以人的城镇化为核心，促进中国特色新型城镇化持续健康发展。习近平总书记提出城镇化不仅仅是物的城镇化，更重要的是人的城镇化。城镇的发展终究要依靠人、为了人,以人为核心才是城市建设与发展的本质。习近平总书记强调,要以人为本,推进以人为核心的城镇化,把促进有能力在城镇稳定就业和生活的常住人口有序实现市民化作为首要任务。深化户籍制度改革,让转移农民进得来。就业方面,推动劳动密集型产业升级,鼓励和引导返乡创业,加快技工大省建设。住房方面,把推进新市民进城与商品房去库存结合起来,建立购租并举的城镇住房制度。教育方面,实行"一样就读、一样升学、一样免费",保障农业转移人口随迁子女享有与流入地儿童少年平等的受教育权利。医疗方面,逐步提高人均基本公共卫生服务经费标准。社会保障方面,整合城乡居民基本医疗保险制度,保障农业转移人口顺畅转移接续社会保险关系。除此之外还要实现人的生产生活空间的优质化,要按照生产空间集约高效、生活空间宜居适度、生态空间山清水秀的总体要求,形成生产、生活、生态空间的合理结构,构建以人为尺度的生产和生活社区。另外,城市建设要体现尊重自然、顺应自然、天人合一的理念,让城市融入大自然,让居民望得见山、看得见水、记得住乡愁,保护和弘扬传统优秀文化,延续城市历史文脉,提高城市建设品质。要实现人的生存环境的可持续化,推行以人为核心的新型城镇化必须高度重视生态环境保护,不断改善环境治理,促进人地和谐,最终实现人的生存环境的可持续化。

习近平总书记以人为核心的新型城镇化思想是本书研究人力资本与城镇化耦合关系的理论框架。

## 4.2 人力资本对城镇化的影响机制

### 4.2.1 人力资本促进经济增长带动城镇化

人力资本是推动经济增长最活跃的因素之一,自舒尔茨提出人力资本理论以来，人力资本对经济增长的驱动作用越来越受到广泛的关注。人力资本理论是西方经济学的一个重要分支，很多学者一直致力于研究人力资本对发达国家和发展中国家的经济增长作用，研究发现人力资本对经济增长的作用具有长期和稳定性。人力资本对于经济增长的作用首先体现在人口素质的提高，促使劳动生产率提高，单位时间的产量增大，经济持续增长。若在农村生产部门，科技的进步及劳动生产率的提高，大大降低对劳动人口的需要，从而农村的剩余劳动力增加，转而进入城市开始城镇化的进程。人力资本的增加还可以通过知识外溢效应带动周围劳动者素质的提高，使更多的劳动者素质提高，从而使劳动生产率提高，进而提高经济发展水平，带动城镇化发展。对于企业内部以及不同企业劳动者之间思想互动与技术交流带来的知识外溢效应，使劳动者思想与技术得到进一步提高，从而进入一个人力资本水平较高的岗位或地区，产能和劳动生产率得到解放。教育和创新在人力资本中发挥重要的作用，分别是人力资本内部结构和外部结构的驱动因素。对于人力资本驱动经济增长的作用，可以通过提升教育水平或激励创新以增强人力资本结构与经济发展水平的适应性来体现，从而带动城镇化发展。很多学者研究了人力资本、经济增长与城镇化之间的关系。景维民、王鑫（2015）在贝克尔人力资本模型与罗默内生增长模型的框架下，结合中国城镇化的实际情况，对人力资本与经济增长的作用机制进行了研究。学者利用 2005～2012 年全国 31 个省份的面板数据对城镇化和人力资本进行了实证分析。研究发现，城镇化水平的提高可以通过人力资本积累对经济增长这一途径实现①。姚旭兵、罗光强等（2016）认为人力资本对城镇化发展具有空间溢出效应，尤其人力资本对邻区的城镇化的发展具有正向促进作用。姚旭兵、罗光强等认为农村劳动者素质的提高会提高粮食产出，从而对农村经济生产起到促进作用，因此会对新型城镇化

--------

① 景维民，王鑫. 城镇化：经济可持续增长的新引擎——基于人力资本积累的角度 [J]. 经济问题，2015（4）：39 - 45.

的发展起到转阻碍为动力的效果①。万广华（2013）运用跨国回归模型发现，人口受教育年限与经济增长和城镇化都存在相关性，受教育年限每增加一年，城镇化率提高两个百分点②。

### 4.2.2  人力资本促进产业结构升级带动城镇化

人力资本促进城镇化的发展，更重要的方面是人力资本通过促进产业结构升级而带动城镇化发展。人力资本理论专家和学者认为，较高的人力资本存量是城镇中第二产业和第三产业发展的必要条件，人力资本水平的提高可以促进劳动者在技术岗位上进行优化配置，随着大量的农业转移人口在农村生产中解放出来，城市中发达的工业和服务业为农业转移人口提供大量的劳动力岗位，为城镇化进程提供了条件。经济增长的新动力，很大程度上来自人力资本和技术进步之间的较量。技术进步以信息技术创新与制造业创新融合为主线，通过技术改造迅速提高企业技术装备水平，实现产业结构升级。随着技术进步及创新，对管理服务模式和劳动力知识技能又提出了新的变化和挑战。因此人力资本和产业结构是互相促进、相辅相成的。深入实施创新驱动发展战略，把科技创新作为引领产业发展的第一动力，科技创新最终依靠人的作用，因此人力资本是科技创新的最核心因素。人力资本具有外部性，促进科技创新，提高生产部门的劳动生产率，降低企业的经济成本，对形成具有竞争实力的产业结构起到不可替代的作用。城镇化的最重要推动力就是产业结构的又一轮升级，人力资本水平提高可以满足产业升级和转换的人才需求，进而促进产业结构进一步升级。产业结构的升级和高度化是城镇化进一步发展的源泉。20 世纪著名经济学家马歇尔就曾提出，经济

---

① 姚旭兵，罗光强，吴振顺. 人力资本对新型城镇化的空间溢出效应 [J]. 华南农业大学学报（社会科学版），2016（6）：125 – 140.

② 万广华. 城镇化与不均等：分析方法和中国案例 [J]. 经济研究，2013（6）：73 – 86.

中生产效率的提高和社会的分工对于城市的形成起到了重要的作用，并强调了外部经济的重要性。很多学者认为工业化与城镇化是相辅相成，共同发展起来的，虽然产业结构的升级不一定与城镇化的发展是同步的，但是产业结构对城镇化发展的影响是显著的。陈翔等（2017）分析了人力资本的知识外溢效应与产业集聚效应对城镇化的影响，运用我国省级面板数据考察了人力资本水平提升、产业结构优化以及它们的交互作用对城镇化的影响，提出提高劳动者群体素质，优化产业结构，加强校企合作以实现更高水平的城镇化[①]。柯善咨、赵曜（2014）研究了产业结构与城市规模的相互影响机制，认为城镇规模与产业结构相适应，产业结构是实现城镇经济效益最大化的重要条件，产业结构的高度化对于城镇化发展具有促进作用[②]。王金营、王子威（2014）对人力资本配置与产业结构之间的关系进行了研究，他们对 1978～2011 年的全国时间序列数据以及 2000～2011 年的省级面板数据对人力资本配置结构与城镇化水平进行了定量分析。研究发现，城镇化进程中人力资本配置的不同阶段起到了不同的作用，而产业结构对城镇化进程的影响程度与人力资本配置的作用相似。王金营等学者研究发现就业结构转化对城镇化具有正向作用。全国数据实证分析显示，人力资本在经济中的配置直接影响了产业结构的升级和优化，从而成为城镇化进程中的关键因素。省级实证分析显示，城镇化水平越低，产业结构的优化水平越能起到作用[③]。朱美、宋瑛（2018）采用 2005～2015 年我国 28 个省份的面板数据，通过建立模型，对产业结构、人力资本以及经济增长三者的关系进行了研究和分析。研究发现产业结构和人力资本是影响区域经济增

---

①　陈翔，易定红. 人力资本提升对我国城镇化影响的研究 [J]. 经济理论与经济管理，2017（9）：101 - 112.

②　柯善咨，赵曜. 产业结构、城市规模与中国城市生产率 [J]. 经济研究，2014（4）：76 - 88.

③　王金营，王子威. 中国人力资本产业配置在城镇化中的作用研究 [J]. 中国人口科学，2014（5）：79 - 87.

长的两个重要因素。与物质资本比较，人力资本对经济的增长作用更大，并且产业结构的优化促进经济的增长，同时产业结构与人力资本协调发展对经济增长和城镇化的发展均有正向作用①。众多学者研究发现人力资本是城镇化发展的重要影响因素，人力资本投资或水平的提升促进产业结构优化从而对城镇化产生积极影响。

### 4.2.3　高等教育人力资本投资促进城镇化

人力资本投资主要包括投资于人身上的教育、技能以及健康素质的总和。通过对教育、技能健康等方面的投资积累人力资本，可以提高劳动力质量，促进人力资本存量提高。教育中的高等教育对提升人力资本尤为重要，高等教育主要为大专、本科、研究生的教育，相对于初等和中等教育，高等教育人力资本投资的经济效益更为明显。高等教育意味着高知识水平、高素质能力和高技术含量，培养出来的高技能人才促使技术进步、管理创新，充分发挥经济效益的最大化。人力资本的积累和人才素质的提高，可以大大加快新技术研发及应用的速度，进而促进生产力发展和劳动生产率提高。高等教育人才大学毕业之后在城市更容易找到工作并得到良好的收入，在城市更容易安家落户，成为城镇化的主力军。很多学者研究了高等教育人力资本投资与城镇化的关系，并认为高等教育对城镇化有很好的促进作用。穆怀中、王珍珍（2017）基于内生经济增长理论，对城镇化、高等教育、经济增长的内在联系进行了实证研究，通过对中国31个省份2000～2014年的面板数据进行测算，发现高等教育人力资本的提升对于城镇化发展有着直接和间接的效应。高等教育人力资本规模的扩大会对城镇化有显著的直接效应，高等教育人力资本占比增加会提高高技能劳动力间交流产生的人力资本外部性，

---

①　朱美，宋瑛. 产业结构变迁、人力资本与区域经济增长——基于我国省际面板数据的经验证据 [J]. 平顶山学院学报，2018（10）：96-103.

从而提升城镇化水平，这是高等教育人力资本对城镇化的间接效应[①]。陈斌开、张川川（2016）研究了高校扩招对中国住房价格的影响发现，高等教育人口占比每增加 1 个百分点，城市住房价格将上涨 4.6% ~ 7.9%。陈斌开等学者的研究印证了高等教育人口更容易在城市买房并长期居留下来，更容易实现城镇化和市民化[②]。初帅（2016）对高校扩招的省份进行了实证研究，运用双重差分法考察了高校扩招政策对人口城镇化的影响。把高校扩招前后各省份的情况对城镇化的贡献进行了对比，计算出了高校扩招政策对人口城镇化增长率的贡献值，并得出高校扩招对人口城镇化增长率的贡献呈现边际效应递减趋势，但这并不意味着高等教育发展对人口城镇化的推进作用减弱。初帅认为，高等教育的模式应该改变，如何提升高等教育质量，并且能够推进人口城镇化进一步健康的发展是现阶段高等教育政策的关键[③]。张旭路、金英君等（2017）研究了高等教育层次结构对中国新型城镇化进程的影响。他们利用主成分分析方法从多个角度以及建立多个指标衡量新型城镇化并形成相关指数，从不同层次分析了我国高等教育对不同区域城镇化的影响作用。研究发现，在东部地区，硕士、博士等高层次人才对城镇化的促进作用要好于中西部地区；在中西部地区，专科和本科层次的高等教育对新型城镇化的促进作用要好于东部地区；在西部地区，非全日制的高等教育对新型城镇化有更大的促进作用[④]。郑勤华、赖德胜（2008）基于中国省级面板数据对于高等教育和中等教育人力资本投资与城镇化的关系进行了研究，研究发现无论是高等教育还是中等教育人力资本投资

---

① 穆怀中，王珍珍. 高等教育人力资本对人口城镇化的门槛效应研究 [J]. 人口与发展，2017（6）：2-13.

② 陈斌开，张川川. 人力资本和中国城市住房价格 [J]. 中国社会科学，2016（5）：43-64.

③ 初帅. 高等教育发展与人口城镇化——来自中国高校扩招的证据 [J]. 中国人口科学，2016（4）：105-112.

④ 张旭路，金英君，王义源. 高等教育层次结构对中国新型城镇化进程的影响研究 [J]. 中国人口·资源与环境，2017（12）：216-224.

对城镇化都具有正向的促进作用①。

## 4.2.4　人口迁移促进城镇化

城镇化的概念是指农村人口向城镇聚集的过程，正常情况下，农村人口向城市聚集的过程同时伴随着市民化的过程，也就是城镇化和市民化是同时完成的。由于中国的二元经济制度影响，户籍的限制使很多农村人口向城市聚集的过程没有完成市民化，他们在进城后没有享受到住房、医疗、教育、社会保障等公共产品。因此，中国的城镇化中还需农业转移人口实现市民化的过程。人口迁移流动推动城镇化的发展，这种变化不仅是人口分布的城乡变化和空间变化，也是人力资本分布的城乡变化和空间变化。根据第六次人口普查数据显示，2000 年我国城镇化率为 36.5%，2010 年为 49.68%，城镇人口从 4.6 亿增加到 6.7 亿。人口迁移流动对于城镇化水平提高的贡献率为 45% 左右，城镇人口自然增长对城镇化率的贡献率为 5% 左右，而城市区划扩大和建成区面积扩大对城镇化的贡献率为 30% 左右，另外，农村人口进入所在地城镇的就地城镇化对城镇化水平提高的贡献率约为 20% 左右。人口迁移的过程与城镇化同时进行，人口在迁移过程中，从农村来到城市，再到自己的工作地点和定居的城市，与当地形成了社会融合，完成了城镇化的过程。在当前的城镇化过程中，城镇人口和迁移人口在社会分化性方面表现出一些问题，促进流动人口在当地的社会融合和社会整合，成为当前城镇化发展的重要任务。陈斌开、张川川（2016）研究发现，1999 年高校扩招以及高等教育资源地区分布不均，使得人力资本的规模呈现扩张和集聚效应，成为中国房价上涨的主要核心因素。陈斌开等学者的研究发现迁移流动人口的平均受教育程度往往高于未发生迁移流动的人

---

① 郑勤华，赖德胜. 人力资本与中国城市化的地区差异研究［J］. 中国人口科学，2008（1）：59–66.

口，并更容易实现城镇化和市民化。众多学者研究表明对于迁移流动中受教育程度越高的迁移人群，对未来进行迁移流动的意愿越强烈，也具有更强的行动来选择迁移流动。其中，在人口迁移流动过程中，如果迁移人口受教育的程度越高，他们越有可能在城市中长期居住并稳定下来，原因在于受教育程度越高，他的身份、地位或收入相对高的可能性就越大，因此他就有更大的可能性在城市买房并居住下来。邹一南（2015）对农民工的永久性迁移和临时性迁移做了研究，发现对小城市进行政策的投资倾斜，农民工更倾向于向小城市进行永久性迁移，并对于向大城市临时性迁移的农民工转为向小城市永久性迁移的概率更大。因此学者提出，对于迁移的农民工来说，如果政策倾向于小城市，并且小城市的基础设施、公共产品及房价适中，农民工更愿意实现小城市的永久性迁移①。龙晓君、郑健松（2018）在全面实施二孩政策的背景下，采用第六次人口普查数据，预测中国省与省之间的人口迁移情况及迁移规模。研究发现，省际人口迁移促进了城镇化率的提高及省际差异的缩小，对 2010~2020 年中国城镇化率提高的贡献占到了 30.77%②。

## 4.3　城镇化对人力资本的影响机制

### 4.3.1　社会化分工促进人力资本投资和积累

城镇化是社会化大生产的结果，社会化分工是工业化的特点，社会

---

①　邹一南. 农民工永久性迁移与城镇化投资政策取向 [J]. 人口与经济，2015（4）：28-38.

②　龙晓君，郑健松. 全面二孩背景下中国省际人口迁移格局预测及城镇化效应 [J]. 地理科学，2018（3）：368-375.

化分工、工业化以及城镇化的发展是相辅相成的。经济学家刘易斯认为，城镇化的发展加速了社会分工，随着专业化分工的继续加剧，生产技术的提高对劳动者提出了更高的挑战，劳动者需要更加努力学习新技术，从而不被新的生产环境所淘汰。同时随着公司创立和发展，劳动者在公司中找到自己的位置，随着诸如公司这样的组织出现，绩效就更加重要，劳动者必须遵从组织的要求完成业绩，因此，必须重视业务上的学习以及技术上的创新，从而使人力资本逐步提升。在组织中，劳动者的收入取决于劳动生产率水平，劳动生产率高，收入增长就会快。大多数劳动者为了提高自己收入，会在组织中进行学习和锻炼，并使自己拥有一定的技术水平。随着城市的发展，科技的进步，很多劳动者可以通过网络、媒体、机构等途径去学习，来提高自己的人力资本水平，以此提高劳动生产率，并提高收入水平。收入水平的提高，使劳动者有更高的物质基础去学习知识、技能，并且城市的发展水平为劳动者提供了更好的学习环境和条件，从而为劳动者的人力资本投资和积累创造了良好的外部条件。

## 4.3.2　社会资本促进人力资本水平提升

城市的外来人口进入城市进行工作、学习以及生活，将使这些外来人口在城市里得到新的社会成员身份，他们的社会关系、身份定位、社交网络以及组织归属四方面的社会资本都会有新的变化。随着城镇化进程的深入推进，社会资本对于城市的外来人口提升人力资本投资和积累起到极大的促进作用。第一，城市外来人口在城市重新获得的社会关系，为他们的信息获取、资源共享以及提高技能等方面提供了帮助。他们可以通过自己的社会资本了解就业、学习等方面的相关信息，为城市外来人口人力资本投资提供了渠道。第二，通过社会资本，城市外来人口对自己的身份定位更加清晰，通过社交活动，使自己更有归属感，社会资本之间形成了良性的团队互助模式，通过人脉资源，帮助他们在复杂的社会环境中更加拥有安全感、归属感和自信力。第三，良好的社会资本为城市外来人口提供了便捷的学习机会，由于社会网络成员的经验和帮助，使他们少走弯路，节约时间和成本。由于信息的对称和及时，对于初次创业的城市外来人口，减少了失败的可能性。第四，社会组织成员中的优秀人员起到榜样示范作用，为其他社会成员给予指导和帮助，形成良好的外部效应，为城市外来人口提升人力资本提供了良好的榜样。第五，在遇到困难时，社会资本会提供及时的物质帮助和心理慰藉，良好的社会资本会为失败的社会成员提供一定的物质帮助，为城市外来人口在度过困难时期、减少伤心和悲痛、增强心理承受能力等方面提供了最大的心理慰藉；第六，通过社会资本成员间的互相帮助、分工合作，成员们可以形成团队进行创业，他们拥有共同的归属感和认同感，团队成员行动一致，形成强大的智慧团队。因此，无论哪个方面，良好的社会资本和社交网络，无疑对人力资本的提升起到重要的促进作用。

### 4.3.3 城市生活理念促进人力资本投资和积累

城镇化进程中，农业转移人口到城市生活，会逐步被城市的生活理念所感染。城镇的生活方式不同于农村，消费理念与农村存在差别。城镇化过程中的新市民需要逐步接受并被城市的生活理念所同化。城镇的收入相对高于农村，在劳动力市场上会吸引更多的农业转移人口来到城市就业，使其获得更好的工作岗位和发展机会。反过来更高的薪酬水平、更好的工作岗位会使劳动者更加积极的努力工作，提高人力资本的投资和积累。城市中的积极向上的生活态度，会促使农业转移人口逐渐拥有同样积极进取的态度；城市中的人们更加重视健康和保健，会促使农业转移人口更好的珍惜自己的身体、注重保健，健康生活；城市中的人们更加注重自己的提升和子女的教育，会促使农业转移人口也同样去效仿。这些生活理念都会使城市的新市民提高人力资本投资和积累，从而在城市继续居留并逐渐沉淀下来。城市的新市民通过自己的学习和努力，提高自己的健康水平，增加自己的知识和技能，凭借自己积极的生活和工作态度，不断提高自己的生产效率，为组织创造出更多的产品和财富，同时提升自己的收入水平，使自己的城市生活更加稳定和富足。因此，积极的工作态度和生活理念会起到一个良好的示范作用，从而带动周围的劳动者，使其人力资本投资和积累继续提升。因此，长期的城市生活有利于打破城市外来人口单一的生活和劳动方式，使他们传统的生活习惯和工作理念发生了变化，对于一些外来人口生活的散漫性和落后的思维理念有影响和改变作用，同时对于树立人力资本投资和积累的先进理念有积极作用。

### 4.3.4　良好的基础设施提高人力资本投资效率

城市的发展有良好的基础设施作为保障，为人力资本投资效率的提升提供了良好的基础环境。基础设施主要包括交通运输、机场、港口、桥梁、通信、水利及城市供排水供气、供电设施和提供无形产品或服务于科教文卫等部门所需的固定资产，是一切企业、单位和居民生产经营工作和生活的共同的物质基础，是城市主体设施正常运行的保证，既是物质生产的重要条件也是劳动力再生产的重要条件。良好的交通设施为劳动者出行提供便利，为劳动者学习、工作、培训节约了大量的时间成本和物质资本，为劳动者在人力资本投资和积累方面提供了方便和可能；良好的网络设备，为城市的人们获取信息提供了极大的便捷，通过网络基础设施，可以更快更好的获取信息、知识和技能，不仅为劳动者提供了学习的渠道，也为劳动者节省了大量的时间和精力；良好的文化娱乐场所为劳动者的文化娱乐生活提供了场地，使城市里的市民身心愉悦；良好的医疗卫生条件，为城市的市民带来更好的医疗诊治，使他们获得更好的医疗保健，减少疾病的发生，提高疾病的治愈率，增加预期寿命。因此，城市里良好的基础设施会为市民以及城市外来人口提供了比农村更为便捷的条件去工作、学习、生活，这些对于提高城市外来人口的人力资本投资和积累提供了更为高效的基础环境。

# 第 5 章

# 人力资本与城镇化耦合关系
# 指标体系构建及测算

## 5.1 人力资本指标体系构建及测算

### 5.1.1 人力资本测算方法

#### 5.1.1.1 教育指标法

估算人力资本存量是比较困难和复杂的，主要原因是基础数据的不完整，人力资本是无形资本，与物质资本有一定差别，物质资本可以用投入资金、消耗成本等方式去计算，但人力资本存量的计算就会相对困难，我国官方公布的统计数据对于测算人力资本不能够很好地满足，很多学者一直致力于研究人力资本的测算工作。目前主要有三种测算方法，即教育指标法、累计成本法和收入法。教育指标法测算人力资本的理论基础为教育是人力资本形成的最重要途径，获取知识形成的能力是人力资本的核心内容。受教育时间越长，通常人力资本水平就越高，并且用受教育年限来估算人力资本存量不受价格水平、折旧等方面的限制，因此用教育指标法是一个简单而又科学的测算人力资本存量的方法。教育指标法最常用的两个指标就是总受教育年限和平均受教育年限。在具体的计算中，教育指标法又有不同的计量标准。国外学者在20 世纪 90 年代采用的是劳动力的平均受教育年限作为计算标准，例如巴罗和李（Barro & Lee，1993）用平均受教育年限来度量人力资本存量[①]，还有国外学者以学校入学率为标准来计算人力资本存量（Psacharopoulos & Ariagada，1986）。[②] 我国学者也尝试采用多种方法对人力资本存量进行计算。胡鞍钢（2002）等采用"人年"作为人力资本存量的计算标准。例如以文盲、半文盲为 3 年，小学毕业为 6 年，初中毕业为9 年，高中毕业为 12 年，大专及以上毕业为 16 年及以上，来估算人口的总受教育年限作为人力资本存量的计算方法。[③] 还有部分学者基于教育年限方法做了一些扩展尝试，李春波（2001）采用了预期受教育年限和实际受教育年限两种方法估算了中国 1949～2000 年的人力资本存量以及各地区 1964～1995 年的人力资本存量，并计算了各类人力资本各地区的差异[④]。孙旭（2008）对中国人力资本存量进行了估算，构建了个人人力资本存量模型，对受教育年限不同的个人进行了人力资本存量的估算。并且对估算模型进行了修正，不仅考虑了受教育年限对人力资本存量的影响因素，同时加入了年龄因素对人力资本存量的影响，以此模型估算了 2000 年中国 15～64 岁劳动力的人力资本存量[⑤]。大多数

① Barro, R. J. and J. W. Lee. International comparison of educational attainment [J]. Journal of Monetary Economics，1993（32）：363－394.

② Psacharpoulos, G. and A. M. Ariagada. The educational composition of the labor force: an international comparison [J]. international labor review, 1986 (125) (September/October): 561－574.

③ 胡鞍钢. 从人口大国到人力资本大国：1980～2000 年 [J]. 中国人口科学，2002（5）：1－10.

④ 李春波. 中国各地区人力资本与经济发展差距研究 [D]. 硕士学位论文，清华大学公共管理学院，2001.

⑤ 孙旭. 基于受教育年限和年龄的人力资本存量估算 [J]. 统计教育，2008（6）：20－23.

经济学家认为，教育在人力资本形成过程中居于核心地位，教育水平的高低与人力资本的多少呈正向关系。因此，许多学者在构建人力资本对经济增长的作用模型中加入教育投资或运用教育指标来替代人力资本成为模型的主要变量，因此教育指标法一直受到学界的广泛重视。但是教育指标法也存在很多缺陷，正如有的文献所述，教育指标大多以非货币为计量单位，在衡量与评价人力资本作用时，难以与其他资本比如物质资本进行比较（Wobmann，2003）。

### 5.1.1.2 累计成本法

根据舒尔茨人力资本理论，人力资本也应与物质资本一样由人力资本投资形成的高级劳动力，因此人力资本也应该与物质资本一样可以用人力资本投资的数量来衡量人力资本存量。由于教育指标法大多以非货币为计量单位，在衡量人力资本时很难与物质资本进行比较，若假设所有的人力资本投资均能够转化为现实的人力资本，人力资本的数量就可以用人力资本投资数量来衡量。我们将这种由人力资本投资数量衡量的人力资本数量的方法称为人力资本存量或人力资本投资存量。

人力资本投资具有很强的广泛性，理论界一般采用舒尔茨对人力资本投资的概括。舒尔茨在《人力资本投资》一书中，将人力资本投资的范围和内容归纳为五个方面：教育投资，即在学校所受的正规教育；培训投资，即在工厂、企业所接受的在职培训；健康投资，包括人的体力、精力、健康和预期寿命相关的支出；科研投资，即政府和企业科研开发机构的经费支出；迁移投资，即由于工作、家庭等原因发生变化而需要迁移所花费的支出。本书运用累计成本法估算人力资本存量或人力资本投资时采用的能够衡量人力资本投资金额的教育经费、培训经费、卫生经费、科研经费及迁移成本等投资数量的支出。

本书在分析人力资本基本状况时运用的是教育指标法，即分析人均受教育年限等内容①。对全国人力资本存量的基本情况以及地区人力资本投资的基本情况测算时运用累计成本法。深入分析教育指标法和累计成本法估算人力资本的研究成果发现，在运用两种方法进行估算和分析的过程中，利用的数据来源不同，估算的范围和单位以及具体计算方法也不尽相同，因此计算的结果也存在巨大差异。这些差异表明，人力资本价值计量非常复杂，研究方法和技术远未成熟，仍需要进一步深入研究和探索。

## 5.1.2　人力资本指标体系构建

根据舒尔茨人力资本理论，人力资本投资的形成和积累主要分为 4 个维度，教育、培训、健康和迁移。本书在构建人力资本指标体系时，把人力资本存量用 5 个指标来衡量，分别是教育人力资本存量、培训人力资本存量、卫生人力资本存量、科研人力资本存量和迁移人力资本存量。根据舒尔茨人力资本理论，用教育人力资本存量、培训人力资本存量、卫生人力资本存量以及迁移人力资本存量来衡量教育、培训、卫生以及迁移这 4 个人力资本指标，这里不再赘述。其中用科研人力资本存量作为衡量人力资本的一个指标体系，主要考虑科研人力资本可以衡量一个国家高技术人力资本的整体实力，并参照众多学者的研究（焦斌龙，2011；张桂文，2014 等），在构建人力资本指标体系中，都把科研人力资本考虑在内，因此本书沿用学者们的相关研究，用以上 5 个指标体系来衡量人力资本存量。

人力资本投资中教育维度的最基础投资部分是政府征收用于教育的税费、企业办学中的企业拨款、校办产业和社会服务收入用于教育的总经费。教育人力资本存量用教育总经费剔除价格因素，折旧后再累计上一年的存量，计算出当年的教育人力资本投资存量。培训人力资本投资采用企业的培训经费，剔除价格因素来衡量，企业的培训经费主要是企

---

① 见第 3 章内容。

业职工在职培训形成的人力资本投资，这个指标既包括用于企业培训的政府财政支出、企事业单位自筹、个人支付，也包括社会资助、捐赠等多种形式，因此很难估算。本书根据劳动与社会保障部的抽样调查（谭永生，2007），以及结合焦斌龙（2011）的研究，同时根据中国规定的在职培训的投入不低于企业工资总额的 1.5%，将企业职工在职培训的投入比例确定为职工工资总额的 1.5%。此项指标的计算方法为企业在职职工每年的工资总额乘 1.5%。因此计算出的在职培训投入，剔除价格因素，折旧后再累计上一年的存量，得出培训人力资本存量。卫生人力资本存量是指卫生保健形成累计的人力资本投资存量，用政府的卫生总经费来衡量，因此用卫生总经费剔除价格因素，折旧后再累计上一年的存量，计算出当年的卫生人力资本存量；科研人力资本存量，用"研究与试验发展政府资金经费支出和研究与试验发展企业资金经费支出"来表示当年科研人力资本投资额，同样剔除价格，折旧后再累计上一年的存量计算出当年科研人力资本投资存量。迁移人力资本存量主要计算的是迁移人口在城市工作的机会成本，因此用流动人口人数与农村居民人均纯收入的乘积作为当年的迁移人力资本投资，由于迁移人力资本的测算主要依据机会成本，在此我们假定迁移人力资本当年就折旧完毕，迁移人力资本不具有积累性，因此当年的人力资本投资额即为当年的人力资本存量。表 5-1 为人力资本指标体系。

表 5-1　　　　　　　　　人力资本指标体系

| | 指标（Index） | 名称及单位（Name&Unit） |
|---|---|---|
| 人力资本 | 教育 $H_1$ | 教育人力资本存量（万元） |
| | 培训 $H_2$ | 培训人力资本存量（万元） |
| | 卫生 $H_3$ | 卫生人力资本存量（万元） |
| | 科研 $H_4$ | 科研人力资本存量（万元） |
| | 迁移 $H_5$ | 迁移人力资本存量（万元） |

### 5.1.3  我国人力资本存量测算

累计成本法是根据人力资本投资的支出成本，通过计算折旧等来计算人力资本存量，累计成本法计算人力资本存量同样根据舒尔茨的人力资本理论。在本书的指标中，用教育总经费来衡量教育方面的人力资本投资额，数据来源于《中国统计年鉴》；卫生人力资本方面，用每年的"卫生总经费"来表示当年卫生人力资本投资额，数据来源为《中国卫生统计年鉴》；科研人力资本方面，用"研究与试验发展政府资金经费支出和研究与试验发展企业资金经费支出"来表示当年科研人力资本投资额，数据来源于《中国统计年鉴》；培训人力资本无法找到直接的数据来表示，本书借鉴谭永生（2007）[1]的做法，即用城镇单位就业职工工资总额的1.5%来代替职工的在职培训的投入[2]。对于迁移人力资本的计算，本书依旧借鉴谭永生的做法，由于现阶段我国人口迁移主要是农村剩余人口在城市与农村之间发生的以劳动就业及经商为目的的迁移流动。谭永生发现1992年我国农村人口流动数与乡镇在企业就业人数的一半相接近，同时考虑到我国农村劳动力转移近60%为"兼业型"，流向为乡镇企业。本书通过对每年的农民工监测调查报告的查阅发现，从2008年至2017年，农民工监测调查报告中对全国的流动人口均有估算，即14041万、14533万、15335万、15863万、16336万、16610万、16821万、16884万、16934万、17185万，2000年至2007年没有官方统计或者估算的数据，本书借鉴蔡昉等（2007）对2000～2007年农民工估计的数据，即7849万、8399万、10470万、11390万、11823万、

---

① 焦斌龙. 人力资本差异与收入分配差距［M］. 北京：商务印书馆，2011：126.

② 劳动和社会保障部2004年4月对全国40个城市技能人才状况抽样调查的结果显示，企业职工教育投资经费投入占职工工资总额的1.4%，未达到国家规定的1.5%的最低比例，为方便技术处理，我们用城镇单位就业职工工资总额的1.5%代替职工在职培训的投入。

12578 万、13212 万和 13697 万。[①] 蔡昉等（2007）估算的数据与后来的农民工监测调查报告的数据连贯一致，比较可信。本书假定迁移成本主要是机会成本，而迁移本身耗费成本较小，由此我们得到了每年迁移人力资本投资额为流动人口人数与农村居民人均纯收入的乘积。

### 5.1.3.1　人力资本存量价格指数的确定

在人力资本存量的估算中，为避免价格波动对人力资本存量估算的影响，我们需要对收集到的各项人力资本投资数据剔除价格变动因素的影响。目前学者们在这方面采用了多种方法。相当一部分学者，例如沈利生等（1999、2015），分别采用了居民消费价格指数和 GDP 平减指数来消除价格因素的影响[②]；张军、章元（2003）通过对比消费者价格指数、GDP 平减指数、农产品价格指数以及建筑材料价格指数，通过拟合方法得到全国固定资产投资价格指数，研究发现上海市的价格波动与全国的价格波动相一致，因此用上海市固定资产投资价格指数来代替全国的固定资产投资价格指数。钱雪亚（2008）利用固定资产投资价格的类指数和居民消费价格总指数等基础数据，编制固定资产投资价格指数的模型和方案，构建了一个包含常规性支出和专门性支出的人力资本价格指数。很多学者在研究人力资本存量和投资估算时，对价格指数未进行详细的说明或者选择了回避，例如周天勇（1994）、张帆（2000）的研究中对人力资本的历史投资做了价格调整但如何调整却未做详细说明，李宝元（2000）、孙景尉（2006）、侯风云（2007）的人力资本存量的研究对价格指数进行了回避。本书认为人力资本投资的价格指数有着自身的独特性和重要性，不同于消费品价格指数，也不同于资本品的

---

① 蔡昉，王美艳. 农村劳动力剩余及其相关事实的重新考察——一个反设事实法的应用 [J]. 中国农村经济，2007（10）：4－12.

② 沈利生，乔红芳. 重估中国的资本存量：1952—2012 [J]. 吉林大学社会科学学报，2015（7）：122－133.

价格指数。在研究人力资本存量和投资的估算过程中，既不能回避也不能不做处理。主要原因在于人力资本投资中部分支出与消费品直接相关，如教育人力资本投资中学习用品的支出、卫生人力资本投资中医药费用的支出等，但仍有很大一部分不是消费品，如国家对教育基础设施建设的投资等。因此我们既不能直接采用消费品价格指数，也不能直接采用固定资产投资价格指数，而是要将两者有机结合。但在计算和获取数据过程中，难以把握消费品支出与资本品支出的准确比重，无法准确构建新的衡量人力资本投资价格指数。因此本书最终选用 GDP 平减指数来近似代替真实的人力资本投资价格指数。GDP 平减指数是一个综合性的价格指数，将消费品和资本品的因素都囊括在其内，它的计算基础比 CPI 广泛得多，涉及全部商品和服务，除消费品外，还包括生产资料和资本、进出口商品和劳务等。因此，这一指数能够更加准确地反映一般物价水平走向。此外 GDP 平减指数中，与投资相关的价格水平在其中具有更高的权重，这些都与我们对人力资本投资价格指数的要求相近。

### 5.1.3.2　人力资本存量折旧的确定

物质资本在使用过程中会发生损耗和折旧，因此在计算物质资本要考虑资本的折旧率。人力资本与物质资本一样，随着时间的推移，也会发生自然的损耗和折旧，例如劳动者随着年龄的增长出现知识的遗忘、身体素质的降低，甚至死亡等，同样包括随着时代的变迁知识更新而引起的折旧等。因此，近年来很多学者在研究和估算人力资本存量时，都会考虑人力资本的折旧问题，由于学者们的研究角度与估算方法的不同，对人力资本折旧的处理方法也有所不同，存在众多的差异性。侯凤云（2007）在估算人力资本存量对折旧问题的处理主要依据人在一生之中的 45 岁进入中年期，机体开始衰老，65 岁进入老年期，基本进入退休年龄。因此侯凤云认为 1~44 岁为人力资本增长时期，45 岁之后开始发生折旧，直到 65 岁折旧完毕，这样她得到人力资本每年折旧量 =

人力资本形成年数/人力资本折旧年数 = 44/21 = 2.095，运用直线折旧法计算出人力资本年折旧率 = 每年折旧量/折旧年数 = 2.095/21 = 9.98%。该种方法把人的一生分为两个时期，即人力资本增长时期和人力资本折旧时期，比较合理，为人力资本折旧的计算提供了可行的方法，但计算出的折旧为9.98%，数值较高，如果按照9.98%的折旧率，10年就将折旧完毕，即从45岁到55岁折旧完成，与假定的65岁折旧完成期相矛盾，因此不予采纳。钱雪亚（2008）对人力资本折旧的做法是假定资本品的寿命终了时的残值率为S，资本品的寿命期为T，由于 $S = (1 - \delta)T$，则 $\delta = 1 - \sqrt[T]{S}$。钱雪亚进一步认为，普通劳动者的人力资本残值率为65岁以上人口的比重，普通劳动者人力资本的寿命为65岁 - 23岁 = 42岁，因此根据折旧公式计算出普通劳动者人力资本的折旧率为3.66%，专业性人才的人力资本折旧率为7.19%，两者加权平均得出整体人力资本折旧率为5.14%。焦斌龙（2011）在计算人力资本存量折旧率时借鉴会计学上的直线折旧法，焦斌龙认为我国劳动者60岁为人力资本折旧完成期，退出劳动市场。因此人力资本平均寿命等于60岁减去人力资本投入使用的平均时间，折旧率等于1除以人力资本平均寿命。学者们计算人力资本折旧率的方法多种多样，同时人力资本的表现形式存在众多的差异性，因此计算出的折旧率也有较大的差异。由于计算人力资本的折旧率的方法在学界存在一些争议，也是很多学者继续深入探讨的原因。

本书借鉴焦斌龙的做法，根据构建的人力资本的指标体系，即教育人力资本、培训人力资本、卫生人力资本、科研人力资本和迁移人力资本，对5种人力资本进行折旧率的计算。教育人力资本的折旧率为2.27%，折旧率 = 1/人力资本平均寿命。我国居民完成的初中义务教育的年龄是16岁，因此用60岁减去16岁等于44岁，得到人力资本平均使用寿命，折旧率为2.27%。卫生人力资本折旧伴随着人的一生，因此为了规避数据获取的困难，根据中国第六次人口普查的数据，用30

岁作为卫生人力资本的折旧起始时间，从医学的某种角度上来说，人的健康从 30 岁开始下滑，因此得到卫生人力资本的平均寿命即为 60 岁减去 30 岁等于 30 岁，得到的折旧率为 3.33%。由于培训是伴随着一个人全部的职业生涯，培训人力资本的折旧率与卫生人力资本相似，因此用同样的计算方式，沿用 60 岁减去 30 岁，得到培训人力资本的平均寿命，计算得到的折旧率为 3.33%。科研人力资本比较特殊，与其他人力资本不同，科研人力资本的收益与科研产品和专利本身的收益密切相关，因此我们用科研产品的专利保护期来表示科研人力资本的寿命，即通过计量科研产品从问世起至收益结束的时期，来近似表示科研人力资本的平均寿命。我国专利分发明、实用新型和外观设计 3 种，发明专利的保护期限为 20 年，实用新型专利的保护期限为 10 年，外观设计专利的保护期限为 10 年。超过这个年限，专利发明对个人的收益将十分有限，因此用近似均值 15 年来衡量科研人力资本的平均寿命，这样可得到科研人力资本的折旧率为 6.67%。由于迁移人力资本的测算主要依据机会成本，在此我们假定迁移人力资本当年就折旧完毕，迁移人力资本不具有积累性，因此折旧率为 0。表 5 - 2 为教育、培训、卫生、科研及迁移人力资本的折旧率。

表 5 - 2　　　教育、培训、卫生、科研及迁移人力资本折旧率　　　单位：%

| 教育人力资本<br>折旧率 | 培训人力资本<br>折旧率 | 卫生人力资本<br>折旧率 | 科研人力资本<br>折旧率 | 迁移人力资本<br>折旧率 |
|---|---|---|---|---|
| 2.27 | 3.33 | 3.33 | 6.67 | 0 |

资料来源：借鉴焦斌龙（2011）的算法得出。

### 5.1.3.3　我国人力资本存量测算

根据上述测算，本书估算了 2000 ~ 2017 年我国人力资本存量。具体数据见表 5 - 3、表 5 - 4、表 5 - 5、表 5 - 6、表 5 - 7 和表 5 - 8。

1. 教育人力资本存量

教育人力资本存量采用教育总经费来计算，数据来源于《中国统计年鉴》，剔除价格因素，并计算折旧率，再累加前一年的教育人力资本存量，得出 2000～2017 年中国教育人力资本存量，见表 5-3。2000～2017 年教育人力资本存量呈上升趋势，2000 年教育人力资本存量仅为 13011.10432 亿元，2005 年就上升至 29863.74371 亿元，2010 年教育人力资本存量上升至 50726.63186 亿元，2017 年上升至 89140.51450 亿元，是 2000 年的近 7 倍，年均增长 34.42%。

表 5-3　　　　　2000～2017 年我国教育人力资本存量情况

| 年份 | 教育经费（亿元） | GDP 平减指数（1997 年 =1） | 实际教育经费（亿元） | 教育人力资本投资折旧率 | 教育人力资本存量（亿元） |
|---|---|---|---|---|---|
| 2000 | 3849.0806 | 1.2597 | 3055.669748 | 0.0227 | 13011.10432 |
| 2001 | 4637.6626 | 1.3647 | 3398.287250 | 0.0227 | 16114.03951 |
| 2002 | 5480.0278 | 1.4893 | 3679.569178 | 0.0227 | 19427.81999 |
| 2003 | 6208.2653 | 1.6388 | 3788.360069 | 0.0227 | 22775.16854 |
| 2004 | 7242.5989 | 1.8045 | 4013.690024 | 0.0227 | 26271.86224 |
| 2005 | 8418.8391 | 2.0101 | 4188.252738 | 0.0227 | 29863.74371 |
| 2006 | 9815.3087 | 2.2658 | 4331.972210 | 0.0227 | 33517.80893 |
| 2007 | 12148.0663 | 2.5882 | 4693.571070 | 0.0227 | 37450.52574 |
| 2008 | 14500.7374 | 2.8381 | 5109.291815 | 0.0227 | 41709.69062 |
| 2009 | 16502.7065 | 3.1049 | 5315.072779 | 0.0227 | 46077.95342 |
| 2010 | 19561.8471 | 3.4351 | 5694.647979 | 0.0227 | 50726.63186 |
| 2011 | 23869.2936 | 3.7627 | 6343.631622 | 0.0227 | 55918.76894 |
| 2012 | 28655.3052 | 4.0583 | 7060.867503 | 0.0227 | 61710.28039 |
| 2013 | 30364.7182 | 4.3732 | 6943.432644 | 0.0227 | 67252.88967 |
| 2014 | 32806.4609 | 4.6923 | 6991.559839 | 0.0227 | 72717.80891 |
| 2015 | 36129.1927 | 5.0161 | 7202.684922 | 0.0227 | 78269.79957 |

| 年份 | 教育经费（亿元） | GDP 平减指数（1997 年 =1） | 实际教育经费（亿元） | 教育人力资本投资折旧率 | 教育人力资本存量（亿元） |
|---|---|---|---|---|---|
| 2016 | 38888.3850 | 5.3531 | 7264.638255 | 0.0227 | 83757.71337 |
| 2017 | 41647.5773 | 5.7176 | 7284.101200 | 0.0227 | 89140.51450 |

资料来源：《中国统计年鉴》（2000~2017）。

### 2. 培训人力资本存量

培训人力资本存量的计算基础数据为城镇职工工资总额，来源于《中国统计年鉴》。各年的职工工资总额乘以 1.5%，剔除价格因素，并计算折旧率，再累计上一年的培训人力资本存量得出，见表 5 - 4。2000 年的培训人力资本存量为 248.0973 亿元，2005 年上升至 855.0602 亿元，2010 年上升至 1556.5464 亿元，2017 年上升至 3133.4403 亿元，为 2000 年的 12.62 倍，年均增长 68.41%。

表 5 – 4　　　　　2000 ~ 2017 年我国培训人力资本存量情况

| 年份 | 城镇单位就业人员工资总额（亿元） | GDP 平减指数（1997 年 =1） | 实际城镇单位就业人员工资总额（亿元） | 企业职工在职培训的投入比例 | 培训人力资本投资折旧率 | 培训人力资本存量（亿元） |
|---|---|---|---|---|---|---|
| 2000 | 10954.7 | 1.2597 | 8696.6 | 0.015 | 0.0333 | 248.0973 |
| 2001 | 12205.4 | 1.3647 | 8943.6 | 0.015 | 0.0333 | 369.5225 |
| 2002 | 13638.1 | 1.4893 | 9157.3 | 0.015 | 0.0333 | 490.0030 |
| 2003 | 15329.6 | 1.6388 | 9354.3 | 0.015 | 0.0333 | 609.3281 |
| 2004 | 17615.0 | 1.8045 | 9761.8 | 0.015 | 0.0333 | 730.5892 |
| 2005 | 20627.1 | 2.0101 | 10261.7 | 0.015 | 0.0333 | 855.0602 |
| 2006 | 24262.3 | 2.2658 | 10708.1 | 0.015 | 0.0333 | 981.8599 |
| 2007 | 29471.5 | 2.5882 | 11386.7 | 0.015 | 0.0333 | 1114.2770 |
| 2008 | 35289.5 | 2.8381 | 12434.2 | 0.015 | 0.0333 | 1257.4730 |

| 年份 | 城镇单位就业人员工资总额（亿元） | GDP 平减指数（1997 年 = 1） | 实际城镇单位就业人员工资总额（亿元） | 企业职工在职培训的投入比例 | 培训人力资本投资折旧率 | 培训人力资本存量（亿元） |
|------|------|------|------|------|------|------|
| 2009 | 40288.2 | 3.1049 | 12975.7 | 0.015 | 0.0333 | 1403.7538 |
| 2010 | 47269.9 | 3.4351 | 13760.7 | 0.015 | 0.0333 | 1556.5464 |
| 2011 | 59954.7 | 3.7627 | 15933.9 | 0.015 | 0.0333 | 1735.7626 |
| 2012 | 70914.2 | 4.0583 | 17473.8 | 0.015 | 0.0333 | 1931.3399 |
| 2013 | 93064.3 | 4.3732 | 21280.8 | 0.015 | 0.0333 | 2175.6086 |
| 2014 | 102817.2 | 4.6923 | 21911.9 | 0.015 | 0.0333 | 2420.8947 |
| 2015 | 112007.8 | 5.0161 | 22329.8 | 0.015 | 0.0333 | 2664.0719 |
| 2016 | 120074.8 | 5.3531 | 22430.9 | 0.015 | 0.0333 | 2900.6170 |
| 2017 | 129889.1 | 5.7176 | 22717.4 | 0.015 | 0.0333 | 3133.4403 |

资料来源：《中国统计年鉴》（2000~2017）。

### 3. 卫生人力资本存量

卫生保健形成的人力资本存量采用卫生总费用来衡量，即由政府卫生支出、社会卫生支出和个人卫生支出 3 项构成，数据来源于《中国卫生统计年鉴》。各年的卫生总费用剔除价格因素和计算折旧后，再累计上一年的卫生人力资本存量得出，见表 5-5。2000 年的卫生保健人力资本存量为 15770.9715 亿元，2005 年上升至 32171.6540 亿元，2010 年上升至 51058.0467 亿元，2017 年上升至 89736.5413 亿元，为 2000 年的 5.69 倍，年均增长 27.59%。

**表 5-5**　　　**2000~2017 年我国卫生人力资本存量情况**

| 年份 | 卫生总费用（亿元） | GDP 平减指数（1997 年 = 1） | 实际卫生总费用（亿元） | 卫生人力资本投资折旧率 | 卫生人力资本投资存量（亿元） |
|------|------|------|------|------|------|
| 2000 | 4586.63 | 1.2597 | 3641.1881 | 0.0333 | 15770.9715 |

续表

| 年份 | 卫生总费用（亿元） | GDP 平减指数（1997 年 =1） | 实际卫生总费用（亿元） | 卫生人力资本投资折旧率 | 卫生人力资本投资存量（亿元） |
|------|------|------|------|------|------|
| 2001 | 5025. 93 | 1. 3647 | 3682. 7935 | 0. 0333 | 18928. 5917 |
| 2002 | 5790. 03 | 1. 4893 | 3887. 7204 | 0. 0333 | 22185. 9900 |
| 2003 | 6584. 10 | 1. 6388 | 4017. 6990 | 0. 0333 | 25464. 8956 |
| 2004 | 7590. 29 | 1. 8045 | 4206. 3728 | 0. 0333 | 28823. 2874 |
| 2005 | 8659. 91 | 2. 0101 | 4308. 1821 | 0. 0333 | 32171. 6540 |
| 2006 | 9843. 34 | 2. 2658 | 4344. 3438 | 0. 0333 | 35444. 6817 |
| 2007 | 11573. 97 | 2. 5882 | 4471. 7611 | 0. 0333 | 38736. 1349 |
| 2008 | 14535. 40 | 2. 8381 | 5121. 5051 | 0. 0333 | 42567. 7267 |
| 2009 | 17541. 92 | 3. 1049 | 5649. 7752 | 0. 0333 | 46799. 9966 |
| 2010 | 19980. 39 | 3. 4351 | 5816. 4900 | 0. 0333 | 51058. 0467 |
| 2011 | 24345. 91 | 3. 7627 | 6470. 2998 | 0. 0333 | 55828. 1135 |
| 2012 | 28119. 00 | 4. 0583 | 6928. 7182 | 0. 0333 | 60897. 7555 |
| 2013 | 31668. 95 | 4. 3732 | 7241. 6684 | 0. 0333 | 66111. 5286 |
| 2014 | 35312. 40 | 4. 6923 | 7525. 6139 | 0. 0333 | 71435. 6286 |
| 2015 | 40974. 64 | 5. 0161 | 8168. 6691 | 0. 0333 | 77225. 4913 |
| 2016 | 46344. 88 | 5. 3531 | 8657. 5667 | 0. 0333 | 83311. 4492 |
| 2017 | 52598. 28 | 5. 7176 | 9199. 3634 | 0. 0333 | 89736. 5413 |

资料来源：《中国卫生统计年鉴》（2000～2017）。

### 4. 科研人力资本投资存量

科研人力资本存量采用研究与试验发展资金经费衡量，剔除价格因素及折旧，再累计上一年的科研人力资本存量，得出本年度科研人资本投资存量，见表 5 – 6。2000 年的科研人力资本存量为 2462. 9427 亿元，2005 年上升至 5740. 6702 亿元，2010 年上升至 11092. 8439 亿元，2017 年上升至 22096. 5820 亿元，为 2000 年的 9. 1 倍，年均增长 47. 67%。

表 5 – 6 　　　　　　2000 ~ 2017 年我国科研人力资本存量情况

| 年份 | 研究与试验发展资金经费政府与企业总支出（亿元） | GDP 平减指数（1997 年 = 1） | 实际研究与试验发展资金经费政府与企业总支出（亿元） | 科研人力资本投资折旧率 | 科研人力资本投资存量（亿元） |
|---|---|---|---|---|---|
| 2000 | 896.00 | 1.2597 | 711.3076 | 0.0667 | 2462.9427 |
| 2001 | 1042.49 | 1.3647 | 763.8935 | 0.0667 | 3062.5580 |
| 2002 | 1105.50 | 1.4893 | 742.2889 | 0.0667 | 3600.5742 |
| 2003 | 1386.00 | 1.6388 | 845.7543 | 0.0667 | 4206.1702 |
| 2004 | 1814.90 | 1.8045 | 1005.7779 | 0.0667 | 4931.3966 |
| 2005 | 2287.90 | 2.0101 | 1138.1977 | 0.0667 | 5740.6702 |
| 2006 | 2815.80 | 2.2658 | 1242.7492 | 0.0667 | 6600.5167 |
| 2007 | 3524.50 | 2.5882 | 1361.7386 | 0.0667 | 7522.0009 |
| 2008 | 4400.41 | 2.8381 | 1550.4714 | 0.0667 | 8570.7548 |
| 2009 | 5520.99 | 3.1049 | 1778.1607 | 0.0667 | 9777.2461 |
| 2010 | 6759.44 | 3.4351 | 1967.7401 | 0.0667 | 11092.8439 |
| 2011 | 8303.61 | 3.7627 | 2206.8120 | 0.0667 | 12559.7632 |
| 2012 | 9846.41 | 4.0583 | 2426.2243 | 0.0667 | 14148.2513 |
| 2013 | 11338.28 | 4.3732 | 2592.6993 | 0.0667 | 15797.2622 |
| 2014 | 12452.59 | 4.6923 | 2653.8379 | 0.0667 | 17397.4227 |
| 2015 | 13601.78 | 5.0161 | 2711.6392 | 0.0667 | 18948.6538 |
| 2016 | 15064.35 | 5.3531 | 2814.1321 | 0.0667 | 20498.9107 |
| 2017 | 16952.39 | 5.7176 | 2964.9486 | 0.0667 | 22096.5820 |

资料来源:《中国统计年鉴》(2000 ~ 2017)。

5. 迁移人力资本存量

迁移形成的人力资本存量主要指劳动力迁移到城市所产生的迁移成本和放弃务农收入产生的机会成本。本书用流动人口的数量表示迁移人口的数量，假定迁移成本主要是机会成本，而迁移本身耗费成本较小，由此我们得到了每年迁移人力资本投资额为流动人口人数与农村居民人均纯收入的乘积。在此我们假定迁移人力资本当年就折旧完毕，迁移人力资本不具有积累性。因此迁移的机会成本为农村居民人均可支配收入乘以流动人口数量，剔除价格因素得到的迁移过程中形成的人力资本存量，见表 5 - 7。2000 年的迁移人力资本存量为 1404.1129 亿元，2005年上升至 2036.7134 亿元，2010 年上升至 2642.3427 亿元，2017 年上升至 4037.1645 亿元，年均增长 11.03%。

表 5 - 7　　　　　2000 ~ 2017 年我国迁移人力资本存量情况

| 年份 | 外出农民工数量（万人） | 农村居民人均可支配收入（万元） | GDP 平减指数（1997 年 = 1） | 实际农村居民人均可支配收入（万元） | 迁移人力资本存量（亿元） |
|---|---|---|---|---|---|
| 2000 | 7849 | 0.22534 | 1.2597 | 0.1789 | 1404.1129 |
| 2001 | 8399 | 0.23664 | 1.3647 | 0.1734 | 1456.3866 |
| 2002 | 10470 | 0.24756 | 1.4893 | 0.1662 | 1740.3691 |
| 2003 | 11390 | 0.26222 | 1.6388 | 0.1600 | 1822.5125 |
| 2004 | 11823 | 0.29364 | 1.8045 | 0.1627 | 1923.9434 |
| 2005 | 12578 | 0.32549 | 2.0101 | 0.1619 | 2036.7134 |
| 2006 | 13212 | 0.3587 | 2.2658 | 0.1583 | 2091.6145 |
| 2007 | 13697 | 0.41404 | 2.5882 | 0.1600 | 2191.1091 |
| 2008 | 14041 | 0.47606 | 2.8381 | 0.1677 | 2355.2139 |
| 2009 | 14533 | 0.51532 | 3.1049 | 0.1660 | 2412.0500 |
| 2010 | 15335 | 0.5919 | 3.4351 | 0.1723 | 2642.3427 |
| 2011 | 15863 | 0.69773 | 3.7627 | 0.1854 | 2941.5153 |
| 2012 | 16336 | 0.79166 | 4.0583 | 0.1951 | 3186.6726 |
| 2013 | 16610 | 0.943 | 4.3732 | 0.2156 | 3581.6760 |
| 2014 | 16821 | 1.0489 | 4.6923 | 0.2235 | 3760.1104 |
| 2015 | 16884 | 1.1422 | 5.0161 | 0.2277 | 3844.6221 |

| 年份 | 外出农民工数量（万人） | 农村居民人均可支配收入（万元） | GDP 平减指数（1997 年 = 1） | 实际农村居民人均可支配收入（万元） | 迁移人力资本存量（亿元） |
|------|------|------|------|------|------|
| 2016 | 16934 | 1. 2363 | 5. 3531 | 0. 2309 | 3910. 9072 |
| 2017 | 17185 | 1. 3432 | 5. 7176 | 0. 2349 | 4037. 1645 |

资料来源：《中国统计年鉴》（2000～2017）。

表 5 - 8 为 2000～2017 年我国人力资本存量情况。2000 年我国人力资本存量为 32897. 23 亿元，2005 年为 70667. 84 亿元，2010 年为 117076. 41 亿元，2017 年为 208144. 24 亿元，是 2000 年的 6. 33 倍，年均增长 31. 34%。

表 5 - 8　　　　　　2000～2017 年我国人力资本存量情况　　　　单位：亿元

| 年份 | 教育人力资本存量 | 培训人力资本存量 | 卫生人力资本存量 | 科研人力资本存量 | 迁移人力资本存量 | 人力资本存量总量 |
|------|------|------|------|------|------|------|
| 2000 | 13011. 10 | 248. 10 | 15770. 97 | 2462. 94 | 1404. 11 | 32897. 23 |
| 2001 | 16114. 04 | 369. 52 | 18928. 59 | 3062. 56 | 1456. 39 | 39931. 10 |
| 2002 | 19427. 82 | 490. 00 | 22185. 99 | 3600. 57 | 1740. 37 | 47444. 76 |
| 2003 | 22775. 17 | 609. 33 | 25464. 90 | 4206. 17 | 1822. 51 | 54878. 07 |
| 2004 | 26271. 86 | 730. 59 | 28823. 29 | 4931. 40 | 1923. 94 | 62681. 08 |
| 2005 | 29863. 74 | 855. 06 | 32171. 65 | 5740. 67 | 2036. 71 | 70667. 84 |
| 2006 | 33517. 81 | 981. 86 | 35444. 68 | 6600. 52 | 2091. 61 | 78636. 48 |
| 2007 | 37450. 53 | 1114. 28 | 38736. 13 | 7522. 00 | 2191. 11 | 87014. 05 |
| 2008 | 41709. 69 | 1257. 47 | 42567. 73 | 8570. 75 | 2355. 21 | 96460. 86 |
| 2009 | 46077. 95 | 1403. 75 | 46800. 00 | 9777. 25 | 2412. 05 | 106471. 00 |
| 2010 | 50726. 63 | 1556. 55 | 51058. 05 | 11092. 84 | 2642. 34 | 117076. 41 |
| 2011 | 55918. 77 | 1735. 76 | 55828. 11 | 12559. 76 | 2941. 52 | 128983. 92 |
| 2012 | 61710. 28 | 1931. 34 | 60897. 76 | 14148. 25 | 3186. 67 | 141874. 30 |
| 2013 | 67252. 89 | 2175. 61 | 66111. 53 | 15797. 26 | 3581. 68 | 154918. 97 |

续表

| 年份 | 教育人力资本存量 | 培训人力资本存量 | 卫生人力资本存量 | 科研人力资本存量 | 迁移人力资本存量 | 人力资本存量总量 |
|------|------|------|------|------|------|------|
| 2014 | 72717.81 | 2420.89 | 71435.63 | 17397.42 | 3760.11 | 167731.87 |
| 2015 | 78269.80 | 2664.07 | 77225.49 | 18948.65 | 3844.62 | 180952.64 |
| 2016 | 83757.71 | 2900.62 | 83311.45 | 20498.91 | 3910.91 | 194379.60 |
| 2017 | 89140.51 | 3133.44 | 89736.54 | 22096.58 | 4037.16 | 208144.24 |

资料来源:《中国统计年鉴》(2000~2017)。

　　我国人力资本存量在过去的近 40 年中,有了飞速增长,见表 5-8。2000 年我国教育人力资本存量仅 13011.10 亿元,2017 年教育人力资本存量达到了 89140.51 亿元,2017 年是 2000 年的 6.85 倍,年均增长 34.42%;我国培训人力资本存量从 2000 年的 248.10 亿元增加到 2017 年的 3133.44 亿元,增加了 11.63 倍,年均增长 68.41%。卫生人力资本存量从 2000 年的 15770.97 亿元增加到了 2017 年的 89736.54 亿元,增加了 73965.57 亿元,17 年间增加了 4.69 倍,年均增加了 27.59%;科研人力资本存量从 2000 年的 2462.94 亿元增长到 2017 年的 22096.58 亿元,增长了 7.97 倍,年均增长了 46.9%;迁移人力资本存量从 2000 年的 1404.11 亿元增长到 2017 年的 4037.16 亿元,增长了近 2 倍,年均增长了 11.03%。从人均人力资本存量来看,2000 年我国人均人力资本存量为 2595.59 元,2017 年达到 14973.54 元,增长了 4.77 倍,年均增长了 28.05%,见表 5-9。2000~2017 年我国教育人力资本存量、培训人力资本存量、卫生人力资本存量、科研人力资本存量、人均人力资本存量均呈上升趋势,人力资本存量总量上升趋势最明显,见图 5-1、图 5-2。

表 5-9　　2000~2017 年我国人力资本存量及人均人力资本存量情况

| 年份 | 人力资本存量总量(亿元) | 人口数量(万人) | 人均人力资本存量(元) |
|------|------|------|------|
| 2000 | 32897.23 | 126743.00 | 2595.59 |

续表

| 年份 | 人力资本存量总量（亿元） | 人口数量（万人） | 人均人力资本存量（元） |
|---|---|---|---|
| 2001 | 39931.10 | 127627.00 | 3128.73 |
| 2002 | 47444.76 | 128453.00 | 3693.55 |
| 2003 | 54878.07 | 129227.00 | 4246.64 |
| 2004 | 62681.08 | 129988.00 | 4822.07 |
| 2005 | 70667.84 | 130756.00 | 5404.56 |
| 2006 | 78636.48 | 131448.00 | 5982.33 |
| 2007 | 87014.05 | 132129.00 | 6585.54 |
| 2008 | 96460.86 | 132802.00 | 7263.51 |
| 2009 | 106471.00 | 133450.00 | 7978.34 |
| 2010 | 117076.41 | 134091.00 | 8731.12 |
| 2011 | 128983.92 | 134735.00 | 9573.16 |
| 2012 | 141874.30 | 135404.00 | 10477.85 |
| 2013 | 154918.97 | 136072.00 | 11385.07 |
| 2014 | 167731.87 | 136782.00 | 12262.71 |
| 2015 | 180952.64 | 137462.00 | 13163.83 |
| 2016 | 194379.60 | 138271.00 | 14057.87 |
| 2017 | 208144.24 | 139008.00 | 14973.54 |

资料来源：《中国统计年鉴》（2000~2017）。

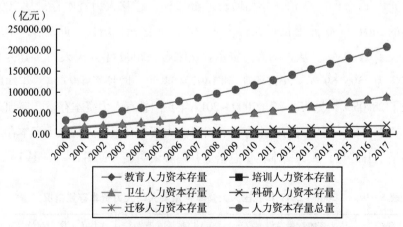

图 5-1　2000~2017 年我国人力资本存量情况

资料来源：表 5-8。

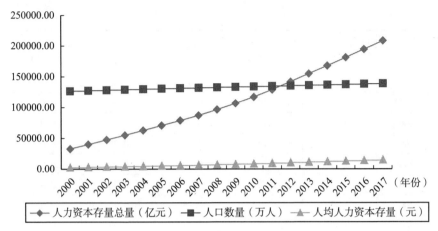

**图 5-2　人力资本存量总量、人均人力资本存量趋势**

资料来源：表 5-9。

从人力资本存量结构来看，教育和卫生是我国人力资本存量的主体，教育人力资本存量的占比 2000 年为 40%，之后 2003~2005 年一直保持在 42%，2006~2017 年一直保持着 43% 的水平；培训人力资本存量占比为 2000 年的 1%，一直保持到 2016 年，2017 年增加到 2%；卫生人力资本存量占比在 2000 年为 48%，之后有所下降，经历了 2001 年的 47%、2003 年的 46%、2008 年的 44%，直到 2011 年下降至 43%，2011~2017 年一直保持在 43% 的水平。科研人力资本存量在 2000 年占比为 7%，2001 年上升至 8%，2007 年上升至 9%，2011 年上升至 10%，2016~2017 年上升至 11%；迁移人力资本存量占比为 2000~2002 年的 4%，2003~2007 年下降到 3%，2008~2017 年一直保持着 2% 的水平，见表 5-10。

表 5-10　　　　2000~2017 年我国人力资本存量占比情况

| 年份 | 教育人力资本存量占比 | 培训人力资本存量占比 | 卫生人力资本存量占比 | 科研人力资本存量占比 | 迁移人力资本存量占比 |
|---|---|---|---|---|---|
| 2000 | 0.40 | 0.01 | 0.48 | 0.07 | 0.04 |

| 年份 | 教育人力资本存量占比 | 培训人力资本存量占比 | 卫生人力资本存量占比 | 科研人力资本存量占比 | 迁移人力资本存量占比 |
|------|------|------|------|------|------|
| 2001 | 0.40 | 0.01 | 0.47 | 0.08 | 0.04 |
| 2002 | 0.41 | 0.01 | 0.47 | 0.08 | 0.04 |
| 2003 | 0.42 | 0.01 | 0.46 | 0.08 | 0.03 |
| 2004 | 0.42 | 0.01 | 0.46 | 0.08 | 0.03 |
| 2005 | 0.42 | 0.01 | 0.46 | 0.08 | 0.03 |
| 2006 | 0.43 | 0.01 | 0.45 | 0.08 | 0.03 |
| 2007 | 0.43 | 0.01 | 0.45 | 0.09 | 0.03 |
| 2008 | 0.43 | 0.01 | 0.44 | 0.09 | 0.02 |
| 2009 | 0.43 | 0.01 | 0.44 | 0.09 | 0.02 |
| 2010 | 0.43 | 0.01 | 0.44 | 0.09 | 0.02 |
| 2011 | 0.43 | 0.01 | 0.43 | 0.10 | 0.02 |
| 2012 | 0.43 | 0.01 | 0.43 | 0.10 | 0.02 |
| 2013 | 0.43 | 0.01 | 0.43 | 0.10 | 0.02 |
| 2014 | 0.43 | 0.01 | 0.43 | 0.10 | 0.02 |
| 2015 | 0.43 | 0.01 | 0.43 | 0.10 | 0.02 |
| 2016 | 0.43 | 0.01 | 0.43 | 0.11 | 0.02 |
| 2017 | 0.43 | 0.02 | 0.43 | 0.11 | 0.02 |

资料来源：根据《中国统计年鉴》（2000～2017）计算得出。

# 5.2　城镇化指标体系构建

## 5.2.1　常用评价方法与述评

### 5.2.1.1　城镇化含义

城镇化又称城市化，最早被定义为乡村向城市的演变过程（A. Serda

1867)。根据现代化理论（modernization theory），城镇化不仅涉及人口的迁移，还涉及社会、经济、地理等层面。对于中国来说，城镇化的表述更适合中国的国情。城镇化是经济的不断发展，农村劳动生产率提高的背景下，农业剩余人口增多，同时不断向城市以及非农产业流动的过程。不同领域的学者对城镇化的定义有所不同。

### 5.2.1.2　常用评价方法

中国的城镇化与其他国家不同，由于二元制度的分割，城镇化过程中城市外来人口有一部分不能真正融入城市，成为城市的流动人口，因此中国的城镇化伴随着市民化。城镇化与市民化的具体含义是有区别的，二者主要的侧重点不同，城镇化强调的是随着经济的发展、产业结构的转换以及地域空间发生了变化等经济层面；市民化侧重的是农业转移人口从农村转移到城市工作和生活，强调的是人的身份的转变、社会地位的转变、社会融入等方面的变化。城镇化与市民化有区别，但联系紧密。城镇化为市民化提供了经济基础和外部条件，是市民化的内在动力；市民化是城镇化的目的和终点，城镇化的最终结果是要实现人的市民化。因此在研究城镇化的过程中必须要考虑市民化，无论研究城镇化的模式、水平以及特点都要把贯穿在其中的市民化考虑在内，考察农业转移人口在市民化过程中对城镇化的同步影响。

改革开放之后，中国经济进入到飞速发展的阶段，农村生产力得到巨大解放，劳动生产率大幅提高，在这种背景下，农业剩余劳动人口开始加速向城市转移，转移的数量、规模以及涉及的范围既深又广，城镇化的发展开始受到学界的广泛关注。很多学者研究城镇化对经济的影响，还有学者研究城镇化与产业结构升级之间的关系，还有学者研究城镇化与劳动者收入之间的关系，研究的内容非常广泛。但无论从何种角度研究城镇化，都涉及如何衡量和评价城镇化的发展水平，因此城镇化的核算方法就成为城镇化研究比较核心的内容。

1. 现行城镇化率的核算方法

现阶段，对于城镇化进程测算和评价的方法并不多见，考察城镇化水平、质量的指标构建体系也不尽完善。目前，衡量城镇化水平使用较多的是城镇化率，城镇化率作为国家统计局官方使用并推广，被很多学者所认同，在学界和舆论传媒领域较为流行和普遍。

城镇化率的计算公式比较简单，即城镇化率等于城镇常住人口除以总人口。城镇化率之所以用城镇常住人口，而不用城镇户籍人口主要原因在于常住人口把在城镇生活超过半年以上的流动人口计入在内。若用城镇户籍人口计算，即没有把城镇流动人口计入在内，被学者称为市民化率。按照城镇常住人口计算的城镇化率，是在全国人口普查的基础上，对农村与城市人口的粗略对比核算。城镇化率的计算主要参考人口的迁移活动，符合城镇化的测量，符合国际通用计算方法。城镇化率能够反映出我国城镇化的基本现实，目前尚未有其他指标能够突破城镇化率的代表性，因此城镇化率这一指标一直是测量城镇化的核心指标。

2. 城镇化现行衡量指标述评

城镇化率这一指标相对比较单一，并非十全十美、毫无争议。因此有很多学者认为单纯用城镇化率来衡量城镇化的发展是不全面的。自2002 年城镇化率这一经济指数发布以来，不少专家、学者相继指出在核算中出现的问题。首先，常住人口的统计很难精确。原因在于我国城市人口流动数额巨大，很多城市外来人口在城市居无定所，并且在特定时期返乡等情况出现，常住人口很难统计精准。其次，由于户籍的限制，城市外来人口不能真正享受城市真正的市民待遇，因此很多学者认为城镇化率的核算虚高。最后，城镇化率只能核算出全国整体的情况，很难精确到各省、市、区，对于地方政府城镇化发展战略失去参考意义。因此众多学者认为城镇化率核算存在诸多问题，应提升城镇化率核算的精准度，并且尽量实现地区城镇化率的核算，符合地方政府因地制宜的实践应用，加强核算成果对城镇化建设的指导作用，改进城镇化的核算方法势在必行。

很多学者从城镇化多重含义的角度尝试用多指标来衡量城镇化。有国内学者在研究城镇化与都市农业发展水平的关系时，把城镇化用人口城镇化、经济城镇化、社会城镇化、景观城镇化四个方面来衡量。人口城镇化，学者一般用城镇化率（城镇常住人口/总人口）或市民化率（城镇户籍人口/总人口）来衡量；社会城镇化，学者一般用社会保险、城市生活、医疗卫生、文化娱乐及社会服务等设施相关指标来衡量；景观城镇化，学者一般采用城市景观等相关数据来衡量。除此之外，还有学者从土地城镇化的角度单独研究土地城镇化，一般采用建设用地面积、建成区面积等土地相关指标来衡量。城镇化的衡量指标较多，维度较广，没有统一标准，学术界一直对此进行着持续、广泛的探讨。

## 5.2.2　城镇化指标体系构建

本书根据众多学者的研究方法，首先用城镇化率（城镇常住人口/总人口）来衡量城镇化，体现人口城镇化这一维度。其次本书认为城镇化不能单纯用人口城镇化衡量，更要体现实质的提升。世界卫生组织认为城镇化的质量应体现在城市外来人口城市社会的真正融入上。而城市社会的融入包括城市外来人口在城市的工作、生活和学习等方面，其中社会保险是社会融入的重要体现，因此本书借鉴学者和世界卫生组织的研究思路，把社会保险作为衡量城镇化质量高低的重要指标。养老保险又是社会保险中的重要指标，因此本书在考察城镇化的社会方面选取的是城镇养老保险参保率。从经济发展角度，人均 GDP 即人均国内生产总值（real GDP per capita）的简称，是人们了解和把握一个国家或地区的宏观经济运行状况的有效工具，常作为发展经济学中衡量经济发展状况的指标，是非常重要的宏观经济指标之一，同时借鉴相关学者（刘耀彬等，

2005①；齐爱荣等，2013②）的研究，均把人均 GDP 用来衡量城镇化经济方面的首要指标。因此城镇化指标体系选用的三个具体指标为：城镇化率（$U_1$）、人均 GDP（$U_2$）以及城镇养老保险参保率（$U_3$），见表 5 - 11。

表 5 - 11 城镇化指标体系

| | 指标（Index） | 名称及单位（Name&Unit） |
|---|---|---|
| 城镇化 | 人口城镇化 $U_1$ | 城镇化率（%） |
| | 经济城镇化 $U_2$ | 人均 GDP（万元） |
| | 社会城镇化 $U_3$ | 城镇养老保险参保率（%） |

### 5.2.3 我国城镇化水平情况

我国年末总人口从 2000 年的 126743 万人增长到 2018 年的 139508 万人，总人口持续增加，但增长态势放缓很多，见图 5 - 3。城镇人口由 2000 年的 45906 万人增加到 2018 年的 83137 万人，18 年间增长了 37231 万人，年均增长 4.5%。城镇化率 2000 年末为 36.22%，2003 年达到了 40.53%，2011 年上升至 51.27%，2018 年达到了 59.59%，18 年间从 36.22% 增长至 59.59%，增长了 0.65 倍，年均增长 1.3 个百分点，见表 5 - 12。

表 5 - 12 2000 ~ 2018 年我国城镇化率情况

| 年份 | 年末总人口（万人） | 城镇人口（万人） | 城镇化率 |
|---|---|---|---|
| 2000 | 126743 | 45906 | 0.3622 |
| 2001 | 127627 | 48064 | 0.3766 |
| 2002 | 128453 | 50212 | 0.3909 |
| 2003 | 129227 | 52376 | 0.4053 |

① 刘耀彬，李仁东，宋学锋. 中国区域城市化与生态环境耦合的关联分析 [J]. 地理学报，2005（3）：237 - 247.

② 齐爱荣，周忠学，刘欢. 西安城市化与都市农业发展耦合关系研究 [J]. 地理研究，2013（11）：2133 - 2142.

续表

| 年份 | 年末总人口（万人） | 城镇人口（万人） | 城镇化率 |
|---|---|---|---|
| 2004 | 129988 | 54283 | 0.4176 |
| 2005 | 130756 | 56212 | 0.4299 |
| 2006 | 131448 | 58288 | 0.4434 |
| 2007 | 132129 | 60633 | 0.4589 |
| 2008 | 132802 | 62403 | 0.4699 |
| 2009 | 133450 | 64512 | 0.4834 |
| 2010 | 134091 | 66978 | 0.4995 |
| 2011 | 134735 | 69079 | 0.5127 |
| 2012 | 135404 | 71182 | 0.5257 |
| 2013 | 136072 | 73111 | 0.5373 |
| 2014 | 136782 | 74916 | 0.5477 |
| 2015 | 137462 | 77116 | 0.5610 |
| 2016 | 138271 | 79298 | 0.5735 |
| 2017 | 139008 | 81347 | 0.5852 |
| 2018 | 139508 | 83137 | 0.5959 |

资料来源：《中国统计年鉴》（2000～2018）。

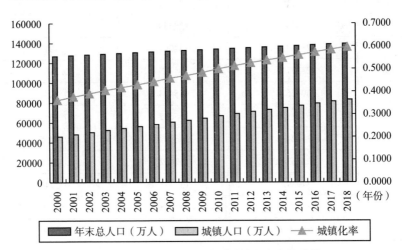

图 5－3　2000～2018 年我国城镇化率变化趋势

资料来源：表 5－12。

城镇养老保险参保人数从 2000 年的 13617.4 万人增加到 2018 年的 41848.0 万人，18 年间增长了 28230.6 万人，年均增长 11.52%。参保率从 2000 年的 10.74% 上升至 2018 年的 30%，增长了近 2 倍，年均增长了 1.07 个百分点，见表 5 - 13。

表 5 - 13　2000～2018 年我国城镇参加养老保险人数及参保率情况

| 时间 | 城镇参加养老保险人数（万人） | 总人口（万人） | 城镇养老保险参保率 |
|------|------------------------------|----------------|--------------------|
| 2000 | 13617.4 | 126743 | 0.1074 |
| 2001 | 14182.5 | 127627 | 0.1111 |
| 2002 | 14736.6 | 128453 | 0.1147 |
| 2003 | 15506.7 | 129227 | 0.1200 |
| 2004 | 16352.9 | 129988 | 0.1258 |
| 2005 | 17487.9 | 130756 | 0.1337 |
| 2006 | 18766.3 | 131448 | 0.1428 |
| 2007 | 20136.9 | 132129 | 0.1524 |
| 2008 | 21891.1 | 132802 | 0.1648 |
| 2009 | 23549.9 | 133450 | 0.1765 |
| 2010 | 25707.3 | 134091 | 0.1917 |
| 2011 | 28391.3 | 134735 | 0.2107 |
| 2012 | 30426.8 | 135404 | 0.2247 |
| 2013 | 32218.4 | 136072 | 0.2368 |
| 2014 | 34124.4 | 136782 | 0.2495 |
| 2015 | 35361.2 | 137462 | 0.2572 |
| 2016 | 37929.7 | 138271 | 0.2743 |
| 2017 | 40293.3 | 139008 | 0.2899 |
| 2018 | 41848.0 | 139508 | 0.3000 |

资料来源：《中国统计年鉴》（2000～2018）。

人均 GDP 是反映经济发展的重要宏观指标，很多学者在研究城镇化经济方面，均把人均 GDP 列为衡量城镇化的首要经济指标。我国人均 GDP 增长速度较快，从 2000 年的 7942 元，上升至 2018 年 64644 元，增长了 7.14 倍，年均增长了 39.66%，见表 5 – 14。

表 5 – 14　　　　　　2000 ~ 2018 年我国人均 GDP 情况　　　　　单位：元

| 年份 | 2000 | 2001 | 2002 | 2003 | 2004 | 2005 | 2006 | 2007 | 2008 | 2009 |
|---|---|---|---|---|---|---|---|---|---|---|
| 人均 GDP | 7942 | 8717 | 9506 | 10666 | 12487 | 14368 | 16738 | 20494 | 24100 | 26180 |

| 年份 | 2010 | 2011 | 2012 | 2013 | 2014 | 2015 | 2016 | 2017 | 2018 | |
|---|---|---|---|---|---|---|---|---|---|---|
| 人均 GDP | 30808 | 36302 | 39874 | 43684 | 47005 | 50028 | 53680 | 59201 | 64644 | |

资料来源：《中国统计年鉴》（2000 ~ 2018 年）。

本书选用的衡量城镇化指标体系的具体数据情况如表 5 – 15 所示，人口城镇化、经济城镇化和社会城镇化分别用城镇化率、人均 GDP 和城镇养老保险参保率来衡量。

表 5 – 15　2000 ~ 2018 年我国城镇化率、人均 GDP、城镇养老保险参保率汇总

| 年份 | 城镇化率 $U_1$ | 人均 GDP（万元）$U_2$ | 城镇养老保险参保率 $U_3$ |
|---|---|---|---|
| 2000 | 0.3622 | 7942 | 0.1074 |
| 2001 | 0.3766 | 8717 | 0.1111 |
| 2002 | 0.3909 | 9506 | 0.1147 |
| 2003 | 0.4053 | 10666 | 0.12 |
| 2004 | 0.4176 | 12487 | 0.1258 |
| 2005 | 0.4299 | 14368 | 0.1337 |
| 2006 | 0.4434 | 16738 | 0.1428 |
| 2007 | 0.4589 | 20494 | 0.1524 |
| 2008 | 0.4699 | 24100 | 0.1648 |
| 2009 | 0.4834 | 26180 | 0.1765 |

| 年份 | 城镇化率 $U_1$ | 人均 GDP（万元）$U_2$ | 城镇养老保险参保率 $U_3$ |
|------|------|------|------|
| 2010 | 0.4995 | 30808 | 0.1917 |
| 2011 | 0.5127 | 36302 | 0.2107 |
| 2012 | 0.5257 | 39874 | 0.2247 |
| 2013 | 0.5373 | 43684 | 0.2368 |
| 2014 | 0.5477 | 47005 | 0.2495 |
| 2015 | 0.5610 | 50028 | 0.2572 |
| 2016 | 0.5735 | 53680 | 0.2743 |
| 2017 | 0.5852 | 59201 | 0.2899 |
| 2018 | 0.5959 | 64644 | 0.3000 |

资料来源：表 5 - 12、表 5 - 13、表 5 - 14。

# 第 6 章

# 人力资本与城镇化耦合关系实证分析

## 6.1  全国人力资本与城镇化耦合关系测度

### 6.1.1  数据的来源与处理

#### 6.1.1.1  数据的来源

本书首先拟测度 2000～2017 年我国人力资本存量与城镇化之间的耦合关系，数据来自《中国统计年鉴》等或计算得出，对于个别缺失的数据，以移动平均值进行填充。

#### 6.1.1.2  数据的处理

1. 首先确定反映系统行为特征的参考数列和影响系统行为的比较数列

本书将人力资本指标作为参考数列，城镇化指标作为比较数列。人力资本指标包括：教育人力资本存量（$H_1$）、科研人力资本存量（$H_2$）、培训人力资本存量（$H_3$）、卫生人力资本存量（$H_4$）、迁移人力资本存量（$H_5$）；城镇化指标包括：城镇化率（$U_1$）、人均 GDP（$U_2$）、城镇养老保险参保率（$U_3$）。

2. 对参考数列和比较数列进行无量纲化处理

由于各因素各有不同的计量单位，不同的量纲和数量级不便于比较。因此，在计算关联度之前，对原始数据进行无量纲化处理。设 $X_i = (x_i(1), x_i(2), \cdots, x_i(m))$ 为因素的行为序列。一般地，初值化方法适用于较稳定的社会经济现象的无量纲化，因为这样的数列呈现稳定增长趋势，通过初值化处理，可使增长趋势更加明显。因此，本书的无量纲化处理方法采用初值化方法。计算公式如下：

$$X_i' = X_i / x_i(1) = (X_i'(1), X_i'(2), \cdots, X_i'(n))$$
$$X_i(1) = 0, \quad i = 1, 2, 3, \cdots, n$$

## 6.1.2 模型的构建

人力资本存量与城镇化这两个系统的关联性，可以采用灰色关联度分析。通过计算两个系统的耦合度和关联度，得出两个系统之间的耦合与协调程度。灰色关联度分析对于一个系统发展变化态势提供了量化的度量。灰色关联度分析法是将研究对象及影响因素的因子值视为一条线上的点，与待识别对象及影响因素的因子值所绘制的曲线进行比较，比较它们之间的贴近程度，计算出研究对象与待识别对象各影响因素之间的贴近程度的关联度，通过比较各关联度的大小来判断待识别对象对研究对象的影响程度。若两个系统因素变化趋势一致程度高，则两个系统的关联度大，反之较低。

### 6.1.2.1 计算参考数列与比较数列的灰色关联系数 $\varepsilon_{ij}$

设经过数据处理后的参考数列为：$H_0 = \{h_0(1), h_0(2), \cdots, h_0(n)\}$；
$U_0 = \{u_0(1), u_0(2), \cdots, u_0(n)\}$

比较数列为：$H_i = \{h_i(1)，h_i(2)，\cdots，h_i(n)\}$；$U_i = \{u_i(1)，u_i(2)，\cdots，u_i(n)\}$

从几何角度看，关联程度实质上是参考数列与比较数列曲线形状的相似程度。凡比较数列与参考数列的曲线形状接近，则两者间的关联度较大；反之，如果曲线形状相差较大，则两者间的关联度较小。因此，可用曲线间的差值大小作为关联度的衡量标准。对于一个参考数列 $H_0$ 有若干个比较数列 $U_1，U_2，\cdots，U_n$，各比较数列与参考数列在各个时刻（即曲线中的各点）的关联系数 $\varepsilon_{ij}$ 可由下列公式算出：

$$\varepsilon_{ij} = \frac{\Delta(\min) + \rho\Delta(\max)}{\Delta_{oi}(k) + \rho\Delta(\max)}，$$

其中 $\rho$ 为分辨系数，一般在 $0 \sim 1$ 之间，通常取 $0.5$。

$$\Delta i(k) = |x0'(k) - xi'(k)|，k = 1，2，\cdots，n；$$

两极最大差，记为 $\Delta(\max)$；

两极最小差，记为 $\Delta(\min)$。

$$\Delta(\max) = \max(\max\Delta i(k)，k = 1，2，\cdots，n)，$$

$$\Delta(\min) = \min(\min\Delta i(k)，k = 1，2，\cdots，n)$$

### 6.1.2.2　计算关联度

由于每个比较数列与参考数列的灰色关联程度是通过 $n$ 个关联系数来反映的，关联信息分散，不便于从整体上进行比较，求平均值便是一种信息集中的方式。即用比较数列与参考数列各个时期的关联度系数之平均值来定量反映这两个数列的关联程度。

关联度 $\gamma_i$ 计算公式为：

$$\gamma_i = \frac{1}{N}\sum_{k=1}^{N}\varepsilon_i(k)$$

上式中，$\gamma_i$ 是比较数列 $H_i$ 对参考数列 $U_0$ 的灰色关联度，$\gamma_i$ 值越接近 1，说明相关性越好。

### 6.1.2.3 关联度排序

因素间的关联程度，主要是用关联度的大小次序描述，而不仅是关联度的大小。将 $m$ 个子序列对同一母序列的关联度按大小顺序排列起来，便组成了关联序，它反映了对于母序列来说各子序列的"优劣"关系。

### 6.1.2.4 耦合度模型

为了从整体上分析系统间的耦合情况，采用耦合度模型，计算公式为：

$$C_{(t)} = \frac{1}{m \times l} \sum_{i=1}^{m} \sum_{j=1}^{l} \varepsilon_{ij}(t)$$

其中，$C_{(t)}$ 为耦合度，$m$ 和 $l$ 分别为人力资本存量和城镇化指标的数量。$\varepsilon_{ij}$ 为 $t$ 时刻 $i$ 人力资本存量和 $j$ 城镇化参数之间的关联系数。

### 6.1.2.5 耦合关联度模型

计算方法是将关联系数按样本数 $n$ 求其平均值后可以得到一个关联度矩阵 $D_{ij}$，以反映系统中指标之间耦合的错综关系及其密切程度，即：

$$D_{ij} = \frac{1}{n} \sum_{t=1}^{n} \varepsilon_{ij}(t)$$

其中，$n$ 为样本数，$D_{ij}$ 为关联度矩阵。

在关联度矩阵基础上分别按行或列求出平均值，可得到一个分析序列组中某一指标与另一分析序列组的平均关联度。这些平均关联度是用来判断系统相互影响的主要因素。因此，根据其大小及对应的值域范围可以测度人力资本存量各指标对城镇化的影响。

$$D_i = \frac{1}{l} \sum_{j=1}^{l} \gamma_{ij} (i = 1, 2, \cdots, m)$$

$$D_j = \frac{1}{m} \sum_{i=1}^{m} \gamma_{ij} (j = 1, 2, \cdots, l)$$

### 6.1.3 测度结果及分析

根据上面的计算步骤，利用 MATLAB R2009a 软件，编制人力资本存量与城镇化耦合关联度计算程序。根据耦合度模型，在时序上从 2000 年开始分析，计算出 2000～2017 年人力资本存量与城镇化发展各个指标间的关联度及系统间的整体耦合度（见附录一）。系统间整体耦合度值分布在 0.5967～0.9305 之间。依据耦合关联度模型，测算出人力资本存量与城镇化的耦合关联度矩阵结果如表 6-1 所示。

表 6-1　　　　2000～2017 年我国人力资本存量与城镇化耦合关联度矩阵 $D_{ij}$

|  | $H_1$ | $H_2$ | $H_3$ | $H_4$ | $H_5$ | 平均值 |
|---|---|---|---|---|---|---|
| $U_1$ | 0.5967 | 0.6049 | 0.6035 | 0.6266 | 0.8222 | 0.6508 |
| $U_2$ | 0.8996 | 0.7225 | 0.7833 | 0.8515 | 0.6572 | 0.7828 |
| $U_3$ | 0.6262 | 0.6189 | 0.6447 | 0.6487 | 0.9305 | 0.6938 |
| 平均值 | 0.7075 | 0.6488 | 0.6772 | 0.7089 | 0.8033 | 0.7091 |

资料来源：《中国统计年鉴》（2000～2017 年）、表 5-8、表 5-15、附录一整理得出。

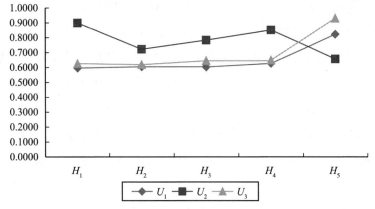

**图 6-1　2000～2017 年我国人力资本存量与城镇化耦合关联度趋势**

资料来源：表 6-1。

上述耦合度和关联度的计算方法表明，人力资本存量和城镇化的耦合度是反映两系统总体耦合程度的指标。根据王琦、陈才（2008）[①] 的研究，当 $C=0$，为完全无耦合；当 $0<C\leq0.3$，为低水平耦合；当 $0.3<C\leq0.5$，为拮抗耦合；当 $0.5<C\leq0.8$，为磨合耦合；当 $0.8<C<1$，为高水平耦合，当 $C=1$，为完全耦合。关联度矩阵用以说明人力资本系统与城镇化系统内部指标的耦合关系，其中最能反映两个系统内部各项指标间双向影响程度的是关联度的平均值即耦合度值。

根据刘耀彬等（2005）[②] 的研究，当 $0<\gamma\leq0.35$ 时为低关联度，说明两个系统中两个指标耦合关系弱；当 $0.35<\gamma\leq0.65$ 时为中等关联度，说明两指标间的耦合关系中等；当 $0.65<\gamma\leq0.85$ 时为高关联度，说明两指标间的耦合关系较强。根据以上测算原理及耦合度、关联度的测算标准，我们对耦合度与平均关联度的测算结果进行具体分析。

### 6.1.3.1　人力资本存量与城镇化发展的总体耦合关系

耦合度测算表明，2000～2017 年中国人力资本存量系统与城镇化发展系统间的整体耦合度值分布在 0.5967～0.9305 之间，主要处于磨合耦合阶段，表明它们之间的交互耦合作用较强。这一实证结果基本符合中国近 20 年的经济发展的实际及城镇化发展的情况。从具体指标的关联程度来看，人力资本存量系统中的指标 $H_1$（教育人力资本存量）、$H_2$（培训人力资本存量）、$H_3$（卫生保健人力资本存量）、$H_4$（科研人力资本存量）、$H_5$（迁移人力资本存量），与城镇化发展系统中的指标 $U_1$（城镇化率）、$U_2$（人均 GDP）、$U_3$（城镇养老保险参保率）的整体

---

① 王琦，陈才. 产业集群与区域经济空间的耦合度分析 [J]. 地理科学，2008（4）：145－149.

② 刘耀彬，李仁东，宋学锋. 中国区域城市化与生态环境耦合的关联分析 [J]. 地理学报，2005（3）：237－247.

耦合度为 0.7091，在 0.5～0.8 之间，处于磨合耦合阶段。说明人力资本存量与城镇化两个系统互相影响、交互作用较强，但与高水平耦合还存在一定差距。在 2000～2017 年间，人力资本存量中教育人力资本存量从 13011.1 亿元增长到 2017 年的 89140.51 亿元，增长了 5.85 倍；培训人力资本存量从 248.1 亿元增长到 3133.44 亿元，增长了 11.63 倍；卫生保健人力资本存量从 15770.97 亿元增长到 89736.54 亿元，增长了 4.69 倍；科研人力资本存量从 2462.94 亿元增长了到 22096.58 亿元，增长了 7.98 倍；迁移人力资本存量从 1404.11 亿元增长到 4037.16 亿元，增长了 1.88 倍。城镇化系统中，城镇化率从 2000 年的 0.3622 上升至 2017 年的 0.5852；衡量经济城镇化的人均 GDP 从 2000 年的 7942 元到 2017 年的 59201 元，17 年间增加了 0.45 倍。总体上看，两个系统都呈现出较快增长的势头，两系统互相促进、互相影响。

### 6.1.3.2　人力资本存量与城镇化指标间的耦合关系

表 6-1 中行计算的平均关联度依次为 0.7075、0.6488、0.6772、0.7089、0.8033，分别为教育人力资本存量、培训人力资本存量、卫生人力资本存量、科研人力资本存量和迁移人力资本存量与城镇化整体指标的关联度。其中科研人力资本存量与城镇化的关联度最高为 0.8033，表示较强的耦合关系。培训人力资本存量与城镇化的关联度最低为 0.6488，表示中等耦合关系，其他人力资本存量指标与城镇化的关联度为 0.7075、0.6077、0.7089，均在 0.65 和 0.85 之间，为较强的关联度。其成因从人力资投资角度来推断，科研人力资本存量指标所用数据为研究与试验发展经费，是指在科学技术领域，为增加知识总量，以及运用这些知识去创造新的应用进行的系统的创造性活动，包括基础研究、应用研究、试验发展类活动中政府支出的经费，主要衡量一个国家科技活动规模和科技投入水平的重要指标，是产业结构升级的重要资金保证，产业结构升级对于城镇化的人口城镇化、经济城镇化和社会城镇

化都有积极的促进作用，因此上述推断可以作为本指标与城镇化整个系统的耦合关系较强的重要原因。培训人力资本存量所用指标为企业的培训经费，由于培训经费没有具体统计数据，因此本书沿用学者谭永生（2007）、焦斌龙（2011）的计算方法，用"城镇单位就业职工工资总额的 1.5% 代替职工在职培训的投入"作为企业的培训经费，经过计算得出培训人力资本存量，此项存量在整个人力资本存量总量中所占的比重比较小，而且很多学者研究我国的城镇化发展的主因是农业生产率的提高，城市第三产业增加值占 GDP 的比重增大及剩余劳动力等问题，因此培训人力资本存量与其他指标相比与城镇化系统的耦合关系相对弱一些。

表 6-1 中列计算的平均关联度为 0.6508、0.7828、0.6938，分别为城镇化中的城镇化率、人均 GDP 和城镇养老保险参保率这三项指标与人力资本存量的整体耦合关系，三个关联度的数值都在 0.65 和 0.85 之间，说明这三个关联代表的耦合关系较强。其中最大值为 0.7828，表明人力资本存量与人均 GDP 的关联度最高，达到 0.7828，说明人力资本存量与城镇化中的经济城镇化耦合关系最强；其次为 0.6983，表明人力资本存量与城镇养老保险参保率的关联度较高；最后为人力资本存量与城镇化率的关联度，为 0.6508，说明人力资本存量与城镇化率的关联度不如前两个指标强。

表 6-1 中其他指标的数值，其中 $H_5$ 与 $U_3$ 的关联值为 0.9305，矩阵中的最大值，说明迁移人力资本存量与城镇养老保险参保率耦合关系最密切，耦合作用极强，在趋势图中达到了最高点（见图 6-1），$H_1$ 与 $U_1$ 的关联值最小为 0.5967，矩阵中的最小值，在趋势图中为最低点，说明教育人力资本存量与城镇化率的耦合关系为中等。城镇化与人力资本存量单个指标的关联中，城镇化与迁移人力资本存量（$H_5$）的关联度最高，达到 0.8033，说明城镇化整个系统与迁移人力资本存量耦合关系最强。

### 6.1.3.3　简要分析我国人力资本与城镇化耦合关系情况

人力资本存量与城镇化的动态耦合，实质上是人力资本投资在城镇化过程中资源分配、投资需求、促进发展的优化配置过程，两者的耦合程度越高其人力资本投资的效率就越高。我国人力资本与城镇化存在较强的互动关系，说明两者的互动良好，无论耦合度还是关联度都处于中上等水平。这就说明我国在教育、培训、卫生、科研及迁移方面形成的人力资本投资能够较好地促进城镇化在人口、经济、社会的发展，加快了城镇化的发展，提升了城镇化的质量。

但我国人力资本投资与城镇化发展的需求还有很大的差距，从分省的耦合关系来看①，很多省份的人力资本投资与城镇化的发展不协调，并且在相应年份，很多省份人力资本投资滞后于城镇化的发展。从教育经费的角度来看，我国财政性教育经费占 GDP 的比重从 2000 年至2011 年一直在 2% ~ 4% 之间，从 2012 年开始超过了 4%，2017 年达到了 GDP 的 4.18%，见表 6-2。根据联合国教科文组织发布的标准，4% 为国际倡导的最低标准。《2017/8 全球教育监测报告》显示，2015 年，教育支出占 GDP 的比例低于 4% 的地区为：东亚和东南亚地区（3.6%，该数据不包含中国）、高加索和中亚地区（2.8%）、西亚地区（3.6%）和南亚地区（3.3%）。如果以国家为单位，则 2015 年有 49 个国家在教育方面的支出不足 GDP 的 4%。2014 年全球范围内平均数为 4.6%，2015 年全球范围的中位数为 4.7%。我国 2015 年国家财政性教育支出占 GDP 的 4.28%，这与撒哈拉以南的非洲地区（4.1%）处于同一水平。欧美国家多数超过 5%。2015 年教育支出占GDP 比例达到或超过 5% 的地区为：欧洲和北美（5.1%），拉丁美洲和加勒比（5%）。值得注意的是，随着人口老龄化和少子化的加剧，

---

①　分省的耦合关系及类型在下一小节做阐述。

从 2000 年到 2015 年，部分中高收入国家教育支出占 GDP 的比例有所下降。[①] 我国从 2016 年开始，财政性教育经费和教育经费占 GDP 的比重也开始下降。

表 6-2　我国国家财政性教育经费、教育经费占国民总收入及 GDP 情况

| 年份 | 国家财政性教育经费（亿元） | 教育经费（亿元） | 国民总收入（亿元） | 国家财政性教育经费占 GDP 比重 | 教育经费占 GDP 比重 |
|---|---|---|---|---|---|
| 2000 | 2562.61 | 3849.08 | 99066.10 | 0.0259 | 0.0389 |
| 2001 | 3057.01 | 4637.66 | 109276.20 | 0.0280 | 0.0424 |
| 2002 | 3491.40 | 5480.03 | 120480.40 | 0.0290 | 0.0455 |
| 2003 | 3850.62 | 6208.27 | 136576.30 | 0.0282 | 0.0455 |
| 2004 | 4465.86 | 7242.60 | 161415.40 | 0.0277 | 0.0449 |
| 2005 | 5161.08 | 8418.84 | 185998.90 | 0.0277 | 0.0453 |
| 2006 | 6348.36 | 9815.31 | 219028.50 | 0.0290 | 0.0448 |
| 2007 | 8280.21 | 12148.07 | 270704.00 | 0.0306 | 0.0449 |
| 2008 | 10449.63 | 14500.74 | 321229.50 | 0.0325 | 0.0451 |
| 2009 | 12231.09 | 16502.71 | 347934.90 | 0.0352 | 0.0474 |
| 2010 | 14670.07 | 19561.85 | 410354.10 | 0.0357 | 0.0477 |
| 2011 | 18586.70 | 23869.29 | 483392.80 | 0.0385 | 0.0494 |
| 2012 | 23147.57 | 28655.31 | 537329.00 | 0.0431 | 0.0533 |
| 2013 | 24488.22 | 30364.72 | 588141.20 | 0.0416 | 0.0516 |
| 2014 | 26420.58 | 32806.46 | 642097.60 | 0.0411 | 0.0511 |
| 2015 | 29221.45 | 36129.19 | 683390.50 | 0.0428 | 0.0529 |
| 2016 | 31396.25 | 38888.39 | 737074.00 | 0.0426 | 0.0528 |
| 2017 | 34207.75 | 41647.58 | 818461.00 | 0.0418 | 0.0509 |

资料来源：《中国统计年鉴》（2000～2017）。

---

① 联合国教科文组织《2017/8 全球教育监测报告》。

　　培训人力资本存量的数据主要来自年度城镇职工工资总额，本书所用数据为年度数据，由于国际权威组织没有城镇职工工资总额占比的衡量标准，因此本书用城镇工资总额、城镇就业人员平均工资、城镇居民家庭人均可支配收入、农村居民家庭人均可支配收入、人均GDP、城镇就业人员平均工资占人均 GDP 比重、城镇居民家庭人均可支配收入占人均 GDP 比重以及农村居民家庭人均可支配收入占人均GDP 比重等相关数据，来分析培训人力资本存量的情况和迁移人力资本存量情况。

　　2018 年，我国的国内生产总值为 90 万亿元，人均国内生产总值约为 64516 元，约为 9500 美元。然而，在 2018 年，我国的人均可支配收入为 28228 元，相当于近 4158 美元。如果按人均国内生产总值计算，在 2017 年我国人均国内生产总值为 9376.97 美元，世界排名第 72 位。墨西哥排名第 71 位，人均国内生产总值为 10020.8 美元。如果墨西哥在 2018 年没有倒退，我国的人均国内生产总值应保持在这一位置，因为 9500 美元仍低于墨西哥的 10000 美元。我们看一下人均收入，我国的排名可能会有所倒退。因为在发达国家，个人收入占 GDP 的比例为 50% ~ 60% 左右。我国居民收入占 GDP 的比例低于 45%[①]。远低于发达国家，并且与许多发展中国家也不具有可比性。

　　在世界经济比较中，只显示人均 GDP 排名，人均收入顺序未知，或许多媒体和机构将人均收入与人均 GDP 混在一起，其实，人均收入与人均 GDP 差别很大。人均收入是指居民的平均可支配收入，人均GDP 是指国家或地区的总体经济的人均价值。2016 年，美国人均 GDP 是 56175 美元，美国人均可支配收入是 39192 美元，也就是可支配收入占 GDP 的比重高达 69.8%。2016 年，我国人均 GDP 是 8768 美元，人均可支配收入 3436 美元，也就是我国居民可支配收入占 GDP 比重为

---

① 国家统计局，http://dy.163.com/v2/article/detail/E6IHA34G0517UCRS.html。

39%。2016年美国的人均GDP为中国的6.4倍,美国的人均可支配收入是中国的为11.4倍。

2016年美国官方贫困标准为:(1)一人生活,家庭年收入低于12228美元(8.1万元人民币);(2)两个人生活,家庭年收入低于15669美元(10.4万元人民币);(3)三口之家,家庭年收入低于19105美元(12.7万元人民币);(4)一家四口,家庭年收入低于24563美元(16.3万元人民币)。2018年,上海的人均可支配收入为64183元。上海是我国人均可支配收入最高的城市,2018年上海人均可支配收入还达不到2016年美国的贫困标准。

如表6-3所示,2000~2017年,我国城镇就业人员平均工资在4731.85元~30589.49元之间,城镇居民家庭人均可支配收入在6255.70~36396元,农村居民家庭人均可支配收入为2282.10元~13432元,我国人均GDP在7942元~59201元。城镇就业人员平均工资占人均GDP的比重从2000年的0.5958下降到2010年的0.4432,之后又上升至2013年的0.5571,之后逐步下降到2017年的0.5167;城镇居民家庭人均可支配收入占人均GDP比重从2000年的0.7877上升2002年的0.8050,之后持续下降2011年的0.5902,至2017年回升至0.6148;农村居民家庭人均可支配收入占人均GDP比重相对较低,从2000年的0.2873下降至2010年的0.2036,之后逐步回升至2017年的0.2283。

从以上数据可以看出,中国人均收入水平在世界上以及与发达国家相比还是有比较大的差距,培训人力资本存量与迁移人力资本存量主要是依据城镇居民收入与农村居民收入推算出来的,因此可推断我国培训人力资本存量与迁移人力资本存量与发达国家还有较大差距。

表6－3　我国城镇、农村收入等相关数据占 GDP 比重情况

| 年份 | 城镇工资总额（亿元） | 城镇就业人员（万人） | 城镇就业人员平均工资（元） | 城镇居民家庭人均可支配收入（元） | 农村居民家庭人均可支配收入（元） | 人均 GDP（元） | 城镇就业人员平均工资占人均 GDP 比重 | 城镇居民家庭人均可支配收入占人均 GDP 比重 | 农村居民家庭人均可支配收入占人均 GDP 比重 |
|---|---|---|---|---|---|---|---|---|---|
| 2000 | 10954.70 | 23151.00 | 4731.85 | 6255.70 | 2282.10 | 7942.00 | 0.5958 | 0.7877 | 0.2873 |
| 2001 | 12205.40 | 24123.00 | 5059.65 | 6824.00 | 2406.90 | 8717.00 | 0.5804 | 0.7828 | 0.2761 |
| 2002 | 13638.10 | 25159.00 | 5420.76 | 7652.40 | 2528.90 | 9506.00 | 0.5702 | 0.8050 | 0.2660 |
| 2003 | 15329.60 | 26230.00 | 5844.30 | 8405.50 | 2690.30 | 10666.00 | 0.5479 | 0.7881 | 0.2522 |
| 2004 | 17615.00 | 27293.00 | 6454.04 | 9334.80 | 3026.60 | 12487.00 | 0.5169 | 0.7476 | 0.2424 |
| 2005 | 20627.10 | 28389.00 | 7265.88 | 10382.30 | 3370.20 | 14368.00 | 0.5057 | 0.7226 | 0.2346 |
| 2006 | 24262.30 | 29630.00 | 8188.42 | 11619.70 | 3731.00 | 16738.00 | 0.4892 | 0.6942 | 0.2229 |
| 2007 | 29471.50 | 30953.00 | 9521.37 | 13602.50 | 4327.00 | 20494.00 | 0.4646 | 0.6637 | 0.2111 |
| 2008 | 35289.50 | 32103.00 | 10992.59 | 15549.40 | 4998.80 | 24100.00 | 0.4561 | 0.6452 | 0.2074 |
| 2009 | 40288.20 | 33322.00 | 12090.57 | 16900.50 | 5435.10 | 26180.00 | 0.4618 | 0.6456 | 0.2076 |
| 2010 | 47269.90 | 34687.00 | 13627.55 | 18779.10 | 6272.40 | 30808.00 | 0.4423 | 0.6096 | 0.2036 |
| 2011 | 59954.70 | 35914.00 | 16693.96 | 21426.90 | 7393.90 | 36302.00 | 0.4599 | 0.5902 | 0.2037 |
| 2012 | 70914.20 | 37102.00 | 19113.31 | 24126.70 | 8389.30 | 39874.00 | 0.4793 | 0.6051 | 0.2104 |
| 2013 | 93064.30 | 38240.00 | 24336.90 | 26467.00 | 9430.00 | 43684.00 | 0.5571 | 0.6059 | 0.2159 |

续表

| 年份 | 城镇工资总额（亿元） | 城镇就业人员（万人） | 城镇就业人员平均工资（元） | 城镇居民家庭人均可支配收入（元） | 农村居民家庭人均可支配收入（元） | 人均GDP（元） | 城镇就业人员平均工资占人均GDP比重 | 城镇居民家庭人均可支配收入占人均GDP比重 | 农村居民家庭人均可支配收入占人均GDP比重 |
|---|---|---|---|---|---|---|---|---|---|
| 2014 | 102817.20 | 39310.00 | 26155.48 | 28844.00 | 10489.00 | 47005.00 | 0.5564 | 0.6136 | 0.2231 |
| 2015 | 112007.80 | 40410.00 | 27717.84 | 31195.00 | 11422.00 | 50028.00 | 0.5540 | 0.6236 | 0.2283 |
| 2016 | 120074.80 | 41428.00 | 28983.97 | 33616.00 | 12363.00 | 53680.00 | 0.5399 | 0.6262 | 0.2303 |
| 2017 | 129889.10 | 42462.00 | 30589.49 | 36396.00 | 13432.00 | 59201.00 | 0.5167 | 0.6148 | 0.2269 |

资料来源：《中国统计年鉴》（2000~2017）。

## 6.2　地区人力资本与城镇化耦合关系测度

### 6.2.1　人力资本指标体系的修正

在测度我国人力资本存量与城镇化的耦合关系时，人力资本存量这一指标使用的是总额数据，即采用 2000～2017 年每一年的总额数据计算，同时累计上一年的存量得到的，因此称之为人力资本存量。而测度我国地区人力资本与城镇化发展的耦合关系时，由于我国各个省份人口、经济、面积等指标的差距较大，为确保公平，地区人力资本使用的是人均数值，即各省各年的人力资本总额数据与各省人口之比。为确保数据的完整性，本书在做地区人力资本与城镇化耦合关系实证分析时，计算的是 2008 年、2011 年和 2016 年三个年份当年的人力资本投资，无法计算上一年的积累和折旧，因此此项指标称作人力资本投资，而非人力资本存量。由于我国各省流动人口数据缺失，因此无法推算人口迁移的成本，故无法推算迁移人力资本投资，因此地区人力资本指标体系中舍弃迁移人力资本。在计算地区人力资本投资与城镇化耦合关系时，人力资本指标只有教育人力资本投资（$H_1$）、培训人力资本投资（$H_2$）、卫生人力资本投资（$H_3$）和科研人力资本投资（$H_4$），见表 6 - 4。

表 6 - 4　　　　　　　　　人力资本与城镇化指标体系及权重

| 指标 | | 名称及单位 | 权重 | | |
|---|---|---|---|---|---|
| | | | 2008 年 | 2011 年 | 2016 年 |
| 人力资本 | $H_1$ | 教育人力资本投资（万元） | 0.2262 | 0.2097 | 0.2144 |
| | $H_2$ | 培训人力资本投资（万元） | 0.3521 | 0.3864 | 0.4000 |
| | $H_3$ | 卫生人力资本投资（万元） | 0.2506 | 0.2208 | 0.1724 |
| | $H_4$ | 科研人力资本投资（万元） | 0.1710 | 0.1830 | 0.2132 |

| 指标 | | 名称及单位 | 权重 | | |
|---|---|---|---|---|---|
| | | | 2008 年 | 2011 年 | 2016 年 |
| 城镇化 | $U_1$ | 城镇化率（％） | 0.2130 | 0.1896 | 0.1553 |
| | $U_2$ | 人均 $GDP$（万元） | 0.4834 | 0.4665 | 0.5188 |
| | $U_3$ | 城镇养老保险参保率（％） | 0.3036 | 0.3440 | 0.3259 |

资料来源：根据《中国统计年鉴》（2008）、（2011）、（2016）计算得出。

## 6.2.2　数据处理及模型的构建

### 6.2.2.1　数据的来源

地区人力资本与城镇化耦合关系测度的数据均来自《中国统计年鉴》并计算得出。由于部分年份数据的缺失，通过比较来源数据的完整性，因此主要测度中国 31 个省份 2008 年、2011 年和 2016 年三个年份人力资本投资与城镇化发展耦合关系，对于个别缺失的数据，以移动平均值进行填充。

### 6.2.2.2　数据的处理

1. 无量纲化处理

由于各指标原始数据的量纲不同，为了消除量纲差异，运用极差标准化的方法对各指标的原始数据进行无量纲化处理，具体计算公式如下：

$$X_i' = (X_i - \min X_i) / (\max X_i - \min X_i)$$

$$Y_j' = (Y_j - \min Y_j) / (\max Y_j - \min Y_j)$$

2. 熵值法确定权重

测度我国地区人力资本投资与城镇化发展耦合关系，需要确定人力资本投资与城镇化各指标的权重，借鉴相关研究学者的确定方法，本书采用熵值法来确定各指标的权重。熵值法是客观确定权重的常用方法，熵值法中的熵是对不确定性的一种度量。信息量越大，不确定性就越小，熵也就越小；信息量越小，不确定性就越大，熵也就越大。根据熵的特性，我们可以根据熵值的大小来判断某个指标的离散程度，指标的离散程度越大，指标对综合评价的影响越大。因此可以根据熵值这个工具计算出各个指标的权重，为多指标综合评价提供科学依据。熵值法求各指标权重的步骤如下：

（1）计算指标 $X_{ij}$ 的比重 $W_{ij}$，权重 $W_{ij} = \dfrac{X_{ij}}{\sum\limits_{i=1}^{m} X_{ij}}$，其中 $m$ 为方案数。

（2）计算第 $i$ 项指标的熵值 $S_j$，$S_j = -K \sum\limits_{i=1}^{m} W_{ij} \ln W_{ij}$，其中 $K = 1/\ln(m)$。

（3）计算指标 $X_{ij}$ 的差异性系数 $D_j$，其中 $D_j = 1 - S_j$，当 $D_j$ 值越大，指标 $X_{ij}$ 在综合评价中的重要性就越强。

（4）计算指标 $X_j$ 的权数 $\omega_j$，$\omega_j = \dfrac{D_j}{\sum\limits_{j=1}^{n} D_j} = \dfrac{1 - S_j}{\sum\limits_{j=1}^{n}(1 - S_j)}$。

根据熵值法计算出人力资本投资与城镇化各指标权重，见表 6 - 4。人力资本的指标体系中，培训人力资本投资的权重最大，分别是 2008 年的 0.3521，2011 年的 0.3864 和 2016 年的 0.4，说明培训人力资本在人力资本指标体系中最为重要。2008 年和 2011 年中卫生人力资本投资权重排在第二位，分别为 0.2506 和 0.2208；教育人力资本投资权重排在第三位，分别为 0.2262 和 0.2097；科研人力资本投资权重排在最后，分别为 0.171 和 0.183。2016 年人力资本指标体系中，第二至第四位的权重指标与前两个年份相比发生了变化，教育人力资本投资权重排在第二位，为 0.2144；科研人力资本投资权重排在第三位，为 0.2132，卫生人力资本的权重排在最后，为 0.1724。在城镇化指标体系中，衡量经济城镇化的人均 GDP 的权重在 2008 年、2011 年和 2016 年均排在第一位，分别为 0.4834、0.4665 和 0.5188，说明人均 GDP 在城镇化指标体系中最为重要；排在第二位的是衡量社会城镇化的城镇养老保险参保率，分别为 0.3036、0.3440 和 0.3259；排在最后一位的是衡量人口城镇化的城镇化率，分别为 0.2130、0.1896 和 0.1553。

### 6.2.2.3 耦合模型的构建

耦合是物理学概念，是指两个或两个以上系统通过各种相互作用而彼此影响的现象，耦合关系是指某两个事物之间存在一种相互作用、相互影响的关系；耦合度就是用来描述系统或运动互相影响的程度。考虑到人力资本投资与城镇化两个系统的复杂性和关联性，本书参考仇娟东等（2012）[①]、唐晓华等（2018）[②] 等学者的研究，运用耦合模型，分析人力资本投资与城镇化的耦合度，研究两个系统之间的耦合协调程度。

1. 耦合度系数

假设用 $X_i(i=1，2，3，4)$ 表示人力资本投资的 4 个指标，用 $Y_j(j=1，2，3)$ 表示城镇化的 3 个指标，则人力资本投资和城镇化的综合发展水平可分别表示为：

$$H(X) = \sum_{i=1}^{n} \alpha_i X_i，\ U(Y) = \sum_{j=1}^{n} \beta_j Y_j$$

其中，$H(X)$ 和 $U(Y)$ 分别表示人力资本投资和城镇化综合发展水平，$\alpha_i$、$\beta_j$ 分别表示人力资本投资和城镇化各指标的权重。根据相关文献（宋建波，2010），人力资本投资与城镇化耦合度的计算公式为：

$$C = H(X) \cdot U(Y)/\{[H(X) + U(Y)]/2\}2$$

其中，$C$ 为耦合度系数，反映了人力资本投资综合发展水平 $H(X)$ 和城镇化综合发展水平 $U(Y)$ 在一定条件下的协调发展程度。$C$ 值越大，说明人力资本投资与城镇化越协调，反之则相反。但 $C$ 作为耦合度

---

[①] 仇娟东，赵景峰，吴建树. 基于耦合关系的中国区域土地利用效益水平测度 [J]. 中国人口·资源与环境，2012（1）：103 – 110.

[②] 唐晓华，张欣珏，李阳. 中国制造业与生产性服务业动态协调发展实证研究 [J]. 经济研究，2018（3）：79 – 93.

系数也有一定缺陷，若两系统水平同时较低时，$C$ 也会出现较高值，即伪协调。因此构建耦合协调发展系数 $D$ 来克服上述缺陷。

2. 耦合协调发展系数

本书拟实证分析中国多省份人力资本投资与城镇化协调发展程度，为了克服耦合度 $C$ 值的缺陷，根据相关学者的研究（仇娟东等，2012；唐晓华等，2018），构建耦合协调发展系数来衡量人力资本投资水平与城镇化水平协调发展的具体情况。模型具体构建如下：

$$D = \sqrt{C \cdot E}$$

$$E = \delta H(X) + \gamma U(Y)$$

其中 $D$ 表示耦合协调发展系数；$E$ 表示人力资本投资与城镇化的整体效益指数；$\delta$、$\gamma$ 分别为人力资本投资和城镇化重要程度的权数，计算公式为：

$$\delta = \frac{\lambda(X)}{\lambda(X) + \lambda(Y)}, \quad \gamma = \frac{\lambda(Y)}{\lambda(X) + \lambda(Y)}$$

其中 $\lambda(X)$ 表示熵值法确定的人力资本投资各指标权数之和；$\lambda(Y)$ 表示熵值法确定的城镇化各指标权数之和。

根据上述分析，本书根据耦合协调发展系数 $D$ 的大小，以及借鉴相关学者的研究（唐晓华等，2018；张桂文，2014；仇娟东等，2012），将人力资本投资与城镇化发展状况分为 5 大类、15 种类型，具体如表 6 - 5 所示。

表 6 - 5　　我国地区人力资本投资与城镇化协调发展的分类体系

| $D$ | 类型 | $H(X)$ 和 $U(Y)$ | 含义及特征 |
|---|---|---|---|
| 0.8 < D ≤ 1.0 | 良好协调发展类 | $H(X) > U(Y)$ | 良好协调发展类城镇化滞后型 |
| | | $H(X) = U(Y)$ | 良好协调发展类人力资本投资与城镇化协同发展型 |
| | | $H(X) < U(Y)$ | 良好协调发展类人力资本投资滞后型 |

| $D$ | 类型 | $H(X)$ 和 $U(Y)$ | 含义及特征 |
|---|---|---|---|
| | | $H(X) > U(Y)$ | 中度协调发展类城镇化滞后型 |
| $0.6 < D \leq 0.8$ | 中度协调发展类 | $H(X) = U(Y)$ | 中度协调发展类人力资本投资与城镇化协同发展型 |
| | | $H(X) < U(Y)$ | 中度协调发展类人力资本投资滞后型 |
| | | $H(X) > U(Y)$ | 勉强协调发展类城镇化滞后型 |
| $0.4 < D \leq 0.6$ | 勉强协调发展类 | $H(X) = U(Y)$ | 勉强协调发展类人力资本投资与城镇化协同发展型 |
| | | $H(X) < U(Y)$ | 勉强协调发展类人力资本投资滞后型 |
| | | $H(X) > U(Y)$ | 中度失调衰退类城镇化滞后型 |
| $0.2 < D \leq 0.4$ | 中度失调衰退类 | $H(X) = U(Y)$ | 中度失调衰退类人力资本投资与城镇化协同发展型 |
| | | $H(X) < U(Y)$ | 中度失调衰退类人力资本投资滞后型 |
| | | $H(X) > U(Y)$ | 严重失调衰退类城镇化滞后型 |
| $0 < D \leq 0.2$ | 严重失调衰退类 | $H(X) = U(Y)$ | 严重失调衰退类人力资本投资与城镇化协同发展型 |
| | | $H(X) < U(Y)$ | 严重失调衰退类人力资本投资滞后型 |

## 6.2.3 测算结果与分析

根据前文所述的耦合协调发展系数的测算方法，本书对中国 2008 年、2011 年和 2016 年各省份的人力资本投资和城镇化各指标进行测算，根据测算模型计算出人力资本投资水平系数（$H(X)$）、城镇化发展系数（$U(Y)$）、耦合度系数（$C$）、耦合协调发展系数（$D$），如表 6 - 6、6 - 7、6 - 8 所示，具体计算过程见附录二。

从测度结果上看，根据人力资本投资水平和城镇化发展水平，可将中国 31 个省份划分为良好协调发展类、中度协调发展类、勉强协调发展类和中度失调衰退类四大类，其中每一大类都分为人力资本投资滞后型和城镇化滞后型两类。根据结果具体分析如下，见表 6-6、表 6-7、表 6-8、表 6-9，表 6-10 为具体类型的细分情况①，此表分析出各省份人力资本投资与城镇化耦合关系的具体细分类型，即人力资本投资稍微滞后于城镇化发展、人力资本一般滞后于城镇化发展、人力资本投资严重滞后于城镇化发展、城镇化稍微滞后于人力资本投资、城镇化一般滞后于人力资本投资、城镇化严重滞后于人力资本投资六种类型②。

表 6-6　　2008 年我国各省人力资本投资与城镇化协调发展情况

| 地区<br>（Region） | $H(X)$ | $U(Y)$ | $C$ | $\dfrac{H(X)}{U(Y)}$ | D | | 类型<br>（Category） |
|---|---|---|---|---|---|---|---|
| | | | | | 得分<br>（Score） | 排序<br>（Order） | |
| 北京市 | 1.0000 | 0.9430 | 0.9991 | 1.0605 | 0.9852 | 1 | 良好协调发展类城镇化滞后型 |
| 上海市 | 0.6528 | 0.9978 | 0.9563 | 0.6543 | 0.8884 | 2 | 良好协调发展类人力资本投资滞后型 |
| 天津市 | 0.4874 | 0.7928 | 0.9431 | 0.6148 | 0.7770 | 3 | 中度协调发展类人力资本投资滞后型 |
| 浙江省 | 0.3901 | 0.5538 | 0.9699 | 0.7044 | 0.6765 | 4 | 中度协调发展类人力资本投资滞后型 |
| 广东省 | 0.2641 | 0.5238 | 0.8914 | 0.5043 | 0.5926 | 5 | 勉强协调发展类人力资本投资滞后型 |
| 江苏省 | 0.2612 | 0.5034 | 0.8997 | 0.5189 | 0.5865 | 6 | 勉强协调发展类人力资本投资滞后型 |

① 根据本文的具体分析以及借鉴唐晓华等（2018）、张桂文（2014）、范辉等（2014）、仇娟东等（2012）等学者相关研究得出。
② 由于没有省份属于城镇化严重滞后于人力资本投资的类型，因此表中没有显示。

续表

| 地区<br>(Region) | H(X) | U(Y) | C | $\frac{H(X)}{U(Y)}$ | D 得分<br>(Score) | D 排序<br>(Order) | 类型<br>(Category) |
|---|---|---|---|---|---|---|---|
| 辽宁省 | 0.1829 | 0.5221 | 0.7684 | 0.3503 | 0.5205 | 7 | 勉强协调发展类人力资本投资滞后型 |
| 福建省 | 0.1888 | 0.3591 | 0.9034 | 0.5258 | 0.4975 | 8 | 勉强协调发展类人力资本投资滞后型 |
| 内蒙古自治区 | 0.1440 | 0.4029 | 0.7758 | 0.3573 | 0.4606 | 9 | 勉强协调发展类人力资本投资滞后型 |
| 山东省 | 0.1356 | 0.3783 | 0.7769 | 0.3583 | 0.4468 | 10 | 勉强协调发展类人力资本投资滞后型 |
| 青海省 | 0.1942 | 0.2007 | 0.9997 | 0.9678 | 0.4443 | 11 | 勉强协调发展类人力资本投资滞后型 |
| 宁夏回族自治区 | 0.1716 | 0.2308 | 0.9784 | 0.7437 | 0.4437 | 12 | 勉强协调发展类人力资本投资滞后型 |
| 山西省 | 0.1541 | 0.2659 | 0.9292 | 0.5798 | 0.4418 | 13 | 勉强协调发展类人力资本投资滞后型 |
| 新疆维吾尔自治区 | 0.1557 | 0.2360 | 0.9580 | 0.6598 | 0.4332 | 14 | 勉强协调发展类人力资本投资滞后型 |
| 黑龙江省 | 0.1204 | 0.3484 | 0.7635 | 0.3456 | 0.4230 | 15 | 勉强协调发展类人力资本投资滞后型 |
| 陕西省 | 0.1358 | 0.2111 | 0.9529 | 0.6435 | 0.4066 | 16 | 勉强协调发展类人力资本投资滞后型 |
| 重庆市 | 0.1200 | 0.2614 | 0.8626 | 0.4592 | 0.4056 | 17 | 勉强协调发展类人力资本投资滞后型 |
| 吉林省 | 0.1065 | 0.3337 | 0.7334 | 0.3190 | 0.4018 | 18 | 勉强协调发展类人力资本投资滞后型 |
| 海南省 | 0.0922 | 0.2595 | 0.7738 | 0.3554 | 0.3689 | 19 | 中度失调衰退类人力资本投资滞后型 |

续表

| 地区<br>（Region） | $H(X)$ | $U(Y)$ | $C$ | $\dfrac{H(X)}{U(Y)}$ | D 得分<br>（Score） | D 排序<br>（Order） | 类型<br>（Category） |
|---|---|---|---|---|---|---|---|
| 湖北省 | 0.0834 | 0.2558 | 0.7418 | 0.3261 | 0.3547 | 20 | 中度失调衰退类人力资本投资滞后型 |
| 四川省 | 0.0724 | 0.1661 | 0.8457 | 0.4360 | 0.3176 | 21 | 中度失调衰退类人力资本投资滞后型 |
| 甘肃省 | 0.0945 | 0.0997 | 0.9993 | 0.9478 | 0.3115 | 22 | 中度失调衰退类人力资本投资滞后型 |
| 河北省 | 0.0600 | 0.2434 | 0.6345 | 0.2464 | 0.3102 | 23 | 中度失调衰退类人力资本投资滞后型 |
| 湖南省 | 0.0541 | 0.2073 | 0.6563 | 0.2608 | 0.2929 | 24 | 中度失调衰退类人力资本投资滞后型 |
| 河南省 | 0.0550 | 0.1774 | 0.7225 | 0.3099 | 0.2897 | 25 | 中度失调衰退类人力资本投资滞后型 |
| 安徽省 | 0.0526 | 0.1446 | 0.7823 | 0.3638 | 0.2778 | 26 | 中度失调衰退类人力资本投资滞后型 |
| 江西省 | 0.0481 | 0.1817 | 0.6618 | 0.2646 | 0.2758 | 27 | 中度失调衰退类人力资本投资滞后型 |
| 云南省 | 0.0569 | 0.0832 | 0.9648 | 0.6842 | 0.2600 | 28 | 中度失调衰退类人力资本投资滞后型 |
| 西藏自治区 | 0.3069 | 0.0313 | 0.3362 | 9.7947 | 0.2385 | 29 | 中度失调衰退类城镇化滞后型 |
| 广西壮族自治区 | 0.0286 | 0.1257 | 0.6045 | 0.2278 | 0.2160 | 30 | 中度失调衰退类人力资本投资滞后型 |
| 贵州省 | 0.0385 | 0.0449 | 0.9943 | 0.8592 | 0.2036 | 31 | 中度失调衰退类人力资本投资滞后型 |

资料来源：根据《中国统计年鉴》（2008）、附录二、附录三计算得出。

表6-7    2011年我国各省人力资本投资与城镇化协调发展情况

| 地区<br>（Region） | H(X) | U(Y) | C | $\frac{H(X)}{U(Y)}$ | D | | 类型<br>（Category） |
|---|---|---|---|---|---|---|---|
| | | | | | 得分<br>（Score） | 排序<br>（Order） | |
| 北京市 | 0.9244 | 0.9397 | 0.9999 | 0.9838 | 0.9654 | 1 | 良好协调发展类人力资本投资滞后型 |
| 上海市 | 0.6725 | 0.9884 | 0.9638 | 0.6804 | 0.8947 | 2 | 良好协调发展类人力资本投资滞后型 |
| 天津市 | 0.5588 | 0.8186 | 0.9644 | 0.6826 | 0.8150 | 3 | 良好协调发展类人力资本投资滞后型 |
| 浙江省 | 0.4060 | 0.6058 | 0.9610 | 0.6703 | 0.6973 | 4 | 中度协调发展类人力资本投资滞后型 |
| 江苏省 | 0.3070 | 0.5822 | 0.9042 | 0.5274 | 0.6340 | 5 | 中度协调发展类人力资本投资滞后型 |
| 广东省 | 0.2746 | 0.5651 | 0.8803 | 0.4859 | 0.6079 | 6 | 中度协调发展类人力资本投资滞后型 |
| 内蒙古自治区 | 0.2241 | 0.4752 | 0.8711 | 0.4716 | 0.5519 | 7 | 勉强协调发展类人力资本投资滞后型 |
| 福建省 | 0.2226 | 0.4081 | 0.9135 | 0.5455 | 0.5368 | 8 | 勉强协调发展类人力资本投资滞后型 |
| 青海省 | 0.3105 | 0.2237 | 0.9736 | 1.3882 | 0.5099 | 9 | 勉强协调发展类城镇化滞后型 |
| 辽宁省 | 0.1624 | 0.5544 | 0.7008 | 0.2929 | 0.5011 | 10 | 勉强协调发展类人力资本投资滞后型 |
| 宁夏回族自治区 | 0.2103 | 0.2872 | 0.9761 | 0.7320 | 0.4927 | 11 | 勉强协调发展类人力资本投资滞后型 |
| 新疆维吾尔自治区 | 0.2006 | 0.2517 | 0.9872 | 0.7970 | 0.4725 | 12 | 勉强协调发展类人力资本投资滞后型 |
| 重庆市 | 0.1611 | 0.3313 | 0.8806 | 0.4864 | 0.4657 | 13 | 勉强协调发展类人力资本投资滞后型 |

续表

| 地区<br>（Region） | H(X) | U(Y) | C | $\frac{H(X)}{U(Y)}$ | D 得分<br>（Score） | D 排序<br>（Order） | 类型<br>（Category） |
|---|---|---|---|---|---|---|---|
| 山东省 | 0.1425 | 0.3937 | 0.7804 | 0.3619 | 0.4574 | 14 | 勉强协调发展类人力资本投资滞后型 |
| 陕西省 | 0.1677 | 0.2630 | 0.9510 | 0.6376 | 0.4526 | 15 | 勉强协调发展类人力资本投资滞后型 |
| 海南省 | 0.1510 | 0.2837 | 0.9067 | 0.5320 | 0.4439 | 16 | 勉强协调发展类人力资本投资滞后型 |
| 吉林省 | 0.1240 | 0.3573 | 0.7649 | 0.3469 | 0.4290 | 17 | 勉强协调发展类人力资本投资滞后型 |
| 山西省 | 0.1290 | 0.2650 | 0.8808 | 0.4867 | 0.4166 | 18 | 勉强协调发展类人力资本投资滞后型 |
| 黑龙江省 | 0.1035 | 0.3464 | 0.7083 | 0.2986 | 0.3992 | 19 | 中度失调衰退类人力资本投资滞后型 |
| 湖北省 | 0.0985 | 0.3031 | 0.7404 | 0.3250 | 0.3856 | 20 | 中度失调衰退类人力资本投资滞后型 |
| 安徽省 | 0.0929 | 0.1799 | 0.8983 | 0.5164 | 0.3500 | 21 | 中度失调衰退类人力资本投资滞后型 |
| 河南省 | 0.0691 | 0.1904 | 0.7815 | 0.3629 | 0.3185 | 22 | 中度失调衰退类人力资本投资滞后型 |
| 四川省 | 0.0631 | 0.2142 | 0.7032 | 0.2947 | 0.3123 | 23 | 中度失调衰退类人力资本投资滞后型 |
| 甘肃省 | 0.0912 | 0.1037 | 0.9959 | 0.8792 | 0.3115 | 24 | 中度失调衰退类人力资本投资滞后型 |
| 江西省 | 0.0639 | 0.2000 | 0.7343 | 0.3197 | 0.3113 | 25 | 中度失调衰退类人力资本投资滞后型 |
| 广西壮族自治区 | 0.0660 | 0.1573 | 0.8327 | 0.4195 | 0.3049 | 26 | 中度失调衰退类人力资本投资滞后型 |

| 地区<br>（Region） | $H(X)$ | $U(Y)$ | $C$ | $\dfrac{H(X)}{U(Y)}$ | D | | 类型<br>（Category） |
|---|---|---|---|---|---|---|---|
| | | | | | 得分<br>（Score） | 排序<br>（Order） | |
| 湖南省 | 0.0579 | 0.2270 | 0.6474 | 0.2549 | 0.3037 | 27 | 中度失调衰退类人力资本投资滞后型 |
| 河北省 | 0.0525 | 0.2544 | 0.5673 | 0.2064 | 0.2950 | 28 | 中度失调衰退类人力资本投资滞后型 |
| 云南省 | 0.0730 | 0.0822 | 0.9965 | 0.8876 | 0.2781 | 29 | 中度失调衰退类人力资本投资滞后型 |
| 贵州省 | 0.0607 | 0.0623 | 0.9998 | 0.9748 | 0.2480 | 30 | 中度失调衰退类人力资本投资滞后型 |
| 西藏自治区 | 0.3758 | 0.0248 | 0.2320 | 15.1741 | 0.2156 | 31 | 中度失调衰退类城镇化滞后型 |

资料来源：根据《中国统计年鉴》（2011）、附录二、附录三计算得出。

**表 6 - 8　　2016 年我国各省人力资本投资与城镇化协调发展情况**

| 地区<br>（Region） | $H(X)$ | $U(Y)$ | $C$ | $\dfrac{H(X)}{U(Y)}$ | D | | 类型<br>（Category） |
|---|---|---|---|---|---|---|---|
| | | | | | 得分<br>（Score） | 排序<br>（Order） | |
| 北京市 | 0.8311 | 0.9963 | 0.9918 | 0.8342 | 0.9520 | 1 | 良好协调发展类人力资本投资滞后型 |
| 上海市 | 0.6909 | 0.9498 | 0.9751 | 0.7274 | 0.8944 | 2 | 良好协调发展类人力资本投资滞后型 |
| 天津市 | 0.4625 | 0.8138 | 0.9242 | 0.5683 | 0.7680 | 3 | 中度协调发展类人力资本投资滞后型 |
| 浙江省 | 0.4244 | 0.6194 | 0.9651 | 0.6852 | 0.7097 | 4 | 中度协调发展类人力资本投资滞后型 |
| 江苏省 | 0.3837 | 0.6457 | 0.9352 | 0.5941 | 0.6938 | 5 | 中度协调发展类人力资本投资滞后型 |

续表

| 地区<br>（Region） | $H(X)$ | $U(Y)$ | $C$ | $\dfrac{H(X)}{U(Y)}$ | D | | 类型<br>（Category） |
|---|---|---|---|---|---|---|---|
| | | | | | 得分<br>（Score） | 排序<br>（Order） | |
| 广东省 | 0.3318 | 0.5832 | 0.9245 | 0.5690 | 0.6503 | 6 | 中度协调发展类人力资本投资滞后型 |
| 福建省 | 0.2362 | 0.4538 | 0.9006 | 0.5205 | 0.5574 | 7 | 勉强协调发展类人力资本投资滞后型 |
| 重庆市 | 0.2025 | 0.3884 | 0.9010 | 0.5213 | 0.5160 | 8 | 勉强协调发展类人力资本投资滞后型 |
| 内蒙古自治区 | 0.1858 | 0.4370 | 0.8373 | 0.4251 | 0.5106 | 9 | 勉强协调发展类人力资本投资滞后型 |
| 青海省 | 0.2604 | 0.2293 | 0.9960 | 1.1358 | 0.4938 | 10 | 勉强协调发展类城镇化滞后型 |
| 宁夏回族自治区 | 0.1823 | 0.2910 | 0.9473 | 0.6266 | 0.4735 | 11 | 勉强协调发展类人力资本投资滞后型 |
| 山东省 | 0.1498 | 0.4104 | 0.7836 | 0.3650 | 0.4685 | 12 | 勉强协调发展类人力资本投资滞后型 |
| 海南省 | 0.1791 | 0.2590 | 0.9667 | 0.6915 | 0.4602 | 13 | 勉强协调发展类人力资本投资滞后型 |
| 陕西省 | 0.1550 | 0.2743 | 0.9228 | 0.5651 | 0.4451 | 14 | 勉强协调发展类人力资本投资滞后型 |
| 新疆维吾尔自治区 | 0.1776 | 0.2214 | 0.9879 | 0.8021 | 0.4440 | 15 | 勉强协调发展类人力资本投资滞后型 |
| 湖北省 | 0.1385 | 0.3197 | 0.8435 | 0.4331 | 0.4396 | 16 | 勉强协调发展类人力资本投资滞后型 |
| 吉林省 | 0.1129 | 0.3201 | 0.7710 | 0.3526 | 0.4085 | 17 | 勉强协调发展类人力资本投资滞后型 |

| 地区<br>(Region) | H(X) | U(Y) | C | $\frac{H(X)}{U(Y)}$ | D | | 类型<br>(Category) |
|---|---|---|---|---|---|---|---|
| | | | | | 得分<br>(Score) | 排序<br>(Order) | |
| 辽宁省 | 0.0776 | 0.4085 | 0.5364 | 0.1899 | 0.3610 | 18 | 中度失调衰退类人力<br>资本投资滞后型 |
| 江西省 | 0.0890 | 0.2082 | 0.8391 | 0.4275 | 0.3531 | 19 | 中度失调衰退类人力<br>资本投资滞后型 |
| 四川省 | 0.0798 | 0.2219 | 0.7783 | 0.3598 | 0.3427 | 20 | 中度失调衰退类人力<br>资本投资滞后型 |
| 河南省 | 0.0798 | 0.2011 | 0.8136 | 0.3969 | 0.3380 | 21 | 中度失调衰退类人力<br>资本投资滞后型 |
| 贵州省 | 0.1316 | 0.0984 | 0.9793 | 1.3365 | 0.3356 | 22 | 中度失调衰退类城镇<br>化滞后型 |
| 山西省 | 0.0723 | 0.1877 | 0.8031 | 0.3853 | 0.3232 | 23 | 中度失调衰退类人力<br>资本投资滞后型 |
| 安徽省 | 0.0736 | 0.1677 | 0.8480 | 0.4389 | 0.3198 | 24 | 中度失调衰退类人力<br>资本投资滞后型 |
| 湖南省 | 0.0648 | 0.2241 | 0.6958 | 0.2890 | 0.3170 | 25 | 中度失调衰退类人力<br>资本投资滞后型 |
| 广西壮族<br>自治区 | 0.0657 | 0.1542 | 0.8377 | 0.4257 | 0.3035 | 26 | 中度失调衰退类人力<br>资本投资滞后型 |
| 云南省 | 0.0843 | 0.0899 | 0.9990 | 0.9373 | 0.2950 | 27 | 中度失调衰退类人力<br>资本投资滞后型 |
| 甘肃省 | 0.1070 | 0.0688 | 0.9529 | 1.5542 | 0.2894 | 28 | 中度失调衰退类城镇<br>化滞后型 |
| 黑龙江省 | 0.0481 | 0.2723 | 0.5105 | 0.1767 | 0.2860 | 29 | 中度失调衰退类人力<br>资本投资滞后型 |

续表

| 地区<br>（Region） | $H(X)$ | $U(Y)$ | $C$ | $\dfrac{H(X)}{U(Y)}$ | D | | 类型<br>（Category） |
|---|---|---|---|---|---|---|---|
| | | | | | 得分<br>（Score） | 排序<br>（Order） | |
| 西藏<br>自治区 | 0.4381 | 0.0412 | 0.3146 | 10.6214 | 0.2746 | 30 | 中度失调衰退类城镇<br>化滞后型 |
| 河北省 | 0.0431 | 0.2136 | 0.5588 | 0.2017 | 0.2678 | 31 | 中度失调衰退类人力<br>资本投资滞后型 |

资料来源：根据《中国统计年鉴》（2016）、附录二、附录三计算得出。

**表 6 - 9　2008 年、2011 年、2016 年我国各省人力资本投资与城镇化发展具体分类**

| | 2008 年 | 2011 年 | 2016 年 |
|---|---|---|---|
| 良好协调发展类 | 北京、上海 | 北京、上海、天津 | 北京、上海 |
| 中度协调发展类 | 天津、浙江 | 浙江、江苏、广东 | 天津、浙江、江苏、广东 |
| 勉强协调发展类 | 广东、江苏、辽宁、福建、内蒙古、山东、青海、宁夏、山西、新疆、黑龙江、陕西、重庆、吉林 | 内蒙古、福建、青海、辽宁、宁夏、新疆、重庆、山东、陕西、海南、吉林、山西 | 福建、重庆、内蒙古、青海、宁夏、山东、海南、陕西、新疆、湖北、吉林 |
| 中度失调衰退类 | 海南、湖北、四川、甘肃、河北、湖南、河南、安徽、江西、云南、西藏、广西、贵州 | 黑龙江、湖北、安徽、河南、四川、甘肃、江西、广西、湖南、河北、云南、贵州、西藏 | 辽宁、江西、四川、河南、贵州、山西、安徽、湖南、广西、云南、甘肃、黑龙江、西藏、河北 |

资料来源：表 6 - 6、表 6 - 7、表 6 - 8。

表6-10　2008年、2011年、2016年我国各省人力资本投资与城镇化发展类型细分情况

| 发展等级 | 类型 | 2008年 | | | 2011年 | | | 2016年 | | |
|---|---|---|---|---|---|---|---|---|---|---|
| | | 省（市、区） | H(X) | U(Y) | 省（市、区） | H(X) | U(Y) | 省（市、区） | H(X) | U(Y) |
| 良好协调发展类 | 人力资本投资稍微滞后 $0.8<\frac{H(X)}{U(Y)}<1.0$ | 上海 | 0.6528 | 0.9978 | 北京 | 0.9244 | 0.9397 | 北京 | 0.8311 | 0.9963 |
| | 人力资本投资一般滞后 $0.4<\frac{H(X)}{U(Y)}\leq0.8$ | | | | 天津 | 0.5588 | 0.8186 | 上海 | 0.6909 | 0.9498 |
| | 人力资本投资严重滞后 $0.2<\frac{H(X)}{U(Y)}\leq0.4$ | | | | 上海 | 0.6725 | 0.9884 | | | |
| | 城镇化稍微滞后 $1<\frac{H(X)}{U(Y)}\leq1.2$ | 北京 | 1.0000 | 0.9430 | | | | | | |
| 中度协调发展类 | 人力资本投资稍微滞后 $0.8<\frac{H(X)}{U(Y)}<1.0$ | 浙江 | 0.3901 | 0.5538 | 江苏 | 0.3070 | 0.5822 | 浙江 | 0.4244 | 0.6194 |
| | 人力资本投资一般滞后 $0.4<\frac{H(X)}{U(Y)}\leq0.8$ | 天津 | 0.4874 | 0.7928 | 广东 | 0.2746 | 0.5651 | 江苏 | 0.3837 | 0.6457 |
| | | | | | 浙江 | 0.4060 | 0.6058 | 广东 | 0.3318 | 0.5832 |
| | | | | | | | | 天津 | 0.4625 | 0.8138 |

续表

| 发展等级 | 类型 | 2008年 省（市、区） | H(X) | U(Y) | 2011年 省（市、区） | H(X) | U(Y) | 2016年 省（市、区） | H(X) | U(Y) |
|---|---|---|---|---|---|---|---|---|---|---|
| 中度协调发展类 $0.2<\dfrac{H(X)}{U(Y)}\leqslant0.4$ | 人力资本投资严重滞后 | | | | | | | | | |
| $\dfrac{H(X)}{U(Y)}>1$ | 城镇化滞后 | | | | | | | | | |
| $0.8<\dfrac{H(X)}{U(Y)}<1.0$ | 人力资本投资稍微滞后 | 青海 | 0.1942 | 0.2007 | 新疆 | 0.2006 | 0.2517 | 新疆 | 0.1776 | 0.2214 |
| | | | | | 宁夏 | 0.2103 | 0.2872 | | | |
| 勉强协调发展类 $0.4<\dfrac{H(X)}{U(Y)}\leqslant0.8$ | 人力资本投资一般滞后 | 宁夏 | 0.1716 | 0.2308 | 陕西 | 0.1677 | 0.2630 | 海南 | 0.1791 | 0.2590 |
| | | 新疆 | 0.1557 | 0.2360 | 福建 | 0.2226 | 0.4081 | 宁夏 | 0.1823 | 0.2910 |
| | | 陕西 | 0.1358 | 0.2111 | 海南 | 0.1510 | 0.2837 | 陕西 | 0.1550 | 0.2743 |
| | | 山西 | 0.1541 | 0.2659 | 山西 | 0.1290 | 0.2650 | 重庆 | 0.2025 | 0.3884 |
| | | 福建 | 0.1888 | 0.3591 | 重庆 | 0.1611 | 0.3313 | 福建 | 0.2362 | 0.4538 |
| | | 江苏 | 0.2612 | 0.5034 | 内蒙古 | 0.2241 | 0.4752 | 湖北 | 0.1385 | 0.3197 |
| | | 广东 | 0.2641 | 0.5238 | | | | 内蒙古 | 0.1858 | 0.4370 |
| | | 重庆 | 0.1200 | 0.2614 | | | | | | |

| 发展等级 | 类型 | 2008年 省(市、区) | H(X) | U(Y) | 2011年 省(市、区) | H(X) | U(Y) | 2016年 省(市、区) | H(X) | U(Y) |
|---|---|---|---|---|---|---|---|---|---|---|
| 勉强协调发展类 $0.2 < \frac{H(X)}{U(Y)} \le 0.4$ | 人力资本投资严重滞后 | 山东 | 0.1356 | 0.3783 | 山东 | 0.1425 | 0.3937 | 山东 | 0.1498 | 0.4104 |
| | | 内蒙古 | 0.1440 | 0.4029 | 吉林 | 0.1240 | 0.3573 | 吉林 | 0.1129 | 0.3201 |
| | | 辽宁 | 0.1829 | 0.5221 | 辽宁 | 0.1624 | 0.5544 | | | |
| | | 黑龙江 | 0.1204 | 0.3484 | | | | | | |
| | | 吉林 | 0.1065 | 0.3337 | | | | | | |
| $1 < \frac{H(X)}{U(Y)} \le 1.2$ | 城镇化稍微滞后 | | | | 青海 | 0.3105 | 0.2237 | 青海 | 0.2604 | 0.2293 |
| $1.2 < \frac{H(X)}{U(Y)} \le 1.6$ | 城镇化一般滞后 | | | | | | | | | |
| 中度失调衰退类 $0.8 < \frac{H(X)}{U(Y)} < 1.0$ | 人力资本投资稍微滞后 | 甘肃 | 0.0945 | 0.0997 | 贵州 | 0.0607 | 0.0623 | 云南 | 0.0843 | 0.0899 |
| | | 贵州 | 0.0385 | 0.0449 | 云南 | 0.0730 | 0.0822 | | | |
| | | | | | 甘肃 | 0.0912 | 0.1037 | | | |
| $0.4 < \frac{H(X)}{U(Y)} \le 0.8$ | 人力资本投资一般滞后 | 云南 | 0.0569 | 0.0832 | 安徽 | 0.0929 | 0.1799 | 安徽 | 0.0736 | 0.1677 |
| | | 四川 | 0.0724 | 0.1661 | 广西 | 0.0660 | 0.1573 | 江西 | 0.0890 | 0.2082 |
| | | | | | | | | 广西 | 0.0657 | 0.1542 |

续表

| 发展等级 | 类型 | | 2008 年 省（市、区） | H(X) | U(Y) | 2011 年 省（市、区） | H(X) | U(Y) | 2016 年 省（市、区） | H(X) | U(Y) |
|---|---|---|---|---|---|---|---|---|---|---|---|
| 中度失调衰退类 | 人力资本投资严重滞后 $0.2 < \frac{H(X)}{U(Y)} \leq 0.4$ | | 安徽 | 0.0526 | 0.1446 | 河南 | 0.0691 | 0.1904 | 河南 | 0.0798 | 0.2011 |
| | | | 海南 | 0.0922 | 0.2595 | 湖北 | 0.0985 | 0.3031 | 山西 | 0.0723 | 0.1877 |
| | | | 湖北 | 0.0834 | 0.2558 | 江西 | 0.0639 | 0.2000 | 四川 | 0.0798 | 0.2219 |
| | | | 河南 | 0.0550 | 0.1774 | 黑龙江 | 0.1035 | 0.3464 | 湖南 | 0.0648 | 0.2241 |
| | | | 江西 | 0.0481 | 0.1817 | 四川 | 0.0631 | 0.2142 | 河北 | 0.0431 | 0.2136 |
| | | | 湖南 | 0.0541 | 0.2073 | 湖南 | 0.0579 | 0.2270 | 辽宁 | 0.0776 | 0.4085 |
| | | | 河北 | 0.0600 | 0.2434 | 河北 | 0.0525 | 0.2544 | 黑龙江 | 0.0481 | 0.2723 |
| | | | 广西 | 0.0286 | 0.1257 | | | | | | |
| | 城镇化一般滞后 $1.2 < \frac{H(X)}{U(Y)} \leq 1.6$ | | | | | | | | 甘肃 | 0.1070 | 0.0688 |
| | | | | | | | | | 贵州 | 0.1316 | 0.0984 |
| | 城镇化严重滞后 $\frac{H(X)}{U(Y)} > 1.6$ | | 西藏 | 0.3069 | 0.0313 | 西藏 | 0.3758 | 0.0248 | 西藏 | 0.4381 | 0.0412 |

资料来源：根据表6-6、表6-7、表6-8整理得出。

　　第一，良好协调发展类为 2008 年的北京、上海，2011 年的北京、上海、天津，2016 年的北京、上海；中度协调发展类为 2008 年的天津、浙江，2011 年为的浙江、江苏、广东，2016 年的天津、浙江、江苏、广东；勉强协调发展类为 2008 年的广东、江苏、辽宁、福建、内蒙古、山东、青海、宁夏、山西、新疆、黑龙江、陕西、重庆、吉林，2011 年的内蒙古、福建、青海、辽宁、宁夏、新疆、重庆、山东、陕西、海南、吉林、山西，2016 年的福建、重庆、内蒙古、青海、宁夏、山东、海南、陕西、新疆、湖北、吉林。根据本书实证测度的结果可知，3 个年份中只有北京和上海是中国 31 个省份中仅有的两个良好协调发展类。北京的人力资本投资水平系数、城镇化发展系数、两者耦合协调度系数和耦合协调发展系数都位于全国之首。从原始的统计数据上看，北京和上海的人均教育经费、人均 R&D 科研经费、人均企业培训费以及人均财政性医疗支出都位于全国首位，这说明北京人力资本投资的情况良好，水平较高；2008 年北京的城镇化的发展略滞后于人力资本投资，城镇化的整体发展水平系数是 0.9430，人力资本投资指数位于全国的首位；2011 年和 2018 年北京的城镇化发展已经超越人力资本投资，人力资本投资稍微滞后；从原始的统计数据上看，2008 年、2011 年和 2016 年北京的城镇化率分别为 0.8492、0.8618、0.8652，均排在全国首位，2008 年人均 GDP 为 6.28 万元，位列全国第 2 位；城镇养老保险参保率为 0.4275，位列全国的第 2 位。可以看出北京的城镇化发展的情况，除了人均 GDP、城镇养老保险参保率为全国第二名之外，其余全部位于全国首位，其余指标基本位于全国的中等之上水平，因此人力资本投资与城镇化发展协调得最好。上海和天津与北京相比稍有差距，位于第二、第三的位置，人力资本投资与城镇化发展很协调，三个直辖市位于全国前三名。

　　第二，2008 年上海为良好协调发展类型中人力资本滞后型，上海的人力资本投资指数为 0.6528，城镇化指数为 0.9978，说明上海在 2008 年城镇化水平较高，人力资本投资落后于城镇化的发展，$H(X)/U(Y)$ 在 0.4 与 0.8 之间，属于人力资本投资一般滞后类型。2008 年北京为良好协调发展类城镇化滞后型，北京的人力资本投资指数为 1，城镇化发展指数为 0.9430，$H(X)/U(Y)$ 为 1.06，城镇化稍微落后于人力资本投资。2011 年北京为良好协调发展类型中的人力资本滞后型，北京人力资本投资指数为 0.9244，城镇化发展指数为 0.9397，两者相差比较小，人力资本投资稍微落后于城镇化的发展。2011 年天津和上海属于良好协调发展类的人力资本投资滞后型，天津的人力资本投资指数为 0.5588，城镇化发展的指数为 0.8186，$H(X)/U(Y)$ 为 0.5947，在 0.4 与 0.8 之间，人力资本投资一般滞后于城镇化发展。

上海人力资本投资指数为 0.6725，城镇化指数为 0.9884，$H(X)/U(Y)$ 为 0.6804，在 0.4 与 0.8 之间，与天津相似，人力资本投资一般滞后于城镇化的发展。2016 年北京为良好协调发展人力资本投资稍微滞后型，北京人力资本投资指数为 0.8311，城镇化发展指数为 0.9963，$H(X)/U(Y)$ 为 0.8342，在 1 与 0.8 之间，人力资本投资稍微滞后于城镇化发展，上海为良好协调发展人力资本一般滞后型，上海人力资本投资指数为 0.6909，城镇化发展指数为 0.9498，$H(X)/U(Y)$ 为 0.7274，在 0.4 与 0.8 之间，人力资本投资一般滞后于城镇化发展。

第三，2008 年中度协调发展类型中，浙江、天津的人力资本投资指数分别是 0.3901、0.4874，城镇化指数分别是 0.5538、0.7928，两省份的 $H(X)/U(Y)$ 值均在 0.4 与 0.8 之间，浙江、天津为人力资本投资一般滞后于城镇化发展类型。同样 2011 年江苏、广东、浙江和 2016 年的浙江、江苏、广东、天津为中度协调发展的人力资本投资一般滞后于城镇化发展类型。勉强协调发展类型中的省份比较多，勉强协调发展类中的省份比较多，2008 年有青海、宁夏、新疆、陕西、山西、福建、江苏、广东、重庆、山东、内蒙古、辽宁、黑龙江、吉林，其中青海为人力资本投资稍微落后城镇化发展类型，宁夏、新疆、陕西、山西、福建、江苏、广东、重庆为人力资本投资一般滞后型，山东、内蒙古、辽宁、黑龙江、吉林为人力资本投资严重滞后于城镇化发展类型；2011 年勉强协调发展类型的省份有新疆、宁夏、陕西、福建、海南、山西、重庆、内蒙古、山东、吉林、辽宁、青海，其中新疆、宁夏为人力资本投资稍微滞后于城镇化发展类型，陕西、福建、海南、山西、重庆、内蒙古为人力资本投资一般滞后于城镇化发展，山东、吉林、辽宁为人力资本投资严重滞后于城镇化发展，青海为 2011 年唯一一个城镇化发展滞后于人力资本投资的省份；2016 年勉强协调发展类型的省份有新疆、海南、宁夏、陕西、重庆、福建、湖北、内蒙古、山东、吉林、青海，其中新疆为人力资本投资稍微滞后于城镇化发展的地区，海南、宁夏、陕西、重庆、福建、湖北、内蒙古为人力资本投资一般滞后于城镇化的发展，山东、吉林为人力资本严重滞后城镇化发展的省份，青海为 2016 年唯一一个勉强协调发展类中的城镇化发展滞后于人力资本投资的省区。中度失调衰退类型的省份在 2008 年有甘肃、贵州、云南、四川、安徽、海南、湖北、河南、江西、湖南、河北、广西、西藏，其中甘肃、贵州为人力资本投资稍微滞后于城镇化发展类型，云南、四川为人力资本投资一般滞后于城镇化发展的省份，安徽、海南、湖北、河南、江西、湖南、河北、广西为中度失调衰退类中人力资本投资严重滞后于城镇化发展的省份，西藏为中度失调衰退类中城镇化滞后于人力资本投资的地区；中度失调衰退类型的省份在 2011 年有贵州、云南、甘肃、安徽、广西、河南、湖北、江西、黑龙江、四川、湖南、河北、西藏，其中贵州、云南、甘肃人力资本投资稍微滞后于城镇化的发展，安徽、广西人力资本投资一般滞后于城镇化发展，河南、湖北、江西、黑龙江、四川、湖南、河北为中度失调衰退类型中人力资本投资严重滞后于城镇化发展的省份，西藏为 2011 年中度失调衰退类型中城镇化滞后于人力资本投资的地区；2016 年与 2008 年相比，中度失调衰退类型中部分城市发生了变化，这些省份是云南、安徽、江西、广西、河南、山西、四川、湖南、河北、辽宁、黑龙江、甘肃、贵州、西藏，其中云南省的人力资本投资稍微滞后于城镇化发展，安徽、江西、广西三个省份人力资本投资一般滞后于城镇化发展，河南、山西、四川、湖南、河北、辽宁、黑龙江为人力资本投资严重滞后于城镇化发展，甘肃、贵州、西藏是 2016 年中度失调衰退类型中城镇化发展滞后于人力资本投资的地区，其中甘肃、贵州为城镇化发展一般滞后于人力资本投资，西藏为城镇化发展严重滞后于人力资本投资的地区。

# 第 7 章

# 研究结论与政策建议

## 7.1 研究结论

### 7.1.1 人力资本与城镇化存在耦合关系

#### 7.1.1.1 人力资本对城镇化的影响与促进

人力资本的增加可以通过知识外溢效应带动周围劳动者素质的提高，从而使劳动生产率提高，进而提高经济发展水平，带动城镇化发展。对于企业内部以及不同企业劳动者之间思想互动与技术交流带来的知识外溢效应，促使劳动者进入一个人力资本水平较高的岗位或地区，从而提高自身的劳动生产率。教育和创新分别是人力资本内部结构和外部结构的决定因素，可以通过提升教育或激励创新以增强人力资本结构与经济发展水平的适应性从而促进经济增长，从而带动城镇化发展。人力资本促进城镇化的发展，更重要的方面是人力资本通过促进产业结构升级而带动城镇化。人力资本理论专家和学者认为，较高的人力资本存量是城镇中第二产业和第三产业发展的必要条件，人力资本水平的提高可以促进劳动者在技术岗位上进行优化配置，随着大量的农业转移人口在农村生产中解放出来，城市中发达的工业和服务业为农业转移人口提供了大量的劳动力岗位，为城镇化进程提供了条件。高等教育人力资本投资对城镇化同样有着较大的影响效应。高等教育主要为大专、本科、研究生的教育，相对于初等和中等教育，高等教育意味着高知识水平、高素质能力和高技术含量，可以大大加快新技术研发及应用的速度，进而促进生产力发展和劳动生产率提高，高等教育人口在城市中更容易从事高收入的工作，因此更容易实现城镇化。人口迁移对城镇化同样有促进作用。人口迁移的过程与城镇化同时进行，人口在迁移过程中，农业转移人口从农村来到城市，再到自己的工作地点和定居的城市，与当地形成了社会融合，完成了城镇化的过程。众多学者研究表明对于迁移流动人口中受教育程度越高，对未来进行迁移流动的意愿越强烈，也具有更强的行动来选择进行迁移流动。

### 7.1.1.2 城镇化发展对人力资本的影响和促进

城市中专业的社会化分工和较高的生产技术水平对劳动者提出了更高的挑战，劳动者需要努力学习新技术来适应日新月异的科技进步。同时在城市的企业工作，要重视业务上的学习以及技术上的创新并努力工作完成业绩，从而使人力资本逐步提升以免被企业所淘汰。城市良好的交通设施为劳动者出行提供了便利的条件，为劳动者学习、工作、培训节约了大量的时间成本和经济成本。城镇化进程中，外来务工人员通过社会资本得到帮助，获取与就业、学习相关的信息。良好的社会资本和社交网络，对人力资本的提升起到重要的促进作用。城市的消费理念、生活方式与农村存在差别，城市中积极向上的生活态度，会促使农业转移人口受到同化，促使他们拥有同样积极进取的态度；城市注重保健、积极生活、重视教育等观念，会促使城市的外来人口提高人力资本投资和积累，从而在城市继续居留并逐渐沉淀下来。城市中良好的基础设施，为城市的人们获取信息和学习提供了极大的便捷和学习场所，为劳动者节省了大量的时间成本；良好的文化娱乐条件为劳动者的文化娱乐生活提供了场地，使城市里的市民身心愉悦；良好的医疗卫生设施，为城市的市民带来更好的医疗诊治机会，使他们有机会获得更好的医疗保健等。

综上所述，人力资本与城镇化的发展是相辅相成、互为影响和互相促进的。人力资本促进经济增长及产业结构升级带动城镇化，高等教育人力资本以及人口迁移促进城镇化的发展。同时城镇化中的社会分工、社会资本、生活理念及良好的基础设施对于提升人力资本投资和积累也起到了积极的促进作用。

### 7.1.2 我国人力资本与城镇化发展整体协调

2000～2017 年我国人力资本存量与城镇化的耦合关联度值分布在 0.5967～0.9305 之间，主要处于磨合耦合阶段，表明它们之间的交互耦合作用较强，见表 7 - 1，表明我国人力资本与城镇化整体发展比较协调。2000～2017 年我国人力资本存量与城镇化总体的耦合关联度值为 0.7091，处于大于 0.5，小于等于 0.8 阶段，表明两者互相作用的耦合程度较高，耦合作用较强。教育人力资本、培训人力资本、卫生人力资本以及科研人力资本与城镇化的耦合关联度值分别为 0.7075、0.6488、0.6772、0.7089，为高水平关联，耦合程度较高。迁移人力资本存量与城镇化的耦合关联度值为 0.8033，处于高水平耦合阶段，说明我国人力资本中的迁移人力资本与城镇化的耦合关系更为强烈。城镇化率、人均 GDP 与城镇养老保险参保率与人力资本的耦合关联度值分别为 0.6508、0.7828、0.6938，三个关联度的数值都在 0.65 和 0.85 之间，说明这三个关联值代表的耦合关系较强。其中最大值为 0.7828，表明人力资本与人均 GDP 的耦合关联度最高，说明人力资本与城镇化中的经济城镇化耦合关系最强，人力资本与城镇养老保险参保率代表的社会城镇化耦合关联度次之，为 0. 6938，人力资本与城镇化率的耦合关联度值为 0. 6508，耦合关系也较强。从总体上看，我国人力资本与城镇化之间的耦合关系均处于较高水平，两者互相促进、互为影响、协调发展。

表 7 - 1　　　2000 ~ 2017 年我国人力资本存量与城镇化耦合关联度矩阵 $D_{ij}$

| | $H_1$ | $H_2$ | $H_3$ | $H_4$ | $H_5$ | 平均值 |
|---|---|---|---|---|---|---|
| $U_1$ | 0. 5967 | 0. 6049 | 0. 6035 | 0. 6266 | 0. 8222 | 0. 6508 |
| $U_2$ | 0. 8996 | 0. 7225 | 0. 7833 | 0. 8515 | 0. 6572 | 0. 7828 |
| $U_3$ | 0. 6262 | 0. 6189 | 0. 6447 | 0. 6487 | 0. 9305 | 0. 6938 |
| 平均值 | 0. 7075 | 0. 6488 | 0. 6772 | 0. 7089 | 0. 8033 | 0. 7091 |

资料来源：《中国统计年鉴》（2000 ~ 2017）、表 5 - 8、表 5 - 15、附录一整理得出。

### 7. 1. 3　多省份人力资本投资滞后于城镇化发展

从测度结果上看，根据人力资本投资和城镇化发展的耦合协调发展情况，可将中国 31 个省份划分为良好协调发展类、中度协调发展类、勉强协调发展类和中度失调衰退类四大类。2008 年、2011 年分别有 18 个省份为人力资本投资与城镇化协调发展类型，同时 13 个省份为失调衰退类型；2016 年有 17 个省份为人力资本投资与城镇化协调发展类型，有 14 个省份为失调衰退类型。具体情况如下：良好协调发展类型中 2008 年只有北京和上海，2011 年为北京、上海、天津，2016 年依然只有北京、上海；中度协调发展类的省份也较少，2008 年是天津和浙江，2011 年为浙江、江苏和广东，2016 年为天津、浙江、江苏、广东；勉强协调发展类的省份中，2008 年为广东、江苏、辽宁、福建、内蒙古、山东、青海、宁夏、山西、新疆、黑龙江、陕西、重庆、吉林，2011 年为内蒙古、福建、青海、辽宁、宁夏、新疆、重庆、山东、陕西、海南、吉林、山西；2016 年为福建、重庆、内蒙古、青海、宁夏、山东、海南、陕西、新疆、湖北、吉林；中度失调衰退类的省份中，2008 年为海南、湖北、四川、甘肃、河北、湖南、河南、安徽、江西、云南、西藏、广西、贵州，2011 年为黑龙江、湖北、安徽、河南、四川、甘肃、江西、广西、湖南、河北、云南、贵州、西藏，2016 年为辽宁、江西、四川、河南、贵州、山西、安徽、湖南、广西、云南、甘肃、黑龙江、西藏、河北，见表 7 – 2。

表 7 – 2　　　　我国各省份人力资本投资与城镇化耦合发展情况

|  | 2008 年 | 2011 年 | 2016 年 |
|---|---|---|---|
| 良好协调发展类 | 北京、上海 | 北京、上海、天津 | 北京、上海 |
| 中度协调发展类 | 天津、浙江 | 浙江、江苏、广东 | 天津、浙江、江苏、广东 |
| 勉强协调发展类 | 广东、江苏、辽宁、福建、内蒙古、山东、青海、宁夏、山西、新疆、黑龙江、陕西、重庆、吉林 | 内蒙古、福建、青海、辽宁、宁夏、新疆、重庆、山东、陕西、海南、吉林、山西 | 福建、重庆、内蒙古、青海、宁夏、山东、海南、陕西、新疆、湖北、吉林 |
| 中度失调衰退类 | 海南、湖北、四川、甘肃、河北、湖南、河南、安徽、江西、云南、西藏、广西、贵州 | 黑龙江、湖北、安徽、河南、四川、甘肃、江西、广西、湖南、河北、云南、贵州、西藏 | 辽宁、江西、四川、河南、贵州、山西、安徽、湖南、广西、云南、甘肃、黑龙江、西藏、河北 |

资料来源：表 6 – 6、表 6 – 7、表 6 – 8。

本书对每个省份的具体发展类型进行了测算，多数省份为人力资本投资滞后型，较少部分省份为城镇化滞后型，具体测算结果见，表 7 – 3、

表 6 - 10。

表 7 - 3 　　　我国各省份人力资本投资与城镇化具体耦合协调发展情况

| | 2008 年 | 2011 年 | 2016 年 |
|---|---|---|---|
| 良好协调发展类人力资本投资滞后型 | 上海 | 北京、上海、天津 | 北京、上海 |
| 良好协调发展类城镇化滞后型 | 北京 | | |
| 中度协调发展类人力资本投资滞后型 | 天津、浙江 | 浙江、江苏、广东 | 天津、浙江、江苏、广东 |
| 中度协调发展类城镇化滞后型 | | | |
| 勉强协调发展类人力资本投资滞后型 | 江苏、广东、辽宁、福建、内蒙古、宁夏、青海、山东、山西、新疆、陕西、黑龙江、重庆、吉林 | 内蒙古、福建、辽宁、宁夏、新疆、重庆、山东、陕西、海南、吉林、山西 | 福建、重庆、内蒙古、宁夏、山东、海南、陕西、新疆、湖北、吉林 |
| 勉强协调发展类城镇化滞后型 | | 青海 | 青海 |
| 中度失调衰退类人力资本投资滞后型 | 海南、湖北、四川、甘肃、河北、湖南、河南、安徽、江西、云南、广西、贵州 | 黑龙江、湖北、安徽、河南、四川、甘肃省、江西、广西、湖南、河北、云南、贵州 | 辽宁、江西、四川、河南、山西、安徽、湖南、广西、云南、黑龙江、河北 |
| 中度失调衰退类城镇化滞后型 | 西藏 | 西藏 | 贵州、甘肃、西藏 |

资料来源：表 6 - 6、表 6 - 7、表 6 - 8。

良好协调发展类型中，2011 年、2016 年的北京是人力资本投资稍微滞后于城镇化发展类型，2008 年的上海、2011 年的天津、北京、上海以及 2016 年的北京、上海是人力资本投资一般滞后于城镇化发展类型，2008 年的北京是城镇化稍微滞后于人力资本投资类型。中度协调发展类型中，2008 年的浙江、天津，2011 年的江苏、广东、浙江以及 2016 年的浙江、江苏、广东、天津都是人力资本投资一般滞后于城镇化发展类型。勉强协调发展类型中，勉强协调发展类中，2008 年的青海为人力资本投资稍微滞后于城镇化发展，宁夏、新疆、陕西、山西、福建、江苏、广东、重庆为人力资本投资一般滞后于城镇化发展，山东、内蒙古、辽宁、黑龙江、吉林为人力资本投资严重滞后于城镇化发展；2011 年的新疆、宁夏为人力资本投资稍微滞后于城镇化发展，陕西、福建、海南、山西、重庆、内蒙古为人力资本投资一般滞后于城镇化发展。山东、吉林、辽宁为人力资本投资严重滞后于城镇化发展，2011 年只有青海为城镇化发展一般滞后于人力资本投资；2016 年的新疆是人力资本投资稍微落后于城镇化的发展，海南、宁夏、陕西、重庆、福建、湖北、内蒙古人力资本投资一般滞后于城镇化发展，山东、吉林为人力资本投资严重落后于城镇化发展，2016 年的青海为城镇化发展一般滞后于人力资本投资。中度失调衰退类型中，2008 年甘肃、贵州为人力资本投资稍微落后于城镇化发展，云南、四川为人力资本投资一般滞后于城镇化发展，安徽、海南、湖北、河南、江西、湖南、河北、广西为人力资本投资严重滞后于城镇化发展，2008 年中只有西藏为城镇化发展严重滞后于人力资本投资；2011 年贵州、云南、甘肃为人力资本投资稍微滞后于城镇化发展，安徽、广西为人力资本投资一般滞后于城镇化发展，河南、湖北、江西、黑龙江、四川、湖南、河北为人力资本投资严重滞后于城镇化发展，2011 年中只有西藏的发展类型是城镇化发展严重滞后于人力资本投资；2016 年云南为人力资本投资稍微滞后于城镇化发展，安徽、江西、广西为人力资本投资一般滞后于城镇化发展，河南、山西、四川、湖南、河北、辽宁、黑龙江为人力资本投资严重滞后于城镇化发展，甘肃、贵州为城镇化发展一般滞后于人力资本投资，西藏为城镇化发展严重滞后于城镇化发展。综上所述，我国大部分省份的发展是人力资本投资滞后于城镇化发展，只有少数几个城市，例如西藏、青海、甘肃、贵州在不同年份城镇化的发展滞后于人力资本投资。

## 7.2　政策建议

### 7.2.1　更加注重教育公平

随着城镇化发展进入了新阶段，城镇化必然推动农村社会向城市社会演进。大力促进教育公平，合理配置教育资源，均衡发展义务教育，实现人力资本投资的公平，不仅实现了基本公共服务的均等化，也带动了城乡内部发展的活性。当前，我国农村义务教育在全面普及后正进入一个新的时期，面临着推进公平、提高质量的双重任务，应当协调好城乡统筹与倾斜农村的关系。同时，技能型人才是城镇化进程的核心，而职业教育是培养技能型人才的关键。职业教育为制造强国提供强有力的人才支撑，努力改变职业教育被社会普遍视为"末流教育"的旧观念，拓宽职业学校上升通道，增加职业教育发展空间，使职业教育赢得更好的社会资源与声望。对于外来人口，应更加注重教育公平，使城市外来人口在城市实现与城市人口同样的教育机会，使不同人群实现享受基本公共服务的均等化，增加城市的内在动力和活力。政府应重视城市外来务工人口，完善相关的法律法规保障外来务工子女与城市市民子女一样的受教育权利和机会，城市公办学校在招收外来人口子弟入学时，不得寻找各种借口并设置种种障碍，为提升人力资本投资提供良好的教育基础。

## 7.2.2 引导人口红利向人力资本红利转型

经济发展最终实现的是社会的发展，城镇化水平的提高最终是人的生活水平的提高。随着人口老龄化的到来，过去依靠低廉的劳动力成本发展经济的现象开始慢慢地消失，经济增长将更多地依靠人力资本和技术的进步，中国也将从人口大国向人力资本大国转变，创新必将成为驱动发展的新动力。政府应在提高人力资本质量方面投入更多精力，增加教育开支在公共财政中的比重。我国人力资本总量虽然大，但人均人力资本却处于相对落后的状态，很多省份的人力资本投资落后于城镇化的发展，因此政府加大对人力资本投资显得更加重要，让更多的人受到尽可能多的教育以提高劳动参与率，改善劳动力市场现状，让市场以更高的效率进行劳动力资源的配置。同时进行职业培训，拥有较高职业技能的人享受到更高工资，形成正向反馈，从而使城乡人口愿意在教育培训上增加投入。劳动者只有认识到通过自己的能力和技术的提高才能使工资提高，教育和职业培训才能构建起通过人力资本驱动经济增长的良性循环机制。改革开放初期，我国劳动力数量多且成本低，带来了巨大的人口红利，成为促进我国经济持续高速增长的一个重要因素。现在，我国人口老龄化趋势日益凸显，农业富余劳动力减少，要素规模驱动力减弱，经济增长将更多依靠创新驱动。过去三十年的时间，人口红利给我们创造了巨大的财富。然而，当前我国人口红利逐渐消失，提高人力资本投资，促进人力资本积累势在必行。通过教育、培训、健康等方面的投资，促进我国人力资本全方位提升，通过社会福利投资提高人力资本教育和健康素质，成为推动经济发展的核心要素。最大化激发城市的人力资本投资潜力，以人才红利代替人口红利，助力创新驱动发展，推动我国产业迈向由知识和科技支撑的高附加值发展阶段，促使人力资本驱动城镇化高质量发展。

### 7.2.3　提高就业创业能力促进人力资本提升

城镇化过程中的"化"字，不单纯指的是城镇的建设，而是社会发展、城乡协调、生态文明、百姓安居乐业等词汇的综合体，其中城镇化中最重要的是要以人为本，推进以人为核心的城镇化，提高城镇外来人口素质和生活质量，把促进有能力在城镇稳定就业和生活的常住人口有序实现市民化作为首要任务。那么实现市民化的首要目标就是使城市外来人口在城市有个安稳的工作，市民化中的人民才能安居乐业，成为持久有效的城镇化。同时，城镇化的发展要带动农村的发展，而不是城镇化的发展以农村落后为代价，需要两者协调发展，共同进步。努力为农村建设提供新的途径和思路，为使农村创业者看到希望和支持，尤其坚持把技术应用于农村领域，让农民增加收入，通过对农民的技术培训提升农民的人力资本水平。城镇化进程带动城市发展的同时更要带动农村的发展，为农民创造更多符合农民特点的职业，通过规模经营和标准化生产，提高农业经营效益，让农业成为有奔头的产业，让农民成为体面的职业，让农村成为安居乐业的美丽家园。以吸引年轻人务农、培育新型职业农民为重点，为农业现代化注入人力支持和持续保障，政府应作出政策上的指引和技术上的支持。城市和农村的共同发展是城镇化的目标，城乡人民生活水平的提高是城镇化的核心，提高科技创新能力，提供更多的就业岗位，从根本上促进城市和农村的共同协调发展，推动城镇化的深度和广度。

### 7.2.4　优化细化人力资本投资结构

人力资本的提升能够提高劳动者作为经济发展要素创造财富的能力，对提高经济发展质量和人民生活水平有重要影响，是推进新型城镇化的关键环节。教育是提升人力资本素质的重要途径,加大农村落后地区的教育投入,帮助改善教育落后地区的办学条件,增加师资力量,加强发达地区与欠发达地区校际合作,提高落后地区教学水平,从义务教育层面提升人力资本存量。除了教育层面,职业培训在人力资本投资中有着重要的作用,构建适应经济社会发展要求的职业技能培训体系,加大技能人才的培养力度,加强和鼓励企业进行技能培训,政府应主导开展职业技能培训,使进城务工人员掌握一到两门技术,并就近解决其子女读书问题,使他们更好地融入城市。同时提高文明素质,城镇化的高质量发展不仅仅是城镇化率的提高,更是城镇居民文明素质不断提升的过程。不仅让农民从土坯房搬进城里的新楼房,更要让他们有良好的精神文明和生活习惯,更好地融入城市生活中去。培养良好的习惯、重视子女的教育、文明的生活点滴以及大力培育和践行社会主义核心价值观,提升新晋市民的良好的人文素质,都是促进城镇化健康持续快速发展的良好途径。人力资本投资结构更加优化和细化,不仅要从宏观角度进行优化,更要注重微观层面的细化。

## 7.2.5　通过高质量城镇化提升人力资本投资

城镇化的高质量发展基本前提就是人的高品质生活,人力资本积累就是人民高质量生活的基本前提。高质量城镇化有助于人力资本投资水平的提高,高质量城镇化强调人的市民化,农业转移人口在城市生活,享受到城市良好的公共产品,为他们节省了时间和成本。城市完善的教育体系和人文环境,为人力资本投资提供了良好的基础环境。同时农村人口的生活水平也应持续提高,城乡协调发展才是提高城镇化质量的关键。很多发达国家经历城镇化高潮后,普遍推出国家级的乡村振兴战略,促进农业、农村向自然和谐、生态安全、以人为本、可持续发展等现代价值观的发展方式转型,这一系列措施为人力资本投资创造了条件。无论是城镇化中的城市还是城镇化中的乡村，高质量的发展对于人的发展都是有益的，在公共产品、环境友好、文化传承中人力资本水平会随着城市和乡村的共同发展逐渐提高。高素质人力资本的聚集，促使人力资本向着更高水平发展，城市品质才会提升，城市竞争力才能够增强。

## 7.2.6　激发城镇化发展多方驱动力

新型城镇化是以人为核心的城镇化，是高质量发展的标志，核心是智能制造，这意味着必须提升城市创新能力，特别是科教支撑能力。无论是产业发展形态，还是政府治理形态，当下都进入了智能化、服务化和数字化时代。因此，着力抓住创新是推进高质量新型城镇化的关键所在。高质量城镇化的发展不仅仅是城市的发展，更要注重农村的发展。在城市中，城市有土地、物质、环境、公共产品的需求与发展，对于城市的总体发展，需要政府、社会、民间、群众等多方努力。对于城市生活困难的群众，需要政府建立一系列有利于城市居民生活的制度。政府应运用法律、规划与财政等工具，推动城市文化发展的保护，形成城市发展新动力，使安居在城市的市民的精神文化生活得以满足。对于社区治理，保障城市对所有人群一视同仁，避免社会对外来人口的排斥，使得城市所有人群享受同等的公平正义。另外，乡村的治理更是需要众多方面的努力，政府积极实施乡村振兴，对于新农村的发展积极的探索。对于城镇化进程中农村的发展更是需要科技创新给予支撑，发展智慧农业和智慧乡村驱动农村更好的发展。广大农民是农业农村现代化建设的主力军，提升其知识技能水平是建设高质量乡村人才队伍的关键。未来需要不断健全乡村人才培养机制，大力培育"土专家""田秀才"等农村实用人才和乡村本土人才，打造新型职业农民队伍，激发城镇化发展多方驱动力。

### 7.2.7　促进城镇化与人力资本协调发展

城镇化的高质量发展需要技术产业发展的支持，更需要以培育高端技术人才为依托。对于高新技术企业的支持，政府应持鼓励的态度，运用各种优惠政策对高新技术企业进行支持。由于人力资本的增加可以带动高新技术企业的发展，因此鼓励校企合作，提高学校科研成果的转化率，并且提高企业部门的研发水平。从我国的不同区域的城镇化来看，东部地区的城镇化质量较高，产业结构更加优化，人力资本水平较高，城镇化的发展与人力资本更加协调。而中部地区的产业结构高度化不足，人力资本水平相对低，因此对于中部地区，优化产业结构是中部地区城镇化发展的主要动力。西部地区则需要调整产业结构，以实现城镇化质量的提高。此外，人力资本水平提高带来劳动者收入的增加，可以增强劳动者的消费能力，在带动我国经济增长的同时，创造更多的就业岗位与更加发达的产业链条，从而提高我国城镇化水平和质量。每个省份不仅应追求城镇化率的提高，更应重视城镇化发展与人力资本相互协调。总而言之，城镇化水平的提高与质量的提升，需要人力资本投资与水平的协调发展。为此，政府应发挥教育领域改革，全面增加人力资本投入与支持，提高劳动者素质以及产业结构水平，使人力资本与城镇化共同协调发展。

# 附录一

**表 1　教育人力资本存量与人口城镇化、经济城镇化及社会城镇化关联度（2000～2017 年）**

$H_1$

| 年份 | 2000年 | 2001年 | 2002年 | 2003年 | 2004年 | 2005年 | 2006年 | 2007年 | 2008年 | 2009年 | 2010年 | 2011年 | 2012年 | 2013年 | 2014年 | 2015年 | 2016年 | 2017年 | 关联度 | 排序 |
|---|---|---|---|---|---|---|---|---|---|---|---|---|---|---|---|---|---|---|---|---|
| $U_1$ | 1.0000 | 0.9294 | 0.8635 | 0.8057 | 0.7514 | 0.7025 | 0.6595 | 0.6190 | 0.5784 | 0.5426 | 0.5095 | 0.4760 | 0.4430 | 0.4153 | 0.3910 | 0.3695 | 0.3503 | 0.3333 | 0.5967 | 3 |
| $U_2$ | 1.0000 | 0.9489 | 0.8983 | 0.8653 | 0.8542 | 0.8434 | 0.8482 | 0.8978 | 0.9386 | 0.9144 | 0.9926 | 0.9055 | 0.9041 | 0.8876 | 0.8882 | 0.9023 | 0.8906 | 0.8128 | 0.8996 | 1 |
| $U_3$ | 1.0000 | 0.9276 | 0.8602 | 0.8051 | 0.7553 | 0.7136 | 0.6773 | 0.6420 | 0.6103 | 0.5796 | 0.5532 | 0.5284 | 0.4968 | 0.4689 | 0.4448 | 0.4196 | 0.4026 | 0.3866 | 0.6262 | 2 |

**表 2　培训人力资本存量与人口城镇化、经济城镇化及社会城镇化关联度值（2000～2017 年）**

$H_2$

| 年份 | 2000年 | 2001年 | 2002年 | 2003年 | 2004年 | 2005年 | 2006年 | 2007年 | 2008年 | 2009年 | 2010年 | 2011年 | 2012年 | 2013年 | 2014年 | 2015年 | 2016年 | 2017年 | 关联度 | 排序 |
|---|---|---|---|---|---|---|---|---|---|---|---|---|---|---|---|---|---|---|---|---|
| $U_1$ | 1.0000 | 0.9245 | 0.8601 | 0.8046 | 0.7545 | 0.7091 | 0.6683 | 0.6307 | 0.5936 | 0.5602 | 0.5294 | 0.4967 | 0.4651 | 0.4305 | 0.4004 | 0.3747 | 0.3527 | 0.3333 | 0.6049 | 3 |
| $U_2$ | 1.0000 | 0.9336 | 0.8762 | 0.8319 | 0.8005 | 0.7708 | 0.7485 | 0.7424 | 0.7303 | 0.6999 | 0.6969 | 0.6942 | 0.6658 | 0.6275 | 0.5892 | 0.5537 | 0.5275 | 0.5155 | 0.7225 | 1 |
| $U_3$ | 1.0000 | 0.9237 | 0.8586 | 0.8044 | 0.7564 | 0.7144 | 0.6769 | 0.6419 | 0.6091 | 0.5783 | 0.5509 | 0.5224 | 0.4917 | 0.4562 | 0.4255 | 0.3976 | 0.3760 | 0.3567 | 0.6189 | 2 |

204 ◄······ 中国人力资本与城镇化耦合关系研究

表 3　卫生人力资本存量与人口城镇化、经济城镇化及社会城镇化关联度值（2000～2017 年）

$H_3$

| 年份 | 2000年 | 2001年 | 2002年 | 2003年 | 2004年 | 2005年 | 2006年 | 2007年 | 2008年 | 2009年 | 2010年 | 2011年 | 2012年 | 2013年 | 2014年 | 2015年 | 2016年 | 2017年 | 关联度 | 排序 |
|---|---|---|---|---|---|---|---|---|---|---|---|---|---|---|---|---|---|---|---|---|
| $U_1$ | 1.0000 | 0.9270 | 0.8615 | 0.8043 | 0.7512 | 0.7049 | 0.6657 | 0.6314 | 0.5924 | 0.5551 | 0.5229 | 0.4895 | 0.4581 | 0.4293 | 0.4030 | 0.3783 | 0.3551 | 0.3333 | 0.6035 | 3 |
| $U_2$ | 1.0000 | 0.9520 | 0.9066 | 0.8823 | 0.8886 | 0.8982 | 0.9357 | 0.9425 | 0.8586 | 0.8610 | 0.7605 | 0.6640 | 0.6373 | 0.6089 | 0.5946 | 0.5923 | 0.5798 | 0.5359 | 0.7833 | 1 |
| $U_3$ | 1.0000 | 0.9247 | 0.8573 | 0.8036 | 0.7562 | 0.7193 | 0.6892 | 0.6625 | 0.6362 | 0.6059 | 0.5837 | 0.5634 | 0.5351 | 0.5061 | 0.4799 | 0.4488 | 0.4274 | 0.4051 | 0.6447 | 2 |

表 4　科研人力资本存量与人口城镇化、经济城镇化及社会城镇化关联度值（2000～2017 年）

$H_4$

| 年份 | 2000年 | 2001年 | 2002年 | 2003年 | 2004年 | 2005年 | 2006年 | 2007年 | 2008年 | 2009年 | 2010年 | 2011年 | 2012年 | 2013年 | 2014年 | 2015年 | 2016年 | 2017年 | 关联度 | 排序 |
|---|---|---|---|---|---|---|---|---|---|---|---|---|---|---|---|---|---|---|---|---|
| $U_1$ | 1.0000 | 0.9475 | 0.9058 | 0.8620 | 0.8124 | 0.7628 | 0.7164 | 0.6730 | 0.6276 | 0.5826 | 0.5407 | 0.4996 | 0.4614 | 0.4272 | 0.3985 | 0.3744 | 0.3531 | 0.3333 | 0.6266 | 3 |
| $U_2$ | 1.0000 | 0.9619 | 0.9328 | 0.9098 | 0.8953 | 0.8758 | 0.8653 | 0.8859 | 0.8920 | 0.8453 | 0.8548 | 0.8743 | 0.8356 | 0.8010 | 0.7626 | 0.7251 | 0.7016 | 0.7079 | 0.8515 | 1 |
| $U_3$ | 1.0000 | 0.9462 | 0.9032 | 0.8616 | 0.8156 | 0.7720 | 0.7313 | 0.6922 | 0.6540 | 0.6125 | 0.5749 | 0.5396 | 0.5017 | 0.4663 | 0.4368 | 0.4097 | 0.3893 | 0.3696 | 0.6487 | 2 |

**表 5** 迁移人力资本存量与人口城镇化、经济城镇化及社会城镇化关联度值（2000～2017 年）

$H_5$

| 年份 | 2000年 | 2001年 | 2002年 | 2003年 | 2004年 | 2005年 | 2006年 | 2007年 | 2008年 | 2009年 | 2010年 | 2011年 | 2012年 | 2013年 | 2014年 | 2015年 | 2016年 | 2017年 | 关联度 | 排序 |
|---|---|---|---|---|---|---|---|---|---|---|---|---|---|---|---|---|---|---|---|---|
| $U_1$ | 1.0000 | 0.9989 | 0.9346 | 0.9275 | 0.9133 | 0.8967 | 0.8961 | 0.8864 | 0.8576 | 0.8566 | 0.8199 | 0.7712 | 0.7367 | 0.6820 | 0.6626 | 0.6581 | 0.6557 | 0.6451 | 0.8222 | 2 |
| $U_2$ | 1.0000 | 0.9743 | 0.9818 | 0.9807 | 0.9189 | 0.8646 | 0.7875 | 0.6918 | 0.6278 | 0.5919 | 0.5341 | 0.4804 | 0.4542 | 0.4370 | 0.4140 | 0.3913 | 0.3655 | 0.3333 | 0.6572 | 3 |
| $U_3$ | 1.0000 | 0.9987 | 0.9302 | 0.9267 | 0.9199 | 0.9176 | 0.9344 | 0.9416 | 0.9412 | 0.9681 | 0.9592 | 0.9448 | 0.9278 | 0.8684 | 0.8655 | 0.8694 | 0.9079 | 0.9281 | 0.9305 | 1 |

# 附录二

**表 1** 2008 年地区人力资本投资情况

| 地区 | 教育人力资本投资（标准化后）$X_1'$ | 教育投资权重 $a_1$ | $a_1 \times X_1'$ | 培训人力资本投资（标准化后）$X_2'$ | 培训投资权重 $a_2$ | $a_2 \times X_2'$ | 卫生人力资本投资（标准化后）$X_3'$ | 卫生投资权重 $a_3$ | $a_3 \times X_3'$ | 科研人力资本投资（标准化后）$X_4'$ | 科研投资权重 $a_4$ | $a_4 \times X_4'$ | 人力资本投资水平 $H(X) = \sum a_i X_i'$ |
|---|---|---|---|---|---|---|---|---|---|---|---|---|---|
| 北京市 | 1.0000 | 0.2262 | 0.2262 | 1.0000 | 0.3521 | 0.3521 | 1.0000 | 0.2506 | 0.2506 | 1.0000 | 0.171 | 0.1710 | 1.0000 |
| 天津市 | 0.5411 | 0.2262 | 0.1224 | 0.3281 | 0.3521 | 0.1155 | 0.3215 | 0.2506 | 0.0806 | 0.9877 | 0.171 | 0.1689 | 0.4874 |
| 河北省 | 0.0529 | 0.2262 | 0.0120 | 0.0247 | 0.3521 | 0.0087 | 0.0510 | 0.2506 | 0.0128 | 0.1552 | 0.171 | 0.0265 | 0.0600 |
| 山西省 | 0.1434 | 0.2262 | 0.0324 | 0.0885 | 0.3521 | 0.0312 | 0.1061 | 0.2506 | 0.0266 | 0.3740 | 0.171 | 0.0640 | 0.1541 |
| 内蒙古自治区 | 0.1938 | 0.2262 | 0.0438 | 0.0786 | 0.3521 | 0.0277 | 0.1576 | 0.2506 | 0.0395 | 0.1927 | 0.171 | 0.0329 | 0.1440 |
| 辽宁省 | 0.2124 | 0.2262 | 0.0481 | 0.1146 | 0.3521 | 0.0403 | 0.0838 | 0.2506 | 0.0210 | 0.4297 | 0.171 | 0.0735 | 0.1829 |
| 吉林省 | 0.1521 | 0.2262 | 0.0344 | 0.0540 | 0.3521 | 0.0190 | 0.1179 | 0.2506 | 0.0296 | 0.1372 | 0.171 | 0.0235 | 0.1065 |
| 黑龙江省 | 0.0971 | 0.2262 | 0.0220 | 0.0819 | 0.3521 | 0.0288 | 0.0736 | 0.2506 | 0.0184 | 0.2992 | 0.171 | 0.0512 | 0.1204 |

续表

| 地区 | 教育人力资本投资（标准化后）$X_1'$ | 教育投资权重 $a_1$ | $a_1 \times X_1'$ | 培训人力资本投资（标准化后）$X_2'$ | 培训投资权重 $a_2$ | $a_2 \times X_2'$ | 卫生人力资本投资（标准化后）$X_3'$ | 卫生投资权重 $a_3$ | $a_3 \times X_3'$ | 科研人力资本投资（标准化后）$X_4'$ | 科研投资权重 $a_4$ | $a_4 \times X_4'$ | 人力资本投资水平 $H(X) = \sum a_i X_i'$ |
|---|---|---|---|---|---|---|---|---|---|---|---|---|---|
| 上海市 | 0.7974 | 0.2262 | 0.1804 | 0.4818 | 0.3521 | 0.1696 | 0.6364 | 0.2506 | 0.1595 | 0.8379 | 0.171 | 0.1433 | 0.6528 |
| 江苏省 | 0.3011 | 0.2262 | 0.0681 | 0.0928 | 0.3521 | 0.0327 | 0.0794 | 0.2506 | 0.0199 | 0.8216 | 0.171 | 0.1405 | 0.2612 |
| 浙江省 | 0.4271 | 0.2262 | 0.0966 | 0.2082 | 0.3521 | 0.0733 | 0.2007 | 0.2506 | 0.0503 | 0.9930 | 0.171 | 0.1698 | 0.3901 |
| 安徽省 | 0.0096 | 0.2262 | 0.0022 | 0.0052 | 0.3521 | 0.0018 | 0.0469 | 0.2506 | 0.0117 | 0.2155 | 0.171 | 0.0369 | 0.0526 |
| 福建省 | 0.1923 | 0.2262 | 0.0435 | 0.1157 | 0.3521 | 0.0408 | 0.0980 | 0.2506 | 0.0246 | 0.4677 | 0.171 | 0.0800 | 0.1888 |
| 江西省 | 0.0316 | 0.2262 | 0.0071 | 0.0000 | 0.3521 | 0.0000 | 0.0550 | 0.2506 | 0.0138 | 0.1588 | 0.171 | 0.0271 | 0.0481 |
| 山东省 | 0.0650 | 0.2262 | 0.0147 | 0.0699 | 0.3521 | 0.0246 | 0.0173 | 0.2506 | 0.0043 | 0.5374 | 0.171 | 0.0919 | 0.1356 |
| 河南省 | 0.0000 | 0.2262 | 0.0000 | 0.0296 | 0.3521 | 0.0104 | 0.0249 | 0.2506 | 0.0062 | 0.2239 | 0.171 | 0.0383 | 0.0550 |
| 湖北省 | 0.0489 | 0.2262 | 0.0111 | 0.0295 | 0.3521 | 0.0104 | 0.0428 | 0.2506 | 0.0107 | 0.2996 | 0.171 | 0.0512 | 0.0834 |
| 湖南省 | 0.0503 | 0.2262 | 0.0114 | 0.0221 | 0.3521 | 0.0078 | 0.0000 | 0.2506 | 0.0000 | 0.2042 | 0.171 | 0.0349 | 0.0541 |
| 广东省 | 0.2473 | 0.2262 | 0.0560 | 0.1255 | 0.3521 | 0.0442 | 0.0968 | 0.2506 | 0.0243 | 0.8172 | 0.171 | 0.1398 | 0.2641 |
| 广西壮族自治区 | 0.0133 | 0.2262 | 0.0030 | 0.0092 | 0.3521 | 0.0032 | 0.0385 | 0.2506 | 0.0097 | 0.0746 | 0.171 | 0.0128 | 0.0286 |
| 海南省 | 0.2007 | 0.2262 | 0.0454 | 0.0381 | 0.3521 | 0.0134 | 0.1188 | 0.2506 | 0.0298 | 0.0212 | 0.171 | 0.0036 | 0.0922 |

续表

| 地区 | 教育人力资本投资（标准化后）$X_1'$ | 教育投资权重 $a_1$ | $a_1 \times X_1'$ | 培训人力资本投资（标准化后）$X_2'$ | 培训投资权重 $a_2$ | $a_2 \times X_2'$ | 卫生人力资本投资（标准化后）$X_3'$ | 卫生投资权重 $a_3$ | $a_3 \times X_3'$ | 科研人力资本投资（标准化后）$X_4'$ | 科研投资权重 $a_4$ | $a_4 \times X_4'$ | 人力资本投资水平 $H(X) = \sum a_i X_i'$ |
|---|---|---|---|---|---|---|---|---|---|---|---|---|---|
| 重庆市 | 0.1239 | 0.2262 | 0.0280 | 0.0540 | 0.3521 | 0.0190 | 0.0654 | 0.2506 | 0.0164 | 0.3309 | 0.171 | 0.0566 | 0.1200 |
| 四川省 | 0.0576 | 0.2262 | 0.0130 | 0.0195 | 0.3521 | 0.0069 | 0.0574 | 0.2506 | 0.0144 | 0.2231 | 0.171 | 0.0381 | 0.0724 |
| 贵州省 | 0.0294 | 0.2262 | 0.0067 | 0.0066 | 0.3521 | 0.0023 | 0.0737 | 0.2506 | 0.0185 | 0.0648 | 0.171 | 0.0111 | 0.0385 |
| 云南省 | 0.0295 | 0.2262 | 0.0067 | 0.0122 | 0.3521 | 0.0043 | 0.1363 | 0.2506 | 0.0342 | 0.0689 | 0.171 | 0.0118 | 0.0569 |
| 西藏自治区 | 0.5103 | 0.2262 | 0.1154 | 0.1025 | 0.3521 | 0.0361 | 0.6199 | 0.2506 | 0.1554 | 0.0000 | 0.171 | 0.0000 | 0.3069 |
| 陕西省 | 0.1679 | 0.2262 | 0.0380 | 0.0606 | 0.3521 | 0.0213 | 0.1079 | 0.2506 | 0.0270 | 0.2893 | 0.171 | 0.0495 | 0.1358 |
| 甘肃省 | 0.1074 | 0.2262 | 0.0243 | 0.0280 | 0.3521 | 0.0099 | 0.1339 | 0.2506 | 0.0336 | 0.1566 | 0.171 | 0.0268 | 0.0945 |
| 青海省 | 0.2057 | 0.2262 | 0.0465 | 0.0720 | 0.3521 | 0.0253 | 0.4515 | 0.2506 | 0.1132 | 0.0535 | 0.171 | 0.0091 | 0.1942 |
| 宁夏回族自治区 | 0.2259 | 0.2262 | 0.0511 | 0.0913 | 0.3521 | 0.0321 | 0.2047 | 0.2506 | 0.0513 | 0.2170 | 0.171 | 0.0371 | 0.1716 |
| 新疆维吾尔自治区 | 0.2448 | 0.2262 | 0.0554 | 0.1015 | 0.3521 | 0.0357 | 0.2022 | 0.2506 | 0.0507 | 0.0813 | 0.171 | 0.0139 | 0.1557 |

美

**表 2**

**2011 年地区人力资本投资情况**

| 地区 | 教育人力资本投资（标准化后）$X_1'$ | 教育投资权重 $a_1$ | $a_1 \times X_1'$ | 培训人力资本投资（标准化后）$X_2'$ | 培训投资权重 $a_2$ | $a_2 \times X_2'$ | 卫生人力资本投资（标准化后）$X_3'$ | 卫生投资权重 $a_3$ | $a_3 \times X_3'$ | 科研人力资本投资（标准化后）$X_4'$ | 科研投资权重 $a_4$ | $a_4 \times X_4'$ | 人力资本投资水平 $H(X) = \sum a_i X_i'$ |
|---|---|---|---|---|---|---|---|---|---|---|---|---|---|
| 北京市 | 1.0000 | 0.2097 | 0.2097 | 1.0000 | 0.3864 | 0.3864 | 0.9391 | 0.2208 | 0.2074 | 0.6606 | 0.1830 | 0.1209 | 0.9244 |
| 天津市 | 0.7587 | 0.2097 | 0.1591 | 0.3739 | 0.3864 | 0.1445 | 0.3719 | 0.2208 | 0.0821 | 0.9456 | 0.1830 | 0.1731 | 0.5588 |
| 河北省 | 0.0000 | 0.2097 | 0.0000 | 0.0145 | 0.3864 | 0.0056 | 0.0558 | 0.2208 | 0.0123 | 0.1890 | 0.1830 | 0.0346 | 0.0525 |
| 山西省 | 0.1459 | 0.2097 | 0.0306 | 0.0898 | 0.3864 | 0.0347 | 0.0889 | 0.2208 | 0.0196 | 0.2407 | 0.1830 | 0.0441 | 0.1290 |
| 内蒙古自治区 | 0.3476 | 0.2097 | 0.0729 | 0.0929 | 0.3864 | 0.0359 | 0.3656 | 0.2208 | 0.0807 | 0.1889 | 0.1830 | 0.0346 | 0.2241 |
| 辽宁省 | 0.2475 | 0.2097 | 0.0519 | 0.1190 | 0.3864 | 0.0460 | 0.0524 | 0.2208 | 0.0116 | 0.2891 | 0.1830 | 0.0529 | 0.1624 |
| 吉林省 | 0.1590 | 0.2097 | 0.0334 | 0.0448 | 0.3864 | 0.0173 | 0.1889 | 0.2208 | 0.0417 | 0.1727 | 0.1830 | 0.0316 | 0.1240 |
| 黑龙江省 | 0.0383 | 0.2097 | 0.0080 | 0.0647 | 0.3864 | 0.0250 | 0.0904 | 0.2208 | 0.0200 | 0.2757 | 0.1830 | 0.0505 | 0.1035 |
| 上海市 | 0.7488 | 0.2097 | 0.1570 | 0.5913 | 0.3864 | 0.2285 | 0.5508 | 0.2208 | 0.1216 | 0.9033 | 0.1830 | 0.1653 | 0.6725 |
| 江苏省 | 0.3396 | 0.2097 | 0.0712 | 0.0986 | 0.3864 | 0.0381 | 0.0872 | 0.2208 | 0.0193 | 0.9749 | 0.1830 | 0.1785 | 0.3070 |
| 浙江省 | 0.4195 | 0.2097 | 0.0880 | 0.2507 | 0.3864 | 0.0969 | 0.1728 | 0.2208 | 0.0382 | 1.0000 | 0.1830 | 0.1830 | 0.4060 |
| 安徽省 | 0.0815 | 0.2097 | 0.0171 | 0.0117 | 0.3864 | 0.0045 | 0.1145 | 0.2208 | 0.0253 | 0.2512 | 0.1830 | 0.0460 | 0.0929 |
| 福建省 | 0.2168 | 0.2097 | 0.0455 | 0.1621 | 0.3864 | 0.0626 | 0.0686 | 0.2208 | 0.0152 | 0.5429 | 0.1830 | 0.0994 | 0.2226 |

续表

| 地区 | 教育人力资本投资（标准化后）$X_1'$ | 教育投资权重 $a_1$ | $a_1 \times X_1'$ | 培训人力资本投资（标准化后）$X_2'$ | 培训投资权重 $a_2$ | $a_2 \times X_2'$ | 卫生人力资本投资（标准化后）$X_3'$ | 卫生投资权重 $a_3$ | $a_3 \times X_3'$ | 科研人力资本投资（标准化后）$X_4'$ | 科研投资权重 $a_4$ | $a_4 \times X_4'$ | 人力资本投资水平 $H(X) = \sum a_i X_i'$ |
|---|---|---|---|---|---|---|---|---|---|---|---|---|---|
| 江西省 | 0.0961 | 0.2097 | 0.0202 | 0.0005 | 0.3864 | 0.0002 | 0.0803 | 0.2208 | 0.0177 | 0.1414 | 0.1830 | 0.0259 | 0.0639 |
| 山东省 | 0.1037 | 0.2097 | 0.0218 | 0.0747 | 0.3864 | 0.0289 | 0.0000 | 0.2208 | 0.0000 | 0.5018 | 0.1830 | 0.0918 | 0.1425 |
| 河南省 | 0.0372 | 0.2097 | 0.0078 | 0.0244 | 0.3864 | 0.0094 | 0.0140 | 0.2208 | 0.0031 | 0.2664 | 0.1830 | 0.0488 | 0.0691 |
| 湖北省 | 0.0088 | 0.2097 | 0.0019 | 0.0534 | 0.3864 | 0.0207 | 0.0702 | 0.2208 | 0.0155 | 0.3304 | 0.1830 | 0.0605 | 0.0985 |
| 湖南省 | 0.0178 | 0.2097 | 0.0037 | 0.0191 | 0.3864 | 0.0074 | 0.0194 | 0.2208 | 0.0043 | 0.2320 | 0.1830 | 0.0425 | 0.0579 |
| 广东省 | 0.2524 | 0.2097 | 0.0529 | 0.1273 | 0.3864 | 0.0492 | 0.0493 | 0.2208 | 0.0109 | 0.8829 | 0.1830 | 0.1616 | 0.2746 |
| 广西壮族自治区 | 0.0450 | 0.2097 | 0.0094 | 0.0000 | 0.3864 | 0.0000 | 0.1611 | 0.2208 | 0.0356 | 0.1145 | 0.1830 | 0.0210 | 0.0660 |
| 海南省 | 0.3253 | 0.2097 | 0.0682 | 0.0478 | 0.3864 | 0.0185 | 0.2523 | 0.2208 | 0.0557 | 0.0466 | 0.1830 | 0.0085 | 0.1510 |
| 重庆市 | 0.2252 | 0.2097 | 0.0472 | 0.0898 | 0.3864 | 0.0347 | 0.1496 | 0.2208 | 0.0330 | 0.2523 | 0.1830 | 0.0462 | 0.1611 |
| 四川省 | 0.0426 | 0.2097 | 0.0089 | 0.0184 | 0.3864 | 0.0071 | 0.1130 | 0.2208 | 0.0249 | 0.1209 | 0.1830 | 0.0221 | 0.0631 |
| 贵州省 | 0.0537 | 0.2097 | 0.0113 | 0.0032 | 0.3864 | 0.0012 | 0.1587 | 0.2208 | 0.0350 | 0.0721 | 0.1830 | 0.0132 | 0.0607 |
| 云南省 | 0.1025 | 0.2097 | 0.0215 | 0.0062 | 0.3864 | 0.0024 | 0.1742 | 0.2208 | 0.0385 | 0.0580 | 0.1830 | 0.0106 | 0.0730 |
| 西藏自治区 | 0.6275 | 0.2097 | 0.1316 | 0.0605 | 0.3864 | 0.0234 | 1.0000 | 0.2208 | 0.2208 | 0.0000 | 0.1830 | 0.0000 | 0.3758 |

续表

| 地区 | 教育人力资本投资（标准化后）$X_1'$ | 教育投资权重 $a_1$ | $a_1 \times X_1'$ | 培训人力资本投资（标准化后）$X_2'$ | 培训投资权重 $a_2$ | $a_2 \times X_2'$ | 卫生人力资本投资（标准化后）$X_3'$ | 卫生投资权重 $a_3$ | $a_3 \times X_3'$ | 科研人力资本投资（标准化后）$X_4'$ | 科研投资权重 $a_4$ | $a_4 \times X_4'$ | 人力资本投资水平 $H(X) = \sum a_i X_i'$ |
|---|---|---|---|---|---|---|---|---|---|---|---|---|---|
| 陕西省 | 0.2657 | 0.2097 | 0.0557 | 0.0748 | 0.3864 | 0.0289 | 0.1947 | 0.2208 | 0.0430 | 0.2192 | 0.1830 | 0.0401 | 0.1677 |
| 甘肃省 | 0.0968 | 0.2097 | 0.0203 | 0.0049 | 0.3864 | 0.0019 | 0.2332 | 0.2208 | 0.0515 | 0.0955 | 0.1830 | 0.0175 | 0.0912 |
| 青海省 | 0.6303 | 0.2097 | 0.1322 | 0.0881 | 0.3864 | 0.0340 | 0.5831 | 0.2208 | 0.1288 | 0.0847 | 0.1830 | 0.0155 | 0.3105 |
| 宁夏回族自治区 | 0.3578 | 0.2097 | 0.0750 | 0.0775 | 0.3864 | 0.0299 | 0.3402 | 0.2208 | 0.0751 | 0.1647 | 0.1830 | 0.0301 | 0.2103 |
| 新疆维吾尔自治区 | 0.3695 | 0.2097 | 0.0775 | 0.1178 | 0.3864 | 0.0455 | 0.2851 | 0.2208 | 0.0630 | 0.0798 | 0.1830 | 0.0146 | 0.2006 |

表3

### 2016年地区人力资本投资情况

| 地区 | 教育人力资本投资（标准化后）$X_1'$ | 教育投资权重 $a_1$ | $a_1 \times X_1'$ | 培训人力资本投资（标准化后）$X_2'$ | 培训投资权重 $a_2$ | $a_2 \times X_2'$ | 卫生人力资本投资（标准化后）$X_3'$ | 卫生投资权重 $a_3$ | $a_3 \times X_3'$ | 科研人力资本投资（标准化后）$X_4'$ | 科研投资权重 $a_4$ | $a_4 \times X_4'$ | 人力资本投资水平 $H(X) = \sum a_i X_i'$ |
|---|---|---|---|---|---|---|---|---|---|---|---|---|---|
| 北京市 | 0.9676 | 0.2144 | 0.2075 | 1.0000 | 0.4000 | 0.4000 | 0.7999 | 0.1724 | 0.1379 | 0.4023 | 0.2132 | 0.0858 | 0.8311 |
| 天津市 | 0.4132 | 0.2144 | 0.0886 | 0.2882 | 0.4000 | 0.1153 | 0.4243 | 0.1724 | 0.0731 | 0.8696 | 0.2132 | 0.1854 | 0.4625 |
| 河北省 | 0.0000 | 0.2144 | 0.0000 | 0.0000 | 0.4000 | 0.0000 | 0.0223 | 0.1724 | 0.0038 | 0.1840 | 0.2132 | 0.0392 | 0.0431 |
| 山西省 | 0.0689 | 0.2144 | 0.0148 | 0.0398 | 0.4000 | 0.0159 | 0.0816 | 0.1724 | 0.0141 | 0.1294 | 0.2132 | 0.0276 | 0.0723 |
| 内蒙古自治区 | 0.3030 | 0.2144 | 0.0650 | 0.0655 | 0.4000 | 0.0262 | 0.3028 | 0.1724 | 0.0522 | 0.1989 | 0.2132 | 0.0424 | 0.1858 |
| 辽宁省 | 0.0543 | 0.2144 | 0.0116 | 0.0653 | 0.4000 | 0.0261 | 0.0000 | 0.1724 | 0.0000 | 0.1865 | 0.2132 | 0.0398 | 0.0776 |
| 吉林省 | 0.1226 | 0.2144 | 0.0263 | 0.0506 | 0.4000 | 0.0202 | 0.2119 | 0.1724 | 0.0365 | 0.1398 | 0.2132 | 0.0298 | 0.1129 |
| 黑龙江省 | 0.0080 | 0.2144 | 0.0017 | 0.0313 | 0.4000 | 0.0125 | 0.0259 | 0.1724 | 0.0045 | 0.1379 | 0.2132 | 0.0294 | 0.0481 |
| 上海市 | 0.7369 | 0.2144 | 0.1580 | 0.6875 | 0.4000 | 0.2750 | 0.6240 | 0.1724 | 0.1076 | 0.7050 | 0.2132 | 0.1503 | 0.6909 |
| 江苏省 | 0.2968 | 0.2144 | 0.0636 | 0.2194 | 0.4000 | 0.0877 | 0.1340 | 0.1724 | 0.0231 | 0.9810 | 0.2132 | 0.2092 | 0.3837 |
| 浙江省 | 0.3991 | 0.2144 | 0.0856 | 0.2321 | 0.4000 | 0.0929 | 0.1901 | 0.1724 | 0.0328 | 1.0000 | 0.2132 | 0.2132 | 0.4244 |
| 安徽省 | 0.0251 | 0.2144 | 0.0054 | 0.0039 | 0.4000 | 0.0016 | 0.0517 | 0.1724 | 0.0089 | 0.2708 | 0.2132 | 0.0577 | 0.0736 |
| 福建省 | 0.2162 | 0.2144 | 0.0463 | 0.1503 | 0.4000 | 0.0601 | 0.1931 | 0.1724 | 0.0333 | 0.4524 | 0.2132 | 0.0965 | 0.2362 |

续表

| 地区 | 教育人力资本投资(标准化后) $X_1'$ | 教育投资权重 $a_1$ | $a_1 \times X_1'$ | 培训人力资本投资(标准化后) $X_2'$ | 培训投资权重 $a_2$ | $a_2 \times X_2'$ | 卫生人力资本投资(标准化后) $X_3'$ | 卫生投资权重 $a_3$ | $a_3 \times X_3'$ | 科研人力资本投资(标准化后) $X_4'$ | 科研投资权重 $a_4$ | $a_4 \times X_4'$ | 人力资本水平 $H(X) = \sum a_i X_i'$ |
|---|---|---|---|---|---|---|---|---|---|---|---|---|---|
| 江西省 | 0.1020 | 0.2144 | 0.0219 | 0.0251 | 0.4000 | 0.0100 | 0.1795 | 0.1724 | 0.0309 | 0.1225 | 0.2132 | 0.0261 | 0.0890 |
| 山东省 | 0.0951 | 0.2144 | 0.0204 | 0.0737 | 0.4000 | 0.0295 | 0.0655 | 0.1724 | 0.0113 | 0.4158 | 0.2132 | 0.0887 | 0.1498 |
| 河南省 | 0.0220 | 0.2144 | 0.0047 | 0.0284 | 0.4000 | 0.0113 | 0.0809 | 0.1724 | 0.0140 | 0.2335 | 0.2132 | 0.0498 | 0.0798 |
| 湖北省 | 0.0833 | 0.2144 | 0.0179 | 0.0629 | 0.4000 | 0.0252 | 0.2116 | 0.1724 | 0.0365 | 0.2764 | 0.2132 | 0.0589 | 0.1385 |
| 湖南省 | 0.0320 | 0.2144 | 0.0069 | 0.0019 | 0.4000 | 0.0007 | 0.0700 | 0.1724 | 0.0121 | 0.2115 | 0.2132 | 0.0451 | 0.0648 |
| 广东省 | 0.3126 | 0.2144 | 0.0670 | 0.2101 | 0.4000 | 0.0840 | 0.2252 | 0.1724 | 0.0388 | 0.6655 | 0.2132 | 0.1419 | 0.3318 |
| 广西壮族自治区 | 0.0955 | 0.2144 | 0.0205 | 0.0002 | 0.4000 | 0.0001 | 0.1882 | 0.1724 | 0.0324 | 0.0594 | 0.2132 | 0.0127 | 0.0657 |
| 海南省 | 0.3894 | 0.2144 | 0.0835 | 0.0517 | 0.4000 | 0.0207 | 0.3846 | 0.1724 | 0.0663 | 0.0404 | 0.2132 | 0.0086 | 0.1791 |
| 重庆市 | 0.2712 | 0.2144 | 0.0581 | 0.1038 | 0.4000 | 0.0415 | 0.2724 | 0.1724 | 0.0470 | 0.2620 | 0.2132 | 0.0559 | 0.2025 |
| 四川省 | 0.0623 | 0.2144 | 0.0134 | 0.0329 | 0.4000 | 0.0131 | 0.1648 | 0.1724 | 0.0284 | 0.1168 | 0.2132 | 0.0249 | 0.0798 |
| 贵州省 | 0.2710 | 0.2144 | 0.0581 | 0.0252 | 0.4000 | 0.0101 | 0.2848 | 0.1724 | 0.0491 | 0.0669 | 0.2132 | 0.0143 | 0.1316 |
| 云南省 | 0.1590 | 0.2144 | 0.0341 | 0.0132 | 0.4000 | 0.0053 | 0.1961 | 0.1724 | 0.0338 | 0.0521 | 0.2132 | 0.0111 | 0.0843 |
| 西藏自治区 | 1.0000 | 0.2144 | 0.2144 | 0.1283 | 0.4000 | 0.0513 | 1.0000 | 0.1724 | 0.1724 | 0.0000 | 0.2132 | 0.0000 | 0.4381 |

续表

| 地区 | 教育人力资本投资（标准化后）$X_1'$ | 教育投资权重 $a_1$ | $a_1 \times X_1'$ | 培训人力资本投资（标准化后）$X_2'$ | 培训投资权重 $a_2$ | $a_2 \times X_2'$ | 卫生人力资本投资（标准化后）$X_3'$ | 卫生投资权重 $a_3$ | $a_3 \times X_3'$ | 科研人力资本投资（标准化后）$X_4'$ | 科研投资权重 $a_4$ | $a_4 \times X_4'$ | 人力资本投资水平 $H(X) = \sum a_i X_i'$ |
|---|---|---|---|---|---|---|---|---|---|---|---|---|---|
| 陕西省 | 0.1978 | 0.2144 | 0.0424 | 0.0848 | 0.4000 | 0.0339 | 0.2118 | 0.1724 | 0.0365 | 0.1979 | 0.2132 | 0.0422 | 0.1550 |
| 甘肃省 | 0.1800 | 0.2144 | 0.0386 | 0.0263 | 0.4000 | 0.0105 | 0.2443 | 0.1724 | 0.0421 | 0.0738 | 0.2132 | 0.0157 | 0.1070 |
| 青海省 | 0.4705 | 0.2144 | 0.1009 | 0.0609 | 0.4000 | 0.0244 | 0.7337 | 0.1724 | 0.1265 | 0.0408 | 0.2132 | 0.0087 | 0.2604 |
| 宁夏回族自治区 | 0.3150 | 0.2144 | 0.0675 | 0.0573 | 0.4000 | 0.0229 | 0.3636 | 0.1724 | 0.0627 | 0.1369 | 0.2132 | 0.0292 | 0.1823 |
| 新疆维吾尔自治区 | 0.3668 | 0.2144 | 0.0786 | 0.1126 | 0.4000 | 0.0450 | 0.2602 | 0.1724 | 0.0449 | 0.0425 | 0.2132 | 0.0091 | 0.1776 |

# 附录三

## 表1　2008年地区城镇化情况

| 地区 | 城镇化率（标准化后）$Y_1'$ | 城镇化率权重 $\beta_1$ | $\beta_1 \times Y_1'$ | 人均GDP（标准化后）$Y_2'$ | 人均GDP权重 $\beta_2$ | $\beta_2 \times Y_2'$ | 城镇养老保险参保率（标准化后）$Y_3'$ | 城镇养老保险参保率权重 $\beta_3$ | $\beta_3 \times Y_3'$ | 城镇化水平 $U(Y) = \sum \beta_j Y_j'$ |
|---|---|---|---|---|---|---|---|---|---|---|
| 北京市 | 0.9350 | 0.2130 | 0.1991 | 0.9471 | 0.4834 | 0.4578 | 0.9422 | 0.3036 | 0.2861 | 0.9430 |
| 天津市 | 0.8205 | 0.2130 | 0.1748 | 0.8462 | 0.4834 | 0.4091 | 0.6882 | 0.3036 | 0.2090 | 0.7928 |
| 河北省 | 0.2964 | 0.2130 | 0.0631 | 0.2330 | 0.4834 | 0.1126 | 0.2228 | 0.3036 | 0.0676 | 0.2434 |
| 山西省 | 0.3443 | 0.2130 | 0.0733 | 0.2068 | 0.4834 | 0.1000 | 0.3049 | 0.3036 | 0.0926 | 0.2659 |
| 内蒙古自治区 | 0.4422 | 0.2130 | 0.0942 | 0.4454 | 0.4834 | 0.2153 | 0.3078 | 0.3036 | 0.0934 | 0.4029 |
| 辽宁省 | 0.5658 | 0.2130 | 0.1205 | 0.3901 | 0.4834 | 0.1886 | 0.7017 | 0.3036 | 0.2131 | 0.5221 |
| 吉林省 | 0.4645 | 0.2130 | 0.0989 | 0.2437 | 0.4834 | 0.1178 | 0.3853 | 0.3036 | 0.1170 | 0.3337 |
| 黑龙江省 | 0.4968 | 0.2130 | 0.1058 | 0.2120 | 0.4834 | 0.1025 | 0.4613 | 0.3036 | 0.1401 | 0.3484 |
| 上海市 | 0.9896 | 0.2130 | 0.2108 | 1.0000 | 0.4834 | 0.4834 | 1.0000 | 0.3036 | 0.3036 | 0.9978 |

续表

| 地区 | 城镇化率（标准化后）$Y_1'$ | 城镇化率权重 $\beta_1$ | $\beta_1 \times Y_1'$ | 人均GDP（标准化后）$Y_2'$ | 人均GDP权重 $\beta_2$ | $\beta_2 \times Y_2'$ | 城镇养老保险参保率（标准化后）$Y_3'$ | 城镇养老保险参保率权重 $\beta_3$ | $\beta_3 \times Y_3'$ | 城镇化水平 $U(Y) = \sum \beta_j Y_j'$ |
|---|---|---|---|---|---|---|---|---|---|---|
| 江苏省 | 0.4806 | 0.2130 | 0.1024 | 0.5377 | 0.4834 | 0.2599 | 0.4647 | 0.3036 | 0.1411 | 0.5034 |
| 浙江省 | 0.5295 | 0.2130 | 0.1128 | 0.5604 | 0.4834 | 0.2709 | 0.5603 | 0.3036 | 0.1701 | 0.5538 |
| 安徽省 | 0.2758 | 0.2130 | 0.0587 | 0.0811 | 0.4834 | 0.0392 | 0.1538 | 0.3036 | 0.0467 | 0.1446 |
| 福建省 | 0.4614 | 0.2130 | 0.0983 | 0.3554 | 0.4834 | 0.1718 | 0.2930 | 0.3036 | 0.0890 | 0.3591 |
| 江西省 | 0.2886 | 0.2130 | 0.0615 | 0.1064 | 0.4834 | 0.0514 | 0.2267 | 0.3036 | 0.0688 | 0.1817 |
| 山东省 | 0.3812 | 0.2130 | 0.0812 | 0.4111 | 0.4834 | 0.1987 | 0.3242 | 0.3036 | 0.0984 | 0.3783 |
| 河南省 | 0.2094 | 0.2130 | 0.0446 | 0.1649 | 0.4834 | 0.0797 | 0.1747 | 0.3036 | 0.0530 | 0.1774 |
| 湖北省 | 0.3454 | 0.2130 | 0.0736 | 0.1780 | 0.4834 | 0.0860 | 0.3170 | 0.3036 | 0.0962 | 0.2558 |
| 湖南省 | 0.3002 | 0.2130 | 0.0639 | 0.1470 | 0.4834 | 0.0711 | 0.2382 | 0.3036 | 0.0723 | 0.2073 |
| 广东省 | 0.6151 | 0.2130 | 0.1310 | 0.4890 | 0.4834 | 0.2364 | 0.5153 | 0.3036 | 0.1564 | 0.5238 |
| 广西壮族自治区 | 0.2411 | 0.2130 | 0.0514 | 0.0838 | 0.4834 | 0.0405 | 0.1116 | 0.3036 | 0.0339 | 0.1257 |
| 海南省 | 0.3872 | 0.2130 | 0.0825 | 0.1379 | 0.4834 | 0.0667 | 0.3635 | 0.3036 | 0.1104 | 0.2595 |
| 重庆市 | 0.4165 | 0.2130 | 0.0887 | 0.1882 | 0.4834 | 0.0910 | 0.2692 | 0.3036 | 0.0817 | 0.2614 |
| 四川省 | 0.2298 | 0.2130 | 0.0489 | 0.1000 | 0.4834 | 0.0483 | 0.2267 | 0.3036 | 0.0688 | 0.1661 |

续表

| 地区 | 城镇化率（标准化后）$Y'_1$ | 城镇化率权重 $\beta_1$ | $\beta_1 \times Y'_1$ | 人均GDP（标准化后）$Y'_2$ | 人均GDP权重 $\beta_2$ | $\beta_2 \times Y'_2$ | 城镇养老保险参保率（标准化后）$Y'_3$ | 城镇养老保险参保率权重 $\beta_3$ | $\beta_3 \times Y'_3$ | 城镇化水平 $U(Y) = \sum \beta_j Y'_j$ |
|---|---|---|---|---|---|---|---|---|---|---|
| 贵州省 | 0.1068 | 0.2130 | 0.0228 | 0.0000 | 0.4834 | 0.0000 | 0.0728 | 0.3036 | 0.0221 | 0.0449 |
| 云南省 | 0.1644 | 0.2130 | 0.0350 | 0.0470 | 0.4834 | 0.0227 | 0.0838 | 0.3036 | 0.0254 | 0.0832 |
| 西藏自治区 | 0.0000 | 0.2130 | 0.0000 | 0.0648 | 0.4834 | 0.0313 | 0.0000 | 0.3036 | 0.0000 | 0.0313 |
| 陕西省 | 0.2994 | 0.2130 | 0.0638 | 0.1750 | 0.4834 | 0.0846 | 0.2065 | 0.3036 | 0.0627 | 0.2111 |
| 甘肃省 | 0.1727 | 0.2130 | 0.0368 | 0.0450 | 0.4834 | 0.0217 | 0.1357 | 0.3036 | 0.0412 | 0.0997 |
| 青海省 | 0.2801 | 0.2130 | 0.0597 | 0.1520 | 0.4834 | 0.0735 | 0.2225 | 0.3036 | 0.0675 | 0.2007 |
| 宁夏回族自治区 | 0.3423 | 0.2130 | 0.0729 | 0.1716 | 0.4834 | 0.0829 | 0.2468 | 0.3036 | 0.0749 | 0.2308 |
| 新疆维吾尔自治区 | 0.2632 | 0.2130 | 0.0561 | 0.1743 | 0.4834 | 0.0842 | 0.3153 | 0.3036 | 0.0957 | 0.2360 |

表 2

**2011 年地区城镇化情况**

| 地区 | 城镇化率（标准化后）$Y_1'$ | 城镇化率权重 $\beta_1$ | $\beta_1 \times Y_1'$ | 人均 GDP（标准化后）$Y_2'$ | 人均 GDP 权重 $\beta_2$ | $\beta_2 \times Y_2'$ | 城镇养老保险参保率（标准化后）$Y_3'$ | 城镇养老保险参保率权重 $\beta_3$ | $\beta_3 \times Y_3'$ | 城镇化水平 $U(Y) = \sum \beta_j Y_j'$ |
|---|---|---|---|---|---|---|---|---|---|---|
| 北京市 | 0.9530 | 0.1896 | 0.1807 | 0.9559 | 0.4665 | 0.4459 | 0.9102 | 0.3440 | 0.3131 | 0.9397 |
| 天津市 | 0.8668 | 0.1896 | 0.1643 | 1.0000 | 0.4665 | 0.4665 | 0.5461 | 0.3440 | 0.1878 | 0.8186 |
| 河北省 | 0.3431 | 0.1896 | 0.0650 | 0.2600 | 0.4665 | 0.1213 | 0.1979 | 0.3440 | 0.0681 | 0.2544 |
| 山西省 | 0.4044 | 0.1896 | 0.0767 | 0.2214 | 0.4665 | 0.1033 | 0.2473 | 0.3440 | 0.0851 | 0.2650 |
| 内蒙古自治区 | 0.5085 | 0.1896 | 0.0964 | 0.6181 | 0.4665 | 0.2883 | 0.2630 | 0.3440 | 0.0905 | 0.4752 |
| 辽宁省 | 0.6203 | 0.1896 | 0.1176 | 0.5115 | 0.4665 | 0.2386 | 0.5762 | 0.3440 | 0.1982 | 0.5544 |
| 吉林省 | 0.4604 | 0.1896 | 0.0873 | 0.3284 | 0.4665 | 0.1532 | 0.3397 | 0.3440 | 0.1168 | 0.3573 |
| 黑龙江省 | 0.5068 | 0.1896 | 0.0961 | 0.2444 | 0.4665 | 0.1140 | 0.3963 | 0.3440 | 0.1363 | 0.3464 |
| 上海市 | 1.0000 | 0.1896 | 0.1896 | 0.9752 | 0.4665 | 0.4549 | 1.0000 | 0.3440 | 0.3440 | 0.9884 |
| 江苏省 | 0.5880 | 0.1896 | 0.1115 | 0.6825 | 0.4665 | 0.3184 | 0.4428 | 0.3440 | 0.1523 | 0.5822 |
| 浙江省 | 0.5940 | 0.1896 | 0.1126 | 0.6375 | 0.4665 | 0.2974 | 0.5692 | 0.3440 | 0.1958 | 0.6058 |
| 安徽省 | 0.3312 | 0.1896 | 0.0628 | 0.1373 | 0.4665 | 0.0640 | 0.1542 | 0.3440 | 0.0530 | 0.1799 |
| 福建省 | 0.5308 | 0.1896 | 0.1006 | 0.4591 | 0.4665 | 0.2142 | 0.2713 | 0.3440 | 0.0933 | 0.4081 |
| 江西省 | 0.3446 | 0.1896 | 0.0653 | 0.1438 | 0.4665 | 0.0671 | 0.1964 | 0.3440 | 0.0675 | 0.2000 |

续表

| 地区 | 城镇化率（标准化后）$Y_1'$ | 城镇化率权重 $\beta_1$ | $\beta_1 \times Y_1'$ | 人均 GDP（标准化后）$Y_2'$ | 人均 GDP 权重 $\beta_2$ | $\beta_2 \times Y_2'$ | 城镇养老保险参保率（标准化后）$Y_3'$ | 城镇养老保险参保率权重 $\beta_3$ | $\beta_3 \times Y_3'$ | 城镇化水平 $U(Y) = \sum \beta_j Y_j'$ |
|---|---|---|---|---|---|---|---|---|---|---|
| 山东省 | 0.4235 | 0.1896 | 0.0803 | 0.4571 | 0.4665 | 0.2132 | 0.2913 | 0.3440 | 0.1002 | 0.3937 |
| 河南省 | 0.2675 | 0.1896 | 0.0507 | 0.1828 | 0.4665 | 0.0853 | 0.1583 | 0.3440 | 0.0544 | 0.1904 |
| 湖北省 | 0.4366 | 0.1896 | 0.0828 | 0.2635 | 0.4665 | 0.1229 | 0.2831 | 0.3440 | 0.0974 | 0.3031 |
| 湖南省 | 0.3356 | 0.1896 | 0.0636 | 0.1997 | 0.4665 | 0.0932 | 0.2042 | 0.3440 | 0.0702 | 0.2270 |
| 广东省 | 0.6573 | 0.1896 | 0.1246 | 0.5106 | 0.4665 | 0.2382 | 0.5882 | 0.3440 | 0.2023 | 0.5651 |
| 广西壮族自治区 | 0.2861 | 0.1896 | 0.0542 | 0.1313 | 0.4665 | 0.0612 | 0.1215 | 0.3440 | 0.0418 | 0.1573 |
| 海南省 | 0.4169 | 0.1896 | 0.0790 | 0.1840 | 0.4665 | 0.0858 | 0.3456 | 0.3440 | 0.1189 | 0.2837 |
| 重庆市 | 0.4847 | 0.1896 | 0.0919 | 0.2665 | 0.4665 | 0.1243 | 0.3347 | 0.3440 | 0.1151 | 0.3313 |
| 四川省 | 0.2864 | 0.1896 | 0.0543 | 0.1445 | 0.4665 | 0.0674 | 0.2691 | 0.3440 | 0.0925 | 0.2142 |
| 贵州省 | 0.1833 | 0.1896 | 0.0347 | 0.0000 | 0.4665 | 0.0000 | 0.0801 | 0.3440 | 0.0275 | 0.0623 |
| 云南省 | 0.2108 | 0.1896 | 0.0400 | 0.0413 | 0.4665 | 0.0193 | 0.0669 | 0.3440 | 0.0230 | 0.0822 |
| 西藏自治区 | 0.0000 | 0.1896 | 0.0000 | 0.0531 | 0.4665 | 0.0248 | 0.0000 | 0.3440 | 0.0000 | 0.0248 |
| 陕西省 | 0.3685 | 0.1896 | 0.0699 | 0.2536 | 0.4665 | 0.1183 | 0.2177 | 0.3440 | 0.0749 | 0.2630 |

续表

| 地区 | 城镇化率（标准化后）$Y_1'$ | 城镇化率权重 $\beta_1$ | $\beta_1 \times Y_1'$ | 人均GDP（标准化后）$Y_2'$ | 人均GDP权重 $\beta_2$ | $\beta_2 \times Y_2'$ | 城镇养老保险参保率（标准化后）$Y_3'$ | 城镇养老保险参保率权重 $\beta_3$ | $\beta_3 \times Y_3'$ | 城镇化水平 $U(Y) = \sum \beta_i Y_i'$ |
|---|---|---|---|---|---|---|---|---|---|---|
| 甘肃省 | 0.2164 | 0.1896 | 0.0410 | 0.0469 | 0.4665 | 0.0219 | 0.1186 | 0.3440 | 0.0408 | 0.1037 |
| 青海省 | 0.3537 | 0.1896 | 0.0670 | 0.1936 | 0.4665 | 0.0903 | 0.1928 | 0.3440 | 0.0663 | 0.2237 |
| 宁夏回族自治区 | 0.4081 | 0.1896 | 0.0774 | 0.2457 | 0.4665 | 0.1146 | 0.2770 | 0.3440 | 0.0953 | 0.2872 |
| 新疆维吾尔自治区 | 0.3123 | 0.1896 | 0.0592 | 0.2013 | 0.4665 | 0.0939 | 0.2867 | 0.3440 | 0.0986 | 0.2517 |

表3

**2016 年地区城镇化情况**

| 地区 | 城镇化率（标准化后）$Y_1'$ | 城镇化率权重 $\beta_1$ | $\beta_1 \times Y_1'$ | 人均 GDP（标准化后）$Y_2'$ | 人均 GDP 权重 $\beta_2$ | $\beta_2 \times Y_2'$ | 城镇养老保险参保率（标准化后）$Y_3'$ | 城镇养老保险参保率权重 $\beta_3$ | $\beta_3 \times Y_3'$ | 城镇化水平 $U(Y) = \sum \beta_j Y_j'$ |
|---|---|---|---|---|---|---|---|---|---|---|
| 北京市 | 0.9764 | 0.1553 | 0.1516 | 1.0000 | 0.5188 | 0.5188 | 1.0000 | 0.3259 | 0.3259 | 0.9963 |
| 天津市 | 0.9145 | 0.1553 | 0.1420 | 0.9600 | 0.5188 | 0.4981 | 0.5330 | 0.3259 | 0.1737 | 0.8138 |
| 河北省 | 0.4068 | 0.1553 | 0.0632 | 0.1695 | 0.5188 | 0.0879 | 0.1916 | 0.3259 | 0.0624 | 0.2136 |
| 山西省 | 0.4566 | 0.1553 | 0.0709 | 0.0868 | 0.5188 | 0.0450 | 0.2204 | 0.3259 | 0.0718 | 0.1877 |
| 内蒙古自治区 | 0.5419 | 0.1553 | 0.0841 | 0.4898 | 0.5188 | 0.2541 | 0.3028 | 0.3259 | 0.0987 | 0.4370 |
| 辽宁省 | 0.6477 | 0.1553 | 0.1006 | 0.2565 | 0.5188 | 0.1331 | 0.5363 | 0.3259 | 0.1748 | 0.4085 |
| 吉林省 | 0.4525 | 0.1553 | 0.0703 | 0.2925 | 0.5188 | 0.1517 | 0.3008 | 0.3259 | 0.0980 | 0.3201 |
| 黑龙江省 | 0.5077 | 0.1553 | 0.0788 | 0.1426 | 0.5188 | 0.0740 | 0.3665 | 0.3259 | 0.1194 | 0.2723 |
| 上海市 | 1.0000 | 0.1553 | 0.1553 | 0.9814 | 0.5188 | 0.5092 | 0.8755 | 0.3259 | 0.2853 | 0.9498 |
| 江苏省 | 0.6539 | 0.1553 | 0.1015 | 0.7639 | 0.5188 | 0.3963 | 0.4538 | 0.3259 | 0.1479 | 0.6457 |
| 浙江省 | 0.6415 | 0.1553 | 0.0996 | 0.6289 | 0.5188 | 0.3263 | 0.5938 | 0.3259 | 0.1935 | 0.6194 |
| 安徽省 | 0.3839 | 0.1553 | 0.0596 | 0.1304 | 0.5188 | 0.0676 | 0.1240 | 0.3259 | 0.0404 | 0.1677 |
| 福建省 | 0.5833 | 0.1553 | 0.0906 | 0.5167 | 0.5188 | 0.2681 | 0.2920 | 0.3259 | 0.0952 | 0.4538 |
| 江西省 | 0.4029 | 0.1553 | 0.0626 | 0.1402 | 0.5188 | 0.0728 | 0.2234 | 0.3259 | 0.0728 | 0.2082 |

续表

| 地区 | 城镇化率（标准化后）$Y_1$ | 城镇化率权重 $\beta_1$ | $\beta_1 \times Y_1'$ | 人均GDP（标准化后）$Y_2$ | 人均GDP权重 $\beta_2$ | $\beta_2 \times Y_2'$ | 城镇养老保险参保率（标准化后）$Y_3$ | 城镇养老保险参保率权重 $\beta_3$ | $\beta_3 \times Y_3'$ | 城镇化水平 $U(Y) = \sum \beta_j Y_j'$ |
|---|---|---|---|---|---|---|---|---|---|---|
| 山东省 | 0.5047 | 0.1553 | 0.0784 | 0.4506 | 0.5188 | 0.2338 | 0.3014 | 0.3259 | 0.0982 | 0.4104 |
| 河南省 | 0.3241 | 0.1553 | 0.0503 | 0.1643 | 0.5188 | 0.0852 | 0.2010 | 0.3259 | 0.0655 | 0.2011 |
| 湖北省 | 0.4888 | 0.1553 | 0.0759 | 0.3084 | 0.5188 | 0.1600 | 0.2571 | 0.3259 | 0.0838 | 0.3197 |
| 湖南省 | 0.3972 | 0.1553 | 0.0617 | 0.2061 | 0.5188 | 0.1069 | 0.1702 | 0.3259 | 0.0555 | 0.2241 |
| 广东省 | 0.6792 | 0.1553 | 0.1055 | 0.5072 | 0.5188 | 0.2632 | 0.6582 | 0.3259 | 0.2145 | 0.5832 |
| 广西壮族自治区 | 0.3169 | 0.1553 | 0.0492 | 0.1135 | 0.5188 | 0.0589 | 0.1416 | 0.3259 | 0.0461 | 0.1542 |
| 海南省 | 0.4668 | 0.1553 | 0.0725 | 0.1835 | 0.5188 | 0.0952 | 0.2803 | 0.3259 | 0.0913 | 0.2590 |
| 重庆市 | 0.5660 | 0.1553 | 0.0879 | 0.3382 | 0.5188 | 0.1754 | 0.3838 | 0.3259 | 0.1251 | 0.3884 |
| 四川省 | 0.3364 | 0.1553 | 0.0522 | 0.1356 | 0.5188 | 0.0703 | 0.3047 | 0.3259 | 0.0993 | 0.2219 |
| 贵州省 | 0.2497 | 0.1553 | 0.0388 | 0.0612 | 0.5188 | 0.0317 | 0.0856 | 0.3259 | 0.0279 | 0.0984 |
| 云南省 | 0.2645 | 0.1553 | 0.0411 | 0.0377 | 0.5188 | 0.0195 | 0.0899 | 0.3259 | 0.0293 | 0.0899 |
| 西藏自治区 | 0.0000 | 0.1553 | 0.0000 | 0.0795 | 0.5188 | 0.0412 | 0.0000 | 0.3259 | 0.0000 | 0.0412 |
| 陕西省 | 0.4414 | 0.1553 | 0.0686 | 0.2572 | 0.5188 | 0.1335 | 0.2218 | 0.3259 | 0.0723 | 0.2743 |

续表

| 地区 | 城镇化率（标准化后）$Y_1'$ | 城镇化率权重 $\beta_1$ | $\beta_1 \times Y_1'$ | 人均 GDP（标准化后）$Y_2'$ | 人均 GDP 权重 $\beta_2$ | $\beta_2 \times Y_2'$ | 城镇养老保险参保率（标准化后）$Y_3'$ | 城镇养老保险参保率权重 $\beta_3$ | $\beta_3 \times Y_3'$ | 城镇化水平 $U(Y) = \sum \beta_j Y_j'$ |
|---|---|---|---|---|---|---|---|---|---|---|
| 甘肃省 | 0.2585 | 0.1553 | 0.0401 | 0.0000 | 0.5188 | 0.0000 | 0.0880 | 0.3259 | 0.0287 | 0.0688 |
| 青海省 | 0.3774 | 0.1553 | 0.0586 | 0.1744 | 0.5188 | 0.0905 | 0.2460 | 0.3259 | 0.0802 | 0.2293 |
| 宁夏回族自治区 | 0.4579 | 0.1553 | 0.0711 | 0.2138 | 0.5188 | 0.1109 | 0.3344 | 0.3259 | 0.1090 | 0.2910 |
| 新疆维吾尔自治区 | 0.3213 | 0.1553 | 0.0499 | 0.1398 | 0.5188 | 0.0725 | 0.3039 | 0.3259 | 0.0990 | 0.2214 |

# 参 考 文 献

［1］ Barro, R J and J W Lee. International comparison of educational attainment ［J］. Journal of Monetary Economics, 1993 (32).

［2］ Becker, G S. Investment in human capital: a theoretical analysis ［J］. Journal of Political Economy, 1962 (10).

［3］ Berry C R. Glaeser E L. The divergence of human capital levels across cities ［J］. Papers in Regional Science, 2005, 84 (3).

［4］ Blaug M. Layard R. Woodhall M. The causes of graduate unemployment in india ［J］. Economics, 1971.

［5］ Bowles S. Edwards R. Understanding capitalism: competition, command and change in the U. S. economy ［J］. Oup Catalogue, 1993.

［6］ Diamond R. The determinants and welfare implications of US workers' diverging location choices by skill: 1980 ~ 2000 ［J］. American Economic Review, 2013, 106 (3).

［7］ Doeringer P B. Piore M J. Internal labor markets and manpower analysis ［M］. Lexington: Health Lexington Books, 1971.

［8］ Glaeser B E L. Scheinkman J A. Shleifer A. On the mechanics of economic development ［J］. Journal of Monetary Economics, 2010, 22 (1).

［9］ Glaeser E L. Ponzetto G. Tobio K. The varieties of regional change ［J］. Working Papers, 2010.

［10］ Hansen B E. Threshold effects in non-dynamic panels: Estimation, testing, and inference [J]. Journal of Econometrics, 1999, 93 (2).

[11] Jorgenson, D. W. Surplus Agricultural labor and the development of a dual economy [J]. Oxford Economic Papers, 1967 (19).

[12] L. H. T. Choy, V. J. Li. The role of higher education in China's inclusive urbanization [J]. Cities, 2017 (60).

[13] L. Wirth. Urbanism as a way of life [J]. American Journal of Sociology, 1989 (49).

[14] Mincer, J. Investment in Human Capital and Personal Income Distribution [J]. Journal of Political Economy, 1958 (66).

[15] Psacharpoulos, G. and A. M. Ariagada. The educational composition of the labor force: an international comparison [J]. International Labor Review, 1986 (125) (September/October).

[16] Reid L, Rubin B. Integrating economic dualism and labor market segmentation: the effects of race, gender and structural location earnings, 1974–2000 [J]. Sociological Quarterly, 2003 (3).

[17] United Nations Development Programme. 2016. Human development report 2016: human development for everyone [J]. New York: United Nations Development Programme: 198–199.

[18] Uzawa, Hirofumi. Optimum technical change in an aggregative model of economic growth [J]. International Economic Review, 1965, 6 (1).

[19] Wobmannl. Specifying human capital [J]. Journal of Economic Surveys, 2003, 17 (3).

[20] Colin Clark. The conditions of economic progress [M]. London: Macmillan and co., limited, 1940.

[21] [德] 弗里德里希·李斯特. 政治经济学的国民体系 [M]. 陈万煦, 译, 北京: 商务印书馆, 1961.

[22] [德] 卡尔·马克思. 资本论 [M]. 郭大力, 王亚南, 译,

北京：人民出版社，2018.

[23] [美] J. O. 赫茨勒. 世界人口危机 [M]. 何新，译，北京：商务印书馆，1963.

[24] [美] 阿瑟·刘易斯. 二元经济论 [M]. 施炜，等，北京：北京经济学院出版社，1989.

[25] [美] 加里·贝克尔. 人力资本 [M]. 陈耿宣等，译，北京：北京大学出版社，1986.

[26] [美] 欧文·费雪. 资本与收入的特性 [M]. 谷宏伟，译，北京：商务印书馆，2017.

[27] [美] 舒尔茨. 论人类资本投资 [M]. 吴珠华等，译，北京：北京经济学院出版社，1990.

[28] [英] 巴顿. 城市经济学 [M]. 上海社会科学院部门经济研究所城市经济研究室，译，北京：商务印刷馆，1984.

[29] [英] 科林·克拉克. 经济进步的条件 [M]. 东洋经济新报社，1987.

[30] [英] 马歇尔. 经济学原理 [M]. 廉运杰，译，北京：商务印书馆，1964.

[31] [英] 威廉·配第. 赋税论 [M]. 原磊，译，北京：华夏出版社，2017.

[32] [英] 亚当·斯密. 国富论 [M]. 唐日松，译，北京：商务印书馆，1979.

[33] 蔡昉，白南生. 中国转轨时期劳动力流动 [M]. 北京：社会科学文献出版社，2006.

[34] 蔡昉，都阳，王美艳. 户籍制度与劳动力市场保护 [J]. 经济研究，2001 (12).

[35] 蔡昉，王美艳. 农村劳动力剩余及其相关事实的重新考察——一个反设事实法的应用 [J]. 中国农村经济，2007 (10).

[36] 蔡昉. 中国劳动力市场发育与就业变化 [J]. 经济研究, 2007 (7).

[37] 蔡昉. 走出一条以人为核心的城镇化道路 [J]. 求是, 2016 (23).

[38] 蔡俊豪, 陈兴渝. 城市化本质的含义再认识城市发展研究 [J]. 城市发展研究, 1995 (5).

[39] 蔡武. 劳动力市场分割、劳动力流动与城乡收入差距 [J]. 首都经济贸易大学学报, 2012 (6).

[40] 蔡新会. 中国城市化过程中的乡城劳动力迁移研究——根据人力资本投资的视角 [D]. 复旦大学博士论文, 2004.

[41] 常俊红. 大学生就业流向研究——基于 ERG 视角 [J]. 学理论, 2012 (13).

[42] 车卉淳, 周学勤. 加里·贝克尔的人力资本理论述评 [J]. 外国经济学说与中国研究报告, 2011.

[43] 陈斌开, 张川川. 人力资本和中国城市住房价格 [J]. 中国社会科学, 2016 (5).

[44] 陈春林. 人力资本驱动与中国城镇化发展研究 [D]. 武汉大学博士论文, 2014.

[45] 陈国生, 倪长雨, 张亨溢. 人力资本投资与农村非农就业关系的实证研究——以湖南省为例 [J]. 经济地理, 2015 (5).

[46] 陈海霞. 基于市民待遇视角下的农民工市民化研究——结合山西省农民工现状之分析 [J]. 北京航空航天大学学报 (社会科学版), 2013 (9).

[47] 陈萍, 李平. 劳动力市场的所有制分割与城乡收入差距 [J]. 财经问题研究, 2012 (5).

[48] 陈维涛, 王永进, 毛劲松. 出口技术复杂度、劳动力市场分割与中国的人力资本投资 [J]. 管理世界, 2014 (2).

[49] 陈文超, 陈雯, 江立华. 农民工返乡创业的影响因素分析

[J]. 中国人口科学，2014（2）.

[50] 陈曦，边恕等. 城乡社会保障差距、人力资本投资与经济增长 [J]. 人口与经济，2018（4）.

[51] 陈翔，易定红. 人力资本提升对我国城镇化影响的研究 [J]. 经济理论与经济管理，2017（9）.

[52] 陈珣，徐舒. 农民工与城镇职工的工资差距及动态同化 [J]. 经济研究，2014（10）.

[53] 陈云松，张翼. 城镇化的不平等效应与社会融合 [J]. 中国社会科学，2015（6）.

[54] 程姝. 城镇化进程中农民工市民化问题研究 [D]. 东北农业大学博士论文，2013.

[55] 仇娟东，赵景峰，吴建树. 基于耦合关系的中国区域土地利用效益水平测度 [J]. 中国人口·资源与环境，2012（1）.

[56] 初帅. 高等教育发展与人口城镇化——来自中国高校扩招的证据 [J]. 中国人口科学，2016（4）.

[57] 崔传义. 进入新阶段的农村劳动力转移 [J]. 中国农村经济，2007（6）.

[58] 崔功豪等. 城市地理学 [M]. 江苏：江苏教育出版社，1992.

[59] 崔烨，靳小怡. 亲近还是疏离？乡城人口流动背景下农民工家庭的代际关系类型分析——来自深圳调查的发现 [J]. 经济研究，2015（5）.

[60] 杜香，杨克诚. 经济新常态下农民工人力资本的提升 [J]. 现代交际，2018（22）.

[61] 杜宇，刘俊昌. 城镇化率核算方法的改进——基于农民工市民化的视角 [J]. 中国劳动关系学院学报，2014（4）.

[62] 范辉，刘卫东，吴泽斌等. 浙江省人口城市化与土地城市化的耦合协调关系评价 [J]. 经济地理，2014（12）.

[63] 范慧，费利群. 人力资本投资对中国劳动报酬比例的影响分析 [J]. 中国人口·资源与环境，2012（9）.

[64] 范雷. 城市化进程中的劳动力市场分割 [J]. 江苏社会科学，2012（5）.

[65] 封永刚，邓宗兵. 中国人力资本投资效率的收敛性及影响因素研究 [J]. 人口与经济，2015（3）.

[66] 付志虎. 城乡二元户籍制度惯性与农民市民化行为选择 [J]. 农村经济，2019（1）.

[67] 高珮义. 城市化发展学导论 [M]. 北京：中国财政经济出版社，1999.

[68] 高中建. 市民化：解决农民工收入、消费问题的路径选择 [J]. 青年学报，2015（1）.

[69] 辜胜阻. 非农化与城镇化研究 [M]. 浙江：浙江人民出版社，1991.

[70] 郭峰. 城镇化是经济增长的结果而非原因 [N]. 第一财经日报，2013年2月4日第A06版.

[71] 郭付友，李诚固等. 2003年以来东北地区人口城镇化与土地城镇化时空耦合特征 [J]. 经济地理，2015（9）.

[72] 国家统计局.《2018年统计公报》.

[73] 国务院.《国家新型城镇化规划（2014～2020）》.

[74] 韩伟静. 中国特色城镇化进程中农民工职业培训研究 [D]. 山东大学博士论文，2016.

[75] 何亦名. 成长效用视角下新生代农民工的人力资本投资行为研究经济地理 [J]. 中国人口科学，2014（4）.

[76] 侯晓娜. 农民工人力资本水平及其代际转移研究 [D]. 辽宁大学博士论文，2014.

[77] 侯亚杰. 户口迁移与户籍人口城镇化 [J]. 人口研究，2017（4）.

[78] 胡鞍钢. 从人口大国到人力资本大国：1980～2000 年 [J]. 中国人口科学，2002 (5).

[79] 黄向梅，何署子. 转型时期我国农村城镇化模式研究 [J]. 调研世界，2011 (8).

[80] 黄增健. 流动人口健康投资及其收入互动关系的联合考察 [J]. 兰州财经大学学报，2019 (4).

[81] 贾康，刘薇. 市民化为核心的新型城镇化 [J]. 中国金融，2013 (4).

[82] 简新华，黄锟. 中国城镇化水平和速度的实证分析与前景预测 [J]. 经济研究，2010 (3).

[83] 江涛. 舒尔茨人力资本理论的核心思想及其启示 [J]. 扬州大学学报，2008 (11).

[84] 焦斌龙，焦志明. 中国人力资本存量估算：1978—2007 [J]. 经济学家，2010 (9).

[85] 金碚. 中国经济发展新常态研究 [J]. 中国工业经济，2015 (1).

[86] 景维民，王鑫. 城镇化：经济可持续增长的新引擎——基于人力资本积累的角度 [J]. 经济问题，2015 (4).

[87] 柯善咨，赵曜. 产业结构、城市规模与中国城市生产率 [J]. 经济研究，2014 (4).

[88] 蓝庆新，陈超凡. 新型城镇化推动产业结构升级了吗？——基于中国省级面板数据的空间计量研究 [J]. 财经研究，2013 (12).

[89] 蓝庆新，刘昭洁，彭一然. 中国新型城镇化质量评价指标体系构建及评价方法——基于 2003～2014 年 31 个省市的空间差异研究 [J]. 南方经济，2017 (1).

[90] 雷培梁. 人的城镇化进程中的教育发展问题研究 [D]. 福建师范大学博士论文，2016.

[91] 李春波. 中国各地区人力资本与经济发展差距研究 [D]. 清

华大学硕士论文，2001.

[92] 李强，陈宇琳，刘精明.中国城镇化"推进模式"研究 [J].中国社会科学，2012 (7).

[93] 联合国教科文组织.《2017/8 全球教育监测报告》.

[94] 梁赟玲，贾娜.城镇化、老龄化、教育与人力资本——基于 Divisia 指数分解的方法 [J].人口与经济，2013 (5).

[95] 刘传江.中国城市化的制度安排和创新 [M].武汉：武汉大学出版社，1999.

[96] 刘唐宇.我国农村人力资本投资的效应、现状及路径选择 [J].农业现代化研究，2014 (1).

[97] 刘涛，齐元静，曹广忠.中国流动人口空间格局演变机制及城镇化效应——基于 2000 和 2010 年人口普查分县数据的分析 [J].地理学报，2015 (4).

[98] 刘耀彬，李仁东，宋学锋.中国区域城市化与生态环境耦合的关联分析 [J].地理学报，2005 (3).

[99] 龙晓君，郑健松.全面二孩背景下中国省际人口迁移格局预测及城镇化效应 [J].地理科学，2018 (3).

[100] 陆铭.大国大城：当代中国的统一、发展与平衡 [M].上海：上海人民出版社，2016.

[101] 陆铭.空间的力量：地理、政治与城市发展 [M].上海：格致出版社，2013.

[102] 罗竖元.农民工市民化意愿的模式选择：基于返乡创业的分析视角 [J].南京农业大学学报 (社会科学版)，2017 (3).

[103] 马莉萍，岳昌君.我国劳动力市场分割与高校毕业生就业流向研究 [J].教育发展研究，2011 (3).

[104] 马晓河.城镇化是我国经济增长的新动力 [N].人民日报，2011 年 12 月 7 日第 7 版.

［105］穆怀中，王珍珍．高等教育人力资本对人口城镇化的门槛效应研究［J］．人口与发展，2017（6）．

［106］牛旻昱，崔建华，颜玮．论人力资本对产业结构变迁的影响机制［J］．经济问题，2013（6）．

［107］潘文庆，吴梦迪．基于人力资本投资视角的广东农民增收实证研究［J］．南方经济，2014（8）．

［108］戚伟，刘盛和，金浩然．中国户籍人口城镇化率的核算方法与分布格局［J］．地理研究，2017（4）．

［109］乔明睿，钱雪亚，姚先国．劳动力市场分割、户口与城乡就业差异［J］．中国人口科学，2009（1）．

［110］秦立建，王震．农民工城镇户籍转换意愿的影响因素分析［J］．中国人口科学，2014（10）．

［111］沈翠珍，赵立华，杜为公．新型城镇化的战略取向与就地城镇化模式研究［J］．武汉理工大学学报（社会科学版），2015（11）．

［112］沈利生，乔红芳．重估中国的资本存量：1952—2012［J］．吉林大学社会科学学报，2015（7）．

［113］沈毅．基于农业劳动福利差的农民养老补偿研究［D］．辽宁大学博士论文，2013．

［114］石智雷，薛文玲．中国农民工的长期保障与回流决策［J］．中国人口·资源与环境，2015（3）．

［115］苏红键，魏后凯．密度效应、最优城市人口密度与集约型城镇化［J］．中国工业经济，2013（10）．

［116］苏妍，逯进．我国人力资本与经济增长耦合关系的综合特征研究［J］．西北人口，2018（4）．

［117］孙晓芳．劳动力流动理论的思路变迁与路径探索［J］．中国人口·资源与环境，2012（11）．

［118］孙旭．基于受教育年限和年龄的人力资本存量估算［J］．统

计教育，2008（6）.

[119] 谭凤连，彭宇文. 城镇化、经济增长、农民收入相关性分析[J]. 湖南农业大学学报（社会科学版），2018（10）.

[120] 谭永生. 人力资本与经济增长[M]. 北京：中国财政经济出版社，2007.

[121] 唐晓华，张欣珏，李阳. 中国制造业与生产性服务业动态协调发展实证研究[J]. 经济研究，2018（3）.

[122] 万广华. 城镇化与不均等：分析方法和中国案例[J]. 经济研究，2013（6）.

[123] 王春超，叶琴. 中国农民工多维贫困的演进——基于收入与教育维度的考察[J]. 经济研究，2014（12）.

[124] 王海弟，黄亮，李宏毅. 健康投资能影响跨国人均产出差距吗？——来自跨国面板数据的经验研究[J]. 经济研究，2016（8）.

[125] 王金营，王子威. 中国人力资本产业配置在城镇化中的作用研究[J]. 中国人口科学，2014（5）.

[126] 王李. 我国新生代农民工人力资本投资问题研究[J]. 中国劳动关系学院学报，2014（4）.

[127] 王丽丽，杨晓凤，梁丹妮. 代际差异下农民工市民化意愿的影响因素研究[J]. 调研世界，2016（12）.

[128] 王晓丽. 从市民化角度修正中国城镇化水平[J]. 中国人口科学，2013（5）.

[129] 魏后凯，苏红键. 中国农业转移人口市民化进程研究[J]. 中国人口科学，2013（5）.

[130] 吴楚材. 城市与乡村——中国城乡矛盾与协调发展研究[M]. 北京：科学出版社，1996.

[131] 吴文恒，李同昇，朱虹颖，孙锦锦. 中国渐进式人口市民化的政策实践与启示[J]. 人口研究，2015（5）.

[132] 吴一凡，刘彦随，李裕瑞. 中国人口与土地城镇化时空耦合特征及驱动机制 [J]. 地理学报，2018 (10).

[133] 武毅英，洪文建. 劳动力市场分割视阈下的大学生就业流动 [J]. 高教发展与评估，2013 (3).

[134] 西奥多·W. 舒尔茨. 论人力资本投资 [M]. 北京：北京经济学院出版社，1990.

[135] 夏柱智，贺雪峰. 半工半耕与中国渐进城镇化模式 [J]. 中国社会科学，2017 (12).

[136] 熊湘辉，徐璋勇. 中国新型城镇化水平及动力因素测度研究数量经济技术 [J]. 经济研究，2018 (2).

[137] 许岩，曾国平，曹跃群. 教育人力资本、健康人力资本、总量人力资本对经济增长机制的实证检验 [J]. 统计与决策，2018 (7).

[138] 闫淑敏，段兴民. 中国西部人力资本存量的比较分析 [J]. 中国软科学，2001 (6).

[139] 杨浩昌. 中国城镇化对经济增长的影响及其区域差异——基于省级面板数据的分析 [J]. 城市问题，2016 (1).

[140] 杨晓军. 中国农户人力资本投资与城乡收入差距：基于省级面板数据的经验分析 [J]. 农业技术经济，2013 (4).

[141] 杨真，张东辉，张倩. 交通基础设施对农户人力资本投资的影响——基于准自然实验的因果推断分析 [J]. 人口与经济，2019 (6).

[142] 姚旭兵，罗光强，吴振顺. 人力资本对新型城镇化的空间溢出效应 [J]. 华南农业大学学报（社会科学版），2016 (6).

[143] 叶静怡，周晔馨. 社会资本转换与农民工收入——来自北京农民工调查的证据 [J]. 管理世界，2010 (10).

[144] 约翰逊. 经济发展中的农业、农村、农民问题 [M]. 林毅夫译，北京：商务印书馆，2004.

[145] 张斐. 新生代农民工市民化现状及影响因素分析 [J]. 人口

研究，2011（11）.

［146］张桂文，孙亚南．人力资本与产业结构演进耦合关系的实证研究［J］．中国人口科学，2014（12）.

［147］张桂文．中国二元经济结构转换的政治经济学分析［M］．北京：经济科学出版社，2011.

［148］张文晓．中国农户农地依赖度对农地流转的影响研究［D］．辽宁大学博士论文，2017.

［149］张旭路，金英君，王义源．高等教育层次结构对中国新型城镇化进程的影响研究［J］．中国人口·资源与环境，2017（12）.

［150］张耀宇，陈利根，陈会广．"土地城市化"向"人口城市化"转变：一个分析框架及其政策含义［J］．中国人口·资源与环境，2016（3）.

［151］张雨林．村舍的转型与现代化．社会学通讯［J］．党政干部学刊，1984（3）.

［152］张昭俊，赵宏中．中国人力资本存量估算［J］．统计研究，2012（6）.

［153］赵斌．人力资本积累与经济增长——基于投资流量效应与老龄化存量效应视角［J］．广东财经大学学报，2019（1）.

［154］赵建凤，田卫川．制度性劳动力市场分割对大学生就业问题的归因分析［J］．技术经济与管理研究，2006（6）.

［155］郑勤华，赖德胜．人力资本与中国城市化的地区差异研究［J］．中国人口科学，2008（1）.

［156］郑鑫．城镇化对中国经济增长的贡献及其实现途径［J］．中国农村经济，2014（6）.

［157］朱迪．北上广还是二线？——大学毕业生就业区域流向分析［J］．中国青年研究，2015（11）.

［158］朱美，宋瑛．产业结构变迁、人力资本与区域经济增长——

基于我国省际面板数据的经验证据 [J]. 平顶山学院学报, 2018 (10).

[159] 朱妍. 劳动力流动、产业转移与城市发展研究 [D]. 南开大学博士论文, 2010.

[160] 朱宇.51.27%的城镇化率是否高估了中国城镇化水平: 国际背景下的思考 [J]. 人口研究, 2012 (3).

[161] 邹小勤, 曹国华, 许劲. 城镇化与人力资本积累的互动关系——基于重庆数据的经验分析 [J]. 系统工程, 2015 (10).

[162] 邹一南. 农民工永久性迁移与城镇化投资政策取向 [J]. 人口与经济, 2015 (4).

# 后　　记

　　2016 年 10 月到 2019 年 6 月，我进入了辽宁大学经济学院国民经济学博士后流动站工作，这两年半的工作和学习生涯令我获益匪浅，我的理论修养和个人素质得到了长足进步和全面提升，这段经历将铭刻在我的记忆里，感恩之心伴随一生。

　　我要对我的恩师穆怀中教授表达深深的感谢。无论是工作报告的选题构思，还是修改定稿，恩师都给予了我莫大的帮助，尤其是关于工作报告的结构设计、基本理论以及研究方法，先生都花费了极大的心血帮助和指导我。在写作过程中，挫折在所难免，在我没有思路的时候，先生总是适时地点拨我，让我茅塞顿开，如醍醐灌顶；在我有一点新发现的时候，先生总是启发我转换角度，勇敢创新；在我急功近利的时候，先生总是语重心长，教导我要脚踏实地，慢慢修炼。在跟随先生学习的这两年半时间中，我有幸一直都能够聆听到先生的课程，先生在繁忙的工作之余，甚至利用自己的休息时间给予我们指导，与我们探讨学术问题，先生聪慧的头脑、清晰的思路、创新的思维、考虑问题独特的视角，令我十分敬佩，同时受到莫大的鞭策。先生不仅学识精湛、治学严谨、求实创新，并且淡泊名利、正直诚恳、勤奋务实、胸怀博大，让我由衷地体会到了学者大家的风范。在这两年半的学习中，先生常告诫我们无论将来的路或平淡或浮华，或平坦或荆棘，都要踏实前行，这将对我以后的人生产生巨大的影响，是我受用一生的财富。

　　另外，我要感谢郑秉文教授、马树才教授、娄成武教授、宋有涛教授、武萍研究员、宋冬林教授、黄泰岩教授、林木西教授、张虹教授、李华教授、崔万田教授、赵德起教授、张华新副教授等在我的开题和答辩过程中给予的指导和帮助，感谢王玥老师、宋丽敏老师在我完成工作报告的过程中给予的指导、关心与鼓励，是你们的慷慨无私，让我在学术的广阔蓝天中自由翱翔。

还要感谢我的师兄师姐师弟师妹：孙玉阳、范红敏、闫琳琳、陈曦、魏红梅、沈毅等，尤其是孙玉阳和范红敏，在我完成报告期间给予我极其重要的建议和意见，在此由衷表达感激之情。

我更要感谢我的爱人，给予我极大的支持和帮助，在情感上给予我持续的理解、鼓励甚至包容。同时更要感谢我的父母和公婆，是他们承担着更加辛苦的工作即照顾我的两个孩子，是他们的辛劳换来了我充足的时间，让我可以钻研学术、完成写作，在精神上给予了我莫大的鼓励，在情感上给予了足够的爱护和慰藉。最后要感谢我的女儿和儿子，是他们稚嫩的眼神和天真无邪的笑容给予我无比的幸福感和继续前行的勇气和动力。

在本书的最后，我要向很多未曾谋面的学者表示深深的感谢。在书中，借鉴了很多学者的研究成果，引用了许多学术观点和珍贵的文献。因为本人才疏学浅，水平有限，疏漏之处在所难免，希望各位老师给予批评指正。

侯晓娜
二〇一九年五月